Unterwegs mit Stefan Zweig

Herausgegeben von
Sascha Michel,
Lea Katharina Ostmann
und Esther Wichelhaus

Fischer Taschenbuch Verlag

Originalausgabe

Veröffentlicht im Fischer Taschenbuch Verlag,
einem Unternehmen der S. Fischer Verlag GmbH,
Frankfurt am Main, Mai 2010

Für diese Ausgabe:

Satz: MedienTeam Berger, Ellwangen
Druck und Bindung: CPI – Clausen & Bosse, Leck
Printed in Germany
ISBN 978-3-596-90269-9

Unsere Adressen im Internet:
www.fischerverlage.de
www.fischer-klassik.de

Inhalt

Die »Entdeckung des Kosmos«
Von Seefahrern, Abenteurern und Entdeckern

Der freie Blick in die Welt 11
Eine »Schicksalsstunde Europas« 21
Magellan 26
Der Kampf um den Südpol 40

Das »kleine Geviert Abenteuer«
Reisen und Lesen

Das Buch als Eingang zur Welt 61
Reisen oder Gereist-Werden 71

»Reiselust und Unrast«
Unterwegs in Europa und Übersee (1903–1913)

An Victor Fleischer 77
An Hermann Hesse 78
Paris, die Stadt der ewigen Jugend 81
Frühlingsfahrt durch die Provence 86
Frühling in Sevilla 90
Sehnsucht nach Indien 96
Der Rhythmus von New York 101
Herbstwinter in Meran 109

Unter der »Flagge des Kriegsarchivs«
Reisen im Ersten Weltkrieg: Galizien und die Schweiz (1915–1918)

An Franz Karl Ginzkey 119
An Raoul Auernheimer 120
An Arthur Schnitzler 121

Aus den Tagen des deutschen Vormarsches in Galizien 122
An Raoul Auernheimer 127
[Testament] 129
Tagebuch in der Schweiz 132

Auf dem »Weg in unser gutes Europa«
Reisen nach dem Ersten Weltkrieg (1919–1928)

An Friderike Maria von Winternitz 137
An Paul Zech 141
An Friderike Maria Zweig 142
Die Kathedrale von Chartres 146
Reise nach Rußland 153

»Weltverstörung«
Unrast und Heimatverlust in den Jahren des Exils (1934–1940)

Heimatverlust 193
An Hermann Hesse 203
Bilder aus Amerika 205
An Hermann Hesse 220
Tagebuchblatt vom 27. September 1935 (Reise von Paris nach London) 221
»Es gab kein Entfliehen« 228
Rio de Janeiro 233
Staatenlos 238
An Sigmund Freud 250
An Friderike Maria Zweig 251

Nachweise 253

»Heimweh nach Städten, wo ich nicht zuhause bin,
habe ich jeden Augenblick und Fernweh in der Heimat.
Doch das wird sich alles, alles wenden.«

STEFAN ZWEIG *an* LEONHARD ADELT
[September 1903]

Die »Entdeckung des Kosmos«

Von Seefahrern, Abenteurern und Entdeckern

Der freie Blick in die Welt

Anno 1000. Ein schwerer, dumpfer Schlaf liegt über der abendländischen Welt. Die Augen sind zu müde, um wachend um sich zu schauen, die Sinne zu erschöpft, neugierig sich zu regen. Der Geist der Menschheit ist gelähmt wie nach einer tödlichen Krankheit, sie will nichts mehr wissen von ihrer Welt. Und noch sonderbarer: Selbst was sie vordem wußte, hat sie auf unbegreifliche Weise vergessen. Man hat verlernt zu lesen, zu schreiben, zu rechnen, sogar die Könige und Kaiser des Abendlandes sind nicht mehr imstande, ihren eigenen Namen unter ein Pergament zu setzen. Die Wissenschaften sind zu theologischen Mumien erstarrt, die irdische Hand ist nicht mehr fähig, in Zeichnung und Plastik den eigenen Körper nachzubilden. Über allen Horizonten liegt gleichsam ein undurchdringlicher Nebel. Man reist nicht mehr, man weiß nichts von fremden Ländern; man verschanzt sich in Burgen und Städten gegen die wilden Völker, die immer und immer wieder von Osten hereinbrechen. Man lebt in der Enge, man lebt im Dunkel, man lebt ohne Mut – ein schwerer, dumpfer Schlaf liegt über der abendländischen Welt.

Manchmal dämmert in diesen schweren, dumpfen Schlummer ein ungewisses Erinnern, daß die Welt einmal anders gewesen, weiter, farbiger, lichter, beschwingter, erfüllt von Geschehnis und Abenteuer. Sind nicht einmal Straßen durch all die Länder gegangen und auf ihnen die römischen Legionen geschritten und hinter ihnen die Liktoren, die Hüter der Ordnung, die Männer des Rechts? Ist nicht einmal ein Mann Caesar gewesen, der zugleich Ägypten und Britannien erobert, sind nicht die Triremen gefahren in die Länder jenseits des Mittelmeers, in das sich längst kein Schiff mehr wagt aus Angst vor den Piraten? War nicht einstmals ein König Alexander bis nach Indien gedrungen, dies sagenhafte Land, und über Persien heimgekehrt? Hat es nicht vormals Weise gegeben, die in den Sternen zu lesen verstanden, um die Form der Erde wußten und um das Geheimnis der Menschen? Man müßte darüber lesen in den Büchern. Aber es gibt keine Bücher mehr. Man müßte reisen und fremde Länder sehen. Aber es gibt keine Straßen mehr. Es ist alles vorüber. Es war vielleicht nur ein Traum.

Und dann: wozu sich mühen? Wozu noch einmal die Kräfte spannen, da doch alles zu Ende ist? Im Jahre 1000, so ist es verkündet, wird die Welt zugrundegehen. Gott hat sie gerichtet, weil sie zu Sünden begangen, so predigen die Priester von den Kanzeln, und am ersten Tage des Jahrtausends wird der Tag des großen Gerichts beginnen; verstört, in zerrissenen Kleidern, strömen die Menschen zusammen zu großen Prozessionen, brennende Kerzen in den Händen. Die Bauern verlassen die Felder, die Reichen verkaufen und verschwenden ihre Habe. Denn morgen werden sie kommen, die Reiter der Apokalypse auf ihren fahlen Rossen; der Jüngste Tag ist nahe. Und Tausende und Tausende knien nachts, diese letzte Nacht, in den Kirchen und warten auf den Sturz in die ewige Finsternis.

Anno 1100. Nein, die Welt ist nicht untergegangen. Gott ist noch einmal gnädig gewesen mit seiner Menschheit. Sie darf weiterleben. Sie soll weiterleben, um seine Güte, seine Größe zu bezeugen. Man muß ihm danken für seine Gnade. Man muß seinen Dank gegen den Himmel heben wie eine betende Hand, und so steigen die Dome auf, die Kathedralen, diese steinernen Pfeiler des Gebets. Und man muß Christus, dem Mittler seiner Gnade, seine Liebe bekunden. Darf man es weiter dulden, daß der Ort seines Leidens und sein heiliges Grab in den ruchlosen Händen der Heiden bleiben? Auf, Ritter des Abendlands, auf, ihr Gläubigen alle, ins Morgenland! Habt ihr den Ruf nicht gehört: »Gott will es!«? Heraus aus den Burgen, den Dörfern, den Städten, vorwärts und vorwärts zum Kreuzzug über Land und See!

Anno 1200. Das heilige Grab ist erobert und wieder verloren. Vergeblich die Kreuzfahrt und doch nicht vergeblich. Denn Europa ist wach geworden auf dieser Fahrt. Es hat seine eigene Kraft gespürt, seinen eigenen Mut gemessen, es hat wieder entdeckt, wieviel Neues und Anderes auf dieser Welt Gottes Raum und Heimat hat, andere Räume, andere Früchte, andere Stoffe und Menschen und Tiere und Sitten unter anderem Himmel. Erstaunt, beschämt haben die Ritter und ihre Bauern und Knechte im Morgenland gesehen, wie eng, wie dumpf sie daheim leben in ihrem abendländischen Winkel, und wie reich, wie raffiniert, wie üppig die Sarazenen. Diese Heiden, die man von ferne verachtet, haben glatte, weiche, kühle Stoffe aus indischer Seide, die dichten und farbenfunkelnden Teppiche von Buchara, sie haben Gewürze und Kräuter und Düfte, welche die Sinne erregen und beschwingen. Ihre Schiffe fahren in die fernsten Länder, Sklaven und Perlen und schimmernde Erze zu bringen, ihre Karawanen ziehen die Straßen auf endlosen Reisen entlang; nein, sie sind keine rohen Gesellen, wie man vermeint, sie kennen die Erde und ihr Geheimnis. Sie haben Karten und Tafeln, auf denen alles geschrieben und verzeichnet ist. Sie haben Weise, die den Lauf der Sterne kennen und die Gesetze, nach denen sie sich bewegen. Sie haben Länder und Meere erobert, allen Reichtum, allen Handel, alle Lust des Daseins an sich gerissen und sind doch nicht bessere Krieger als die deutsche, die französische Ritterschaft.

Wie haben sie es gemacht? Sie haben gelernt. Sie haben Schulen und in den Schulen die Schriften, die alles überliefern und erklären. Sie wissen die Weisheit der alten Gelehrten des Abendlands und haben sie gemehrt mit neuen Kenntnissen. Man muß also lernen, um die Welt zu erobern. Man darf nicht nur in Turnieren und wüsten Schlemmereien seine Kraft vertun, man muß auch den Geist biegsam und scharf und wendig machen wie eine Toledanerklinge. Also lernen, denken, studieren, beobachten! In ungeduldigem Wettlauf reiht sich eine Universität neben die andere, in Siena und Salamanca, in Oxford und Toulouse, jedes Land Europas will die Wissenschaft zuerst für sich; nach Jahrhunderten der Gleichgültigkeit versucht der abendländische Mensch wieder das Geheimnis der Erde, des Himmels und des Menschen zu ergründen.

1300. Europa hat die theologische Kapuze abgerissen, die ihm den freien Blick in die Welt verschlossen. Es hat keinen Sinn, immer nur über Gott zu grübeln, keinen Sinn, immer nur die alten Texte scholastisch neu auszulegen und zu diskutieren. Gott ist der Schöpfer, und da er den Menschen nach seinem Ebenbilde geschaffen, will er ihn schöpferisch. In allen Künsten, allen Wissenschaften sind noch Vorbilder hinterlassen von den Griechen, den Römern; man kann sie vielleicht erreichen, man kann wieder können, was die Antike einstmals konnte. Mag sein, man kann sie sogar übertreffen. Ein neuer Mut entzündet sich im Abendlande. Man beginnt wieder zu dichten, zu malen, zu philosophieren, und siehe, es gelingt. Es gelingt wunderbar. Ein Dante ersteht und ein Giotto, ein Roger Bacon und die Meister der Dome. Kaum daß er zum erstenmal die lang entwöhnten Schwingen gerührt, durchstößt der befreite Geist alle Fernen und Weiten.

Aber warum bleibt unter ihm die Erde so eng? Warum die irdische, die geographische Welt so begrenzt? Überall ist das Meer und das Meer und das Meer um alle Küsten und damit das Unbekannte und Unbetretbare, dieser unübersehbare Ozean, *ultra nemo scit quid contineatur,* von dem niemand weiß, was er verbirgt. Einzig gen Süden geht über Ägypten ein Weg nach den Traumländern Indiens, aber der ist gesperrt von den Heiden. Und über die Säulen des Herkules, die Enge von Gibraltar, darf kein Sterblicher sich wagen. Ewig wird sie das Ende aller Abenteuer bedeuten, nach Dantes Wort:

... quella foce stretta
Ov'Ercole segnò li suoi riguardi
Acció chè l'uom più oltre non si metta.

[... bis an jene enge Wasserstraße
wo Herkules die Warnungszeichen setzte,
auf daß der Mensch sich hier nicht weiter wage.]

Ach, kein Weg führt hinaus ins *mare tenebrosuma,* kein Schiff wird wiederkehren, das seinen Kiel in diese dunkle Wüste wendet. Der Mensch muß leben in einem Raume, den er nicht kennt; man ist eingeschlossen in eine Welt, deren Maß und Gestalt man wohl nie ergründen wird.

1298. Zwei alte, bärtige Männer, begleitet von einem jungen, offenbar Sohn eines dieser beiden, landen mit einem Schiff in Venedig. Sie tragen sonderbare Kleider, wie man sie niemals am Rialto gesehen, lange dicke Röcke, mit Pelzen verbrämt, und merkwürdige Behänge. Aber noch sonderbarer: diese drei Fremden sprechen den echtesten venezianischen Dialekt und behaupten Venezianer zu sein, Polo zu heißen, und Marco Polo nennt sich der jüngere. Es ist natürlich nicht ernst zu nehmen, was sie erzählen. Sie seien vor mehr als zwei Jahrzehnten von Venedig durch die moskowitischen Reiche, durch Armenien und Turkestan bis nach Mangi, nach China gekommen und hätten dort gelebt am Hofe des mächtigsten Herrschers der Erde, des Kubla Khan. Sie hätten sein ganzes riesiges Reich durchwandert, gegen das Italien sei wie eine Nelke neben einem Baumstamm, sie seien an den Rand der Welt gekommen, wo wieder der Ozean ist. Und wie der große Khan nach Jahren sie mit vielen Geschenken aus seinen Diensten entlassen, seien sie von diesem Ozean nach der Heimat zurückgefahren, zuerst vorbei an Zipangu und den Inseln der Gewürze und der großen Insel Taprobane (Ceylon) und dann an dem persischen Meerbusen, und glücklich heimgekehrt über Trapezunt.

Die Venezianer hören die drei an und lachen. Was für muntere Märchenerzähler! Noch nie ist ein Christ glaubhafterweise zu jenem Ozean am anderen Ende gelangt und hat jene Inseln Zipangu und Taprobane betreten! Unmöglich. Aber die Polos laden Gäste in ihr Haus und zeigen die Geschenke und Edelsteine; staunend erkennen die voreiligen Zweifler, daß ihre Landsleute die kühnste Entdeckung ihrer Zeit vollbracht. Rauschend strömt ihr Ruf durch das Abendland und beschwingt neu die Hoffnung: es ist doch möglich, nach Indien zu gelangen. Man kann diese reichsten Regionen der Erde erreichen und dann weiter von dort bis an das andere Ende der Welt.

1400. Indien erreichen, das ist jetzt der Traum des Jahrhunderts geworden. Und es ist der Lebenstraum eines einzelnen Mannes, des Prinzen Enrique von Portugal, den die Geschichte Heinrich den Seefahrer nennt, obwohl er selbst nie den Ozean befahren. Aber sein Leben und Streben gilt diesem einen Traum, *pasar a donde nascen las especerias,* die indischen Inseln, die Molukken erreichen, wo der kostbare Zimt und Pfeffer und Ingwer gedeihen, den die italienischen und flandrischen Händler jener Tage mit Gold aufwiegen. Die Ottomanen haben das Rote Meer, den nächsten Weg, den »Rumis«, den Ungläubigen, verschlossen und den ergiebigen Handel als Monopol entrissen. Wäre es nicht eine einträgliche und zugleich christliche Kreuzzugstat, den Feinden des Abendlands in den Rücken zu fallen? Könnte man nicht vielleicht Afrika umschiffen, um zu den Gewürzinseln zu gelangen? In alten Büchern geht ja sonderbare Kunde von einem phönizischen Schiff, das vor Hunderten Jahren in zweijähriger Reise vom Roten Meer rund um Afrika nach Karthago heimgekehrt. Könnte das nicht abermals gelingen?

Der Prinz Enrique versammelt um sich die Gelehrten seiner Zeit. Er hat auf dem äußersten Punkte Portugals, dem Kap Sagres, wo das unendliche atlantische Meer hoch an die Klippen schäumt, sich ein Haus errichtet, in dem er Karten und nautische Nachrichten sammelt; einen nach dem andern der Astronomen, der Piloten beruft er zu sich. Die älteren Gelehrten erklären jede Seefahrt über den Äquator unmöglich. Sie berufen sich auf Aristoteles und Strabo und Ptolemäus, die Weisen des Altertums. In der Nähe des Wendekreises werde das Meer dickflüssig, ein *mare pigrum,* und die Schiffe würden verbrennen im steilen Sonnenbrand. Niemand könne in diesen Zonen wohnen, kein Baum und kein Grashalm gedeihen; die Seeleute müßten verschmachten zur See und verhungern auf dem Land.

Aber da sind andere Gelehrte, jüdische und arabische, die widersprechen. Man könne es wagen. Diese Märchen seien nur ausgestreut von den maurischen Kaufleuten, um die Christen zu entmutigen. Der große Geograph Edrisi habe längst festgestellt, daß im Süden ein fruchtbares Land liege, Bilad Ghana (Guinea), aus dem mit Karawanen quer durch die Wüste die Mauren sich schwarze Sklaven holten. Und sie hätten Karten gesehen, arabische Karten, die den Weg um Afrika zeigten. Man könne es wagen, die Küste entlang zu fahren, nun da die neuen Instrumente die Breitenbestimmung erlaubten und die aus China herübergebrachte Magnetnadel die Richtung des Pols zeige. Man könne es wagen, sofern man größere, seetüchtigere Schiffe baue. Prinz Enrique gibt den Befehl. Und das große Wagnis beginnt.

1450. Das große Wagnis hat begonnen, die unsterbliche portugiesische Tat. 1419 ist Madeira entdeckt oder vielmehr wiederentdeckt, 1435 kennt man die langgesuchten *insulae fortunatae* der Alten. Jedes Jahr fast bringt neuen Vorstoß. Cap Verde ist umfahren, 1445 der Senegal erreicht, und siehe, überall sind Palmen und Früchte und Menschen. Jetzt weiß die neue Zeit schon mehr als die Weisen der Vorzeit, und triumphierend kann Nuno Tristão von einer Expedition zurückberichten, er habe »mit Verlaub seiner Gnaden des Ptolemäus« fruchtbares Land entdeckt, wo der große Grieche jede Möglichkeit bestritten. Zum erstenmal seit einem Jahrtausend wagt ein Seefahrer den Allweisen der Erdkunde zu verhöhnen. Einer dieser neuen Helden übertrifft den andern, Diego Cam und Diniz Diaz, Cadamosto und Nuno Tristão, jeder setzen sie an eine bisher unbetretene Küste den stolzen Gedenkstein mit dem portugiesischen Kreuz als Zeichen der Besitznahme. Staunend folgt die Welt dem Vorstoß dieses kleinen Volks ins Unbekannte, das allein das *feito nunca feito,* die nie getane Tat vollbringt.

1486. Triumph! Afrika ist umfahren! Bartholomäus Diaz hat das Cap Tormentoso, das Kap der Guten Hoffnung, umrundet. Von dort geht der Weg nicht mehr weiter nach Süden. Nur nach Osten quer über den Ozean muß man mit den guten Monsunen steuern, den Weg, den man bereits von den Karten kennt, die dem König von Portugal die Expedition zweier jüdischer Gesandten an den »Prester John«, den christlichen König von Abessinien, heimgebracht; dann ist Indien erreicht. Aber die Mannschaft des Bartholomäus Diaz ist erschöpft und bringt ihn damit um eine Tat, die Vasco da Gama vollbringen wird. Genug für diesmal! Der Weg ist gefunden. Niemand kann Portugal mehr zuvorkommen.

1492. Doch! Es ist jemand Portugal zuvorgekommen. Etwas Unglaubliches hat sich ereignet. Ein gewisser Colón oder Colom oder Colombo – *Christophorus quidam Colonus vir Ligurus,* wie Petrus Martyr berichtet –, »ein völlig unbekannter Mann«, *una persona que ninguna persona conocía,* wie ein anderer berichtet, ist unter spanischer Flagge westwärts in den offenen Ozean statt ostwärts über Afrika gefahren und hat – Wunder ohnegleichen! – auf diesem *brevissimo cammino* nach seiner Aussage Indien erreicht. Zwar hat er den Kubla Khan Marco Polos nicht angetroffen, aber er ist nach seiner Aussage zuerst auf der Insel Zipangu (Japan) gewesen und dann in Mangi (China) gelandet. Nur einige Tagereisen, und er hätte den Ganges erreicht.

Europa staunt auf, da Columbus zurückkehrt mit merkwürdig rötlichen Indern, mit Papageien und seltsamem Getier und großen Erzählungen vom Golde. Sonderbar, sonderbar – so ist die Erdkugel doch kleiner als man gedacht, und Toscanelli hat wahr gesprochen. Drei Wochen muß man nur von Spanien oder Portugal nach Westen steuern, und man ist in China oder Japan und ganz nahe den Inseln der Gewürze; welche Torheit dann, wie die Portugiesen sechs Monate um Afrika zu segeln, da Indien mit all seinen Schätzen so nah vor den Toren Spaniens liegt. Und das erste ist, daß Spanien sich durch päpstliche Bulle diesen Weg nach Westen und alle dort entdeckten Lande sichert.

1493. Columbus, nun aber nicht mehr ein gewisser *quidam,* sondern Großadmiral ihrer königlichen Majestät und Vizekönig der neuentdeckten Provinzen, fährt zum zweitenmal nach Indien. Er hat Briefe seiner Königin an den großen Khan mit, den er diesmal in China sicher anzutreffen hofft; er hat fünfzehnhundert Leute mit sich, Krieger, Matrosen, Siedler und sogar Musikanten, »um die Eingeborenen zu unterhalten«, außerdem reichlich eisenbeschlagene Kisten für das Gold und die Edelsteine, die er aus Zipangu und Calicut heimzubringen gedenkt.

1497. Ein anderer Seefahrer, Sebastian Cabot, ist quer von England über den Ozean gefahren. Und erstaunlich, auch er hat Land erreicht. Ist es das alte »Vinland« der Vikinger? Ist es China? Wunderbar jedenfalls, der Ozean, der *mare tenebroso* ist bezwungen und muß seine Geheimnisse Stück um Stück den Mutigen jetzt ausliefern.

1499. Jubel in Portugal, Sensation in Europa! Vasco da Gama ist heimgekehrt aus Indien über das gefährliche Kap. Er hat den andern, den weiteren, den schwierigeren Weg genommen, aber ist in Calicut gelandet bei den sagenhaft reichen Zamorims und nicht nur wie Columbus auf kleinen Inseln und abgelegenem Festland: er hat das Herz Indiens gesehen und seine Schatzkammern. Schon rüstet man eine neue Expedition unter Cabral. Spanien und Portugal sind jetzt im Wettlauf um Indien.

1500. Ein neues Geheimnis. Cabral ist auf seiner Fahrt um Afrika zu weit nach Westen ausgewichen und ist abermals auf Land im Süden gestoßen wie Cabot im Norden. Ist es die Insel Antilla, die sagenhafte der alten Karten? Ist es abermals Indien?

1502. Es ereignet sich zu viel, als daß man es fassen, begreifen, übersehen könnte; in diesem einen Jahrzehnt ist mehr entdeckt worden als vordem in Tausenden Jahren. Ein Schiff nach dem andern fährt aus dem Hafen, und jedes bringt neue Botschaft heim. Es ist, als ob ein zauberischer Nebel plötzlich zerrissen wäre: überall im Norden, im Süden taucht Land, überall eine Insel auf, wohin sich der Kiel nach Westen wendet; der Kalender mit all seinen Heiligen hat nicht mehr genug Namen, sie alle zu benennen. Ihrer tausend behauptet der Admiral Columbus allein entdeckt und die Ströme gesehen zu haben, die aus dem Paradies entspringen. Aber sonderbar, sonderbar! Wieso waren all diese Inseln, diese merkwürdigen Länder an der indischen Küste den Alten und den Arabern unbekannt? Wieso hat Marco Polo sie nicht erwähnt, und wie anders ist, was er von Zipangu und Zaitun berichtet, als was der Admiral gefunden? All das ist so wirr und so widersprechend und voll Geheimnis, daß man nicht weiß, was man glauben soll von diesen Inseln im Westen. Ist wirklich die Welt schon umrundet, ist Columbus tatsächlich schon so nahe dem Ganges gewesen, wie er behauptet, daß er, von Westen kommend, Vasco da Gama begegnen könnte, wenn er von Osten segelt? Ist das Erdrund kleiner, ist es größer als man gedacht? Da haben die deutschen Buchdrucker doch jetzt Bücher so leicht erreichbar gemacht – wenn nur endlich einer käme, all diese Wunder zu erklären! Ungeduldig warten die Gelehrten, die Seefahrer, die Kaufleute, die Fürsten, wartet Europa. Nach all den Entdekkungen will die Menschheit endlich wissen, was sie entdeckt hat. Die entscheidende Tat des Jahrhunderts, so fühlt jeder einzelne, ist vollbracht, aber es fehlen ihr noch der Sinn und die Deutung.

Eine »Schicksalsstunde Europas«

Der Übergang des fünfzehnten in das sechzehnte Jahrhundert ist eine Schicksalsstunde Europas und in ihrer dramatischen Gedrängtheit nur der unseren vergleichbar. Mit einem Schlage erweitert sich der europäische Raum ins Welthafte, eine Entdekkung jagt die andere, und innerhalb weniger Jahre wird durch die Verwegenheit eines neuen Seefahrergeschlechts nachgeholt, was Jahrhunderte durch ihre Gleichgültigkeit oder Mutlosigkeit versäumten. Wie an einer elektrischen Uhr springen die Zahlen: 1486 wagt sich Diaz als erster Europäer bis an das Kap der Guten Hoffnung, 1492 erreicht Columbus die amerikanischen Inseln, 1497 Sebastian Cabot Labrador und damit das amerikanische Festland. Ein neuer Kontinent gehört dem Bewußtsein der weißen Rasse, aber schon segelt Vasco da Gama, abstoßend von Sansibar, nach Calicut und eröffnet den Seeweg nach Indien, 1500 entdeckt Cabral Brasilien, endlich, von 1519 bis 1522, unternimmt Magalhães die denkwürdigste, die krönende Tat, die erste Reise eines Menschen um die ganze Erde, von Spanien nach Spanien. Damit ist Martin Behaims »Erdapfel« von 1490, der erste Globus, bei seinem Erscheinen als unchristliche Hypothese und Narrenwerk verlacht, für richtig erkannt, die kühnste Tat hat den verwegensten Gedanken bekräftigt. Über Nacht ist für die denkende Menschheit der runde Ball, auf dem sie bisher ungewiß und bedrückt als auf einer terra incognita durch den Sternenraum kreiste, zu einer erfahrbaren, durchfahrbaren Wirklichkeit geworden, das Meer, bishin bloß eine im Mythischen endlos wogende blaue Wüste, ein durchmessenes und meßbares, ein der Menschheit dienstbares Element. Mit einem Ruck erhebt sich der europäische Wagemut, jetzt gibt es keine Pause, kein Atemholen mehr in dem wilden Wettlauf um die Entdeckung des Kosmos. Jedesmal wenn die Kanonen von Cádiz oder Lissabon einer heimkehrenden Galeone den Willkomm bieten, strömt eine neugierige Menge an den Hafen, andere Botschaft von neuentdeckten Ländern zu vernehmen, niegesehene Vögel, Tiere und Menschen zu bewundern; erschauernd blicken sie auf die riesigen Frachten von Silber und Gold, nach allen Windrichtungen läuft die Botschaft durch Europa, das über Nacht dank dem geistigen Heldentum seiner Rasse Mittelpunkt und Herrscher des ganzen Weltalls geworden ist. Fast gleichzeitig aber durchforscht Kopernikus die unbetretenen Bahnen der Gestirne über der plötzlich erhellten Erde, und all dies neue Wissen dringt vermöge der neuentdeckten Buchdruckerkunst mit gleichfalls bisher unbekannten Geschwindigkeiten in die entlegensten Städte und verlorensten Weiler des Abendlands: zum erstenmal hat Europa seit Jahrhunderten ein beglückendes und daseinssteigerndes Kollektiverlebnis. Innerhalb einer einzigen Generation haben die Urelemente menschlicher Anschauung, haben Raum und Zeit völlig andere Maße und Werte bekommen – nur unsere Jahrhundertwende mit der ebenso plötzlich sich überbietenden Raum- und Zeitverkürzung durch Telephon, Radio, Auto und Flugzeug hat eine gleiche Umwertung des Lebensrhythmus durch Erfindung und Entdeckung erfahren.

Eine derart plötzliche Erweiterung des äußeren Weltraums muß selbstverständlich eine gleich heftige Umschaltung im Seelenraum zur Folge haben. Jeder einzelne ist unvermutet genötigt, in andern Dimensionen zu denken, zu rechnen, zu leben; aber ehe das Gehirn sich der kaum faßbaren Verwandlung angepaßt hat, verwandelt sich schon das Gefühl – eine ratlose Verwirrung, halb Angst, halb enthusiastischer Taumel, ist immer die erste Antwort der Seele, wenn sie ihr Maß plötzlich verliert, wenn all die Normen und Formen, auf denen sie als auf einem bisher Beständigen fußte, gespenstig unter ihr weggleiten. Über Nacht ist alles Gewisse fraglich geworden, alles Gestrige wie jahrtausendalt und abgelebt; die Erdkarten des Ptolemäus, zwanzig Geschlechtern ein unumstößliches Heiligtum, werden durch Columbus und Magalhães Kindergespött, die gläubig seit Jahrtausenden nachgeschriebenen und als fehllos bewunderten Werke über Weltkunde, Astronomie, Geometrie, Medizin, Mathematik ungültig und überholt, alles Gewesene welkt dahin vor dem heißen Atem der neuen Zeit. Nun ist es zu Ende mit all dem Kommentieren und Disputieren, es stürzen die alten Autoritäten als zertrümmerte Götzen der Ehrfurcht, es fallen die papiernen Türme der Scholastik, der Ausblick wird frei. Ein geistiges Fieber nach Wissen und Wissenschaft entsteht aus der plötzlichen Durchblutung des europäischen Organismus mit neuem Weltstoff, der Rhythmus beschleunigt sich. Entwicklungen, die in gemächlichem Übergang sich befanden, bekommen von diesem Fieber einen hitzigen Ablauf, alles Bestehende gerät wie durch einen Erdstoß in Bewegung. Die vom Mittelalter ererbten Ordnungen schichten sich um, manche steigen, manche versinken: die Ritterschaft geht zugrunde, die Städte streben auf, der Bauernstand verarmt, Handel und Luxus blühen mit tropischer Kraft dank dem Dünger von ozeanischem Gold. Immer heftiger wird die Gärung, eine völlige soziale Umgruppierung kommt in Fluß, ähnlich der unsern durch den Einbruch der Technik und ihre gleichfalls zu plötzliche Organisierung und Rationalisierung: einer jener typischen Augenblicke tritt ein, da die Menschheit gleichsam von ihrer eigenen Leistung überrannt wird und alle Kraft aufbieten muß, um sich selber wieder nachzukommen.

Alle Zonen menschlicher Ordnung werden von diesem ungeheuren Stoß erschüttert, selbst jene unterste Schicht des Seelenreichs ist um diese großartige Jahrhundert- und Weltenwende erreicht, die sonst unberührt unter den Zeitstürmen liegt: das Religiöse. Von der katholischen Kirche in starre Form gebannt, hatte das Dogma wie ein Fels unverrückbar allen Orkanen standgehalten, und dieser große, gläubige Gehorsam war gleichsam das Signum des Mittelalters gewesen. Oben stand ehern die Autorität und gebot, von unten blickte, gläubig hingegeben, die Menschheit dem heiligen Wort entgegen, kein Zweifel wagte sich gegen die geistliche Wahrheit, und wo Widerstand sich rührte, offenbarte die Kirche ihre Verteidigungskraft: der Bannstrahl zerbrach das Schwert der Kaiser und erstickte den Atem der Ketzer. Völker, Stämme, Rassen und Klassen, so fremd und feindlich sie einander waren, verband dieser einhellige, demütige Gehorsam, dieser blind und selig dienende Glaube zu einer großartigen Gemeinschaft: im Mittelalter hatte die abendländische Menschheit nur eine einheitliche Seele, die katholische. Europa ruhte im Schoße der Kirche, manchmal von mystischen Träumen bewegt und erregt, aber es ruhte, und jeder Wunsch nach Wahrheit und Wissenschaft war ihm fremd. Jetzt zum erstenmal beginnt eine Unruhe die abendländische Seele zu bewegen: seit die Geheimnisse der Erde ergründbar geworden sind, warum sollte es nicht auch das Göttliche sein? Allmählich erheben sich einzelne von den Knien, auf denen sie gesenkten Hauptes demütig gelegen, und blicken fragend empor, statt der Demut beseelt sie ein neuer Denkmut und Fragemut, und neben den kühnen Abenteurern unbekannter Meere, neben den Columbus, Pizarro, Magalhães ersteht ein Geschlecht geistiger Konquistadoren, die sich entschlossen an das Unermeßliche wagen. Die religiöse Gewalt, die jahrhundertelang im Dogma verschlossen war wie in einer versiegelten Flasche, strömt ätherisch aus, sie dringt aus den priesterlichen Konzilen bis in die Tiefe des Volks; auch in dieser letzten Sphäre will die Welt sich erneuern und verändern. Dank seinem siegreich erprobten Selbstvertrauen empfindet sich der Mensch des sechzehnten Jahrhunderts nicht mehr als winziges, willenloses Staubkorn, das nach dem Tau der göttlichen Gnade dürstet, sondern als Mittelpunkt des Geschehens, als Kraftträger der Welt; Demut und Düsternis schlagen plötzlich um in Selbstgefühl, dessen sinnlichsten und unvergänglichen Machtrausch wir mit dem Worte Renaissance umfassen, und neben den geistlichen Lehrer tritt gleichberechtigt der geistige, neben die Kirche die Wissenschaft. Auch hier ist eine höchste Autorität gebrochen oder zumindest ins Wanken gebracht, die demütig stumme Menschheit des Mittelalters ist zu Ende, eine neue beginnt, die mit gleich religiöser Inbrunst fragt und forscht, wie die frühere geglaubt und gebetet. Aus den Klöstern wandert der Wissensdrang in die Universitäten, die fast gleichzeitig in allen Ländern Europas erstehen, Trutzburgen der freien Forschung. Raum ist geschaffen für den Dichter, den Denker, den Philosophen, für die Künder und Erforscher aller Geheimnisse der menschlichen Seele, in andere Formen gießt der Geist seine Kraft; der Humanismus versucht, das Göttliche ohne geistliche Vermittlung den Menschen zurückzugeben, und schon erhebt sich, vereinzelt zuerst, aber dann von der Sicherheit der Masse getragen, die große welthistorische Forderung der Reformation.

Großartiger Augenblick, eine Jahrhundertwende, die zur Zeitwende wird: Europa hat einen Atemzug lang gleichsam ein Herz, eine Seele, einen Willen, ein Verlangen. Übermächtig fühlt es sich als Ganzheit angerufen von noch unverständlichem Befehl zur Verwandlung. Herrlich bereit ist die Stunde, Unrast gärt in den Ländern, atmende Angst und Ungeduld in den Seelen, und über all dem schwingt und schwebt ein einziges dunkles Lauschen nach dem befreienden, nach dem zielsetzenden Wort; jetzt oder niemals ist es dem Geist gegeben, die Welt zu erneuern.

Die Bucht von Rio de Janeiro, landschaftlich gewiß nicht minder herrlich in jenen verschollenen Tagen als heute in ihrer städtischen Pracht, muß der abgemüdeten Mannschaft als wahres Paradies erschienen sein. Rio de Janeiro, getauft nach dem heiligen Januarius, weil an jenem Kalendertage entdeckt, und irrtümlich Rio benannt, weil man hinter dem Inselgewirr die Mündung eines mächtigen Flusses vermutete, liegt damals bereits innerhalb der portugiesischen Besitzsphäre. Gemäß seiner Instruktion müßte Magellan also eine Landung unterlassen. Aber noch haben die Portugiesen keine Niederlassung errichtet, noch droht keine Festung mit abwehrenden Geschützen, noch ist diese bunte Bai eigentlich ein Niemandsland; unbesorgt können die spanischen Schiffe vorbeigleiten an den zauberhaften Inseln, die den blühenden Strand beschirmen, und unbehelligt ankern. Kaum daß die Landungsboote sich nähern, eilen die Eingeborenen aus ihren Hütten und Wäldern und empfangen mit Neugier und ohne Argwohn die geharnischten Soldaten. Sie erweisen sich als völlig gutmütig und zutraulich, obzwar späterhin Pigafetta zu seiner Kränkung erfahren muß, daß sie als wackere Kannibalen gelegentlich getötete Feinde auf Spieße stecken und wie von einem Pfingstochsen dann die schönsten gebratenen Stücke sich abschneiden. Aber gegen die göttlichen weißen Fremden zeigen die Guaranys keinerlei Gelüste dieser Art. So sind die Soldaten enthoben, die umständlichen Arkebusen und schweren Lanzen gebrauchen zu müssen.

Nach wenigen Stunden beginnt bereits ein reger Tauschhandel. Und nun ist der brave Pigafetta in seinem Element. Während der elfwöchentlichen Fahrt hat der ehrgeizige Chronist nicht viel zu schildern gefunden; gerade ein paar kleine Geschichten von Haifischen und sonderbaren Vögeln konnte er flunkern. Die Gefangensetzung Juan de Cartagenas scheint er verschlafen zu haben, aber jetzt hat er kaum Federn genug in seiner Schreibbüchse, um alle die Herrlichkeiten in seinem Tagebuch zu verzeichnen. Von der wunderbaren Szenerie gibt er freilich kein Bild, was ihm aber nicht angekreidet werden soll, denn Schilderung der Natur ist erst drei Jahrhunderte später durch Jean-Jacques Rousseau erfunden worden; ungemein dagegen beschäftigen ihn die neuen Früchte, die Ananas, »die großen runden Tannenzapfen ähnlich sind, aber außerordentlich süß und vortrefflich schmecken«, dann die »Batate«, die er ähnlich den Kastanien findet, und das »süße Rohr«, das Zuckerrohr. Der wakkere Junge kann sich gar nicht vor Begeisterung fassen, wie schrecklich billig dieses törichte Volk ihnen Lebensmittel verkauft. Für eine kleine Fischangel geben die braunen Narren fünf oder sechs Hühner, für einen Kamm zwei Gänse, für einen kleinen Spiegel zehn herrlich bunte Papageien, für eine Schere so viele Fische, daß ein Dutzend Männer davon sich satt essen können. Für ein einziges Glöckchen (und wir erinnern uns, daß die Schiffe nicht weniger als zwanzigtausend mitführen) schleppen sie einen schweren Korb mit Batate heran, für einen angeschmutzten König aus einem alten Kartenspiel kriegt er sogar fünf Hühner, wobei die Guaranys noch glauben, den unerfahrenen Rhodosritter betrogen zu haben. Erfreulich billig im Kurs stehen auch die jungen Mädchen, die, wie Pigafetta zartsinnig schreibt, »ihr Haar als einzige Bekleidung tragen«; für ein Messer oder ein Beil bekommt man gleich zwei oder drei auf Lebenszeit.

Während Pigafetta derart mit dem Notizbuch eifrig Reportage treibt, die Matrosen sich mit Essen, Angeln und mit den gefälligen braunen Mädchen die Zeit vertreiben, denkt Magellan einzig an die Weiterfahrt. Ihm kann es nur recht sein, daß die Mannschaft sich wieder aufmuntert, aber er hält zugleich strenge Zucht. Eingedenk seiner Verpflichtung gegen den König von Spanien, verbietet er längs der ganzen brasilianischen Küste den Ankauf von Sklaven sowie jede Gewalttat, damit die Portugiesen keinen Vorwand hätten, Beschwerde zu erheben.

Dieses loyale Verhalten bringt Magellan noch einen besonderen Erfolg. Da man ihnen nicht die geringste Unbill zufügt, verlieren die Eingeborenen jede Scheu; scharenweise strömt das gutmütige und kindliche Völkchen jedesmal zusammen, wenn am Strande feierlich Messe gehalten wird. Neugierig blicken sie auf die sonderbaren Zeremonien, und da sie sehen, daß die weißen Fremden, von denen sie glauben, daß sie ihnen den lang ersehnten Regen gebracht hätten, die Knie beugen vor einem emporgehobenen Kreuze, knien sie gleichfalls mit gefalteten Händen hin, was von den frommen Spaniern schon als sicheres Zeichen gedeutet wird, daß sie unbewußt das Mysterium des christlichen Glaubens in sich aufgenommen hätten. Als nach dreizehntägigem Aufenthalt zu Ende Dezember die Flotte die weitgeschwungene unvergeßliche Bucht verläßt, kann Magellan besseren Gewissens als sonst Konquistadoren jenes Zeitalters weitersteuern. Denn wenn er seinem Kaiser hier auch Land nicht erobern durfte, so hat er doch als frommer Christ seinem himmlischen Herrn neue Seelen gewonnen. Niemandem ist in diesen Tagen der geringste Harm geschehen, keiner der zutraulichen Einwohner ist gewaltsam von Erde und Heimat gerissen worden. In Frieden ist Magellan gekommen, in Frieden geschieden.

Ungern haben die Matrosen das paradiesische Rio de Janeiro verlassen, ungern steuern sie, ohne landen zu dürfen, an den lokkenden Küsten Brasiliens vorbei. Jedoch Magellan darf ihnen keine weitere Rast mehr gönnen. Eine geheime, brennende Ungeduld treibt den äußerlich so Unerschütterbaren ungestüm jenem »paso« entgegen, den er gemäß der Karte Martin Behaims und jenem Bericht an einer bestimmten Stelle vermutet. Dieser Durchlaß müßte, wenn jene Erzählungen der portugiesischen Piloten und die auf Martin Behaims Karte verzeichneten Breiteangaben richtig waren, unmittelbar hinter dem Cabo Santa Maria sich auftun, und deshalb steuert ohne Aufenthalt Magellan vorerst diesem Ziele zu. Endlich, am 10. Januar, sehen sie aus unübersehbarem Flachland einen kleinen Hügel sich erheben, den sie Montevidi (heute Montevideo) nennen. Und aus schlimmstem Wetter retten sie sich in die riesige Meeresbucht, die anscheinend endlos sich nach Westen erstreckt.

Diese riesige Meeresbucht ist in Wirklichkeit nichts anderes als die Mündung des La Plata-Stroms. Aber Magellan ahnt dies nicht. Er sieht nur mit innerer, mit einer kaum unterdrückten Genugtuung genau an der Stelle, die ihm jene geheimen Berichte verhießen, gewaltige Wassermassen westwärts fluten; das muß die gesuchte, die verheißene Straße sein, die er auf Martin Behaims Karte verzeichnet gesehen. Land und Lage scheinen genau zu jenen Beschreibungen zu stimmen, die er von seinen unbekannten Gewährsmännern in Lissabon erhalten; sicherlich ist dies das »Calfo«, durch das gemäß der Newen Zeytung vor zwanzig Jahren die Portugiesen nach Westen steuern wollten. Ausdrücklich bestätigt Pigafetta, daß auch alle andern an Bord einhellig der Überzeugung waren, mit dieser großartig breiten Wasserstraße sei die ersehnte Durchfahrt endlich gefunden. »Si era creduto una volta esser questo un canal che mettesse nel Mar del Sur«; denn unvergleichbar den schläfrigen Mündungen des Rheins, des Po, des Ebro, des Tajo, wo man immerhin zur Rechten und zur Linken noch deutlich die Ufer wahrnehmen kann, dehnt sich hier endlos die Weite der Wasser; ein anderes Gibraltar, ein anderer Ärmelkanal, ein anderer Hellespont muß mit dieser Bucht beginnen, Ozean und Ozean verbindend. Und unbedingt ihrem Führer vertrauend, träumen sie schon davon, in wenigen Tagen diese neue Straße durchfahren zu haben und damit das andere südliche Meer zu erreichen, das sagenhafte »Mar del Sur«, das nach Indien, nach Japan, nach China, das nach den Gewürzinseln führt, hinüber, hinüber zu den Schätzen Golcondas und allem Reichtum der Erde!

Daß auch Magellan vom ersten Tage an bei dem Anblick dieser gigantischen Wassermassen vollkommen in der Gewißheit lebte, hier die erträumte Durchfahrt gefunden zu haben, erweist die Hartnäckigkeit, mit der er hier und gerade hier den »paso« sucht. Ganze fünfzehn Tage verbringt oder vielmehr verliert er an der La Plata-Mündung mit vergeblicher Suche. Kaum daß der

Sturm, der sie gleich bei der Ankunft überfallen, nur ein wenig nachläßt, teilt Magellan die Flotte. Die kleineren Schiffe werden den vermeintlichen Kanal nach Westen (in Wahrheit stromaufwärts) geschickt. Die zwei großen Schiffe dagegen steuern unter seiner persönlichen Führung gleichzeitig quer über die Mündung des La Plata nach Süden, »por ver si habia pasage«, um auch in dieser Richtung auszukundschaften, wie weit der vielgesuchte Weg eigentlich führe. Langsam, sorgfältig mißt er den ganzen Umkreis der Bucht gegen Süden aus, indes die kleineren Schiffe nach Westen unterwegs sind. Bittere Enttäuschung jedoch! Nach fünfzehn Tagen erregten Pilotierens in »Montevidi« leuchten endlich die Segel der zurückkehrenden Schiffe. Aber keine Wimpel wehen freudig am Mast, und die Kapitäne bringen niederschmetternden Bescheid: diese riesige Wasserstraße, die sie selbst voreilig für den gesuchten Kanal gehalten, sei nichts anderes als ein ungewöhnlich gewaltiger Strom mit süßem Wasser, den man zum Gedenken Juan de Solis', der hier gleichfalls den Weg nach Malacca gesucht und statt dessen den Tod gefunden, vorläufig Rio de Solis tauft (erst später wird man ihn Rio de la Plata nennen).

Nun heißt es für Magellan eisern die Muskeln straffen. Niemand der Kapitäne, niemand der Mannschaft darf merken, welchen mörderischen Schlag seine innere Sicherheit durch diese Enttäuschung erlitten. Denn eines weiß der Admiral jetzt schon: jene Karte Martin Behaims war falsch, jene Nachrichten der Portugiesen von der angeblich entdeckten Durchfahrt ein voreiliger Irrtum. Trügerisch waren die Informationen, auf die er seinen ganzen Plan der Weltumfahrung aufgebaut, irrig alle Berechnungen Faleiros, falsch seine eigenen Behauptungen, falsch, was er dem König von Spanien und dessen Räten versprochen. Wenn dieser Durchlaß überhaupt existiert – und zum erstenmal muß der bisher ehern Überzeugte an dies »wenn überhaupt« denken –, so muß er tiefer im Süden liegen. Nach Süden steuern bedeutet aber nicht, der Wärme entgegensegeln, sondern, da sie den Äquator längst überschritten haben, wieder polaren Zonen sich nähern. Februar und März meinen jenseits des Äquators nicht wie in den heimischen Zonen Wintersende, sondern im Gegenteil Wintersanfang. Wenn also sich jetzt nicht bald ein Weg ins Südmeer auftut, nicht bald der hier vergeblich gesuchte »paso« sich erschließt, dann ist für die Umschiffung Südamerikas die günstige Jahreszeit endgültig versäumt und es bleiben nur zwei Möglichkeiten: entweder zurück in wärmere Zonen oder irgendwo hier zu überwintern.

Dunkle Gedanken müssen von diesem Augenblicke an, da die Rekognoszierungsschiffe enttäuscht zurückkehrten, Magellans Seele beschattet haben. Und wie im innern Raum seines Herzens verdüstert sich auch im äußern Raume die Welt. Immer unfreundlicher, immer nackter und leerer zeigt sich die Küste, immer finsterer der Himmel. Verloschen das weiße, das südliche Licht, verdüstert zu grauem Wolkengeschiebe der blaue Zenith. Dahin die tropischen Wälder mit ihrem schwülen und süßen Duft, der weit über die Küste hinaus noch die nahenden Schiffe umschmeichelte! Entschwunden für immer die freundliche Landschaft Brasiliens und ihre üppigen Bäume, mit Früchten behangen, die wehenden Palmen, die bunten Tiere, die gastlichen braunen Männer und Frauen! Hier stelzen am nackten sandigen Strand nur Pinguine herum, ängstlich fortwatschelnd, sobald man ihnen naht, dumm und faul wälzen sich Seelöwen auf den Klippen. Sonst will weit und breit kein Lebewesen sich zeigen, Mensch und Tier scheinen ausgestorben in der herzbeklemmenden Ödnis. Ein einziges Mal jagen am Land große, wilde Männer in wirrer Flucht davon, wie Eskimos ganz in Felle gehüllt. Aber nicht die Glöckchen, nicht die hingehaltenen bunten Kappen können sie heranlocken. Unfreundlich und abweisend rennen sie fort, sobald man sich ihnen nähern will, und vergeblich erweist sich jeder Versuch, eine Spur ihrer Behausung zu finden.

Immer mühsamer, immer langsamer wird die Fahrt, denn unerbittlich hält Magellan Kurs an der Küste. Jede kleine Bucht, jeder winzige Hafen wird auf das gründlichste durchforscht und mit dem Senkblei durchsucht. Zwar vertraut Magellan jener mysteriösen Karte, die ihn erst zur Reise verlockt und dann auf der Reise verraten, schon längst nicht mehr. Aber vielleicht geschieht dennoch, dennoch das Wunder, daß plötzlich an unvermuteter Stelle der »paso« sich zeigt und sie vor Winterbeginn noch hinübersteuern können ins »Mar del Sur«! Deutlich fühlt man, wie der unsicher Gewordene sich anklammert an diese eine, an die letzte Hoffnung, vielleicht hätten die Karte und jene Portugiesen sich nur in der Breitenbestimmung geirrt und die gesuchte Straße liege ein paar Meilen tiefer, als ihre Flunkereien behaupteten. Als die Flotte am 24. Februar sich abermals einer breiten und unübersehbaren Bucht, dem Golf von San Matthias, nähert, flakkert wie eine vom Sturm gefaßte Kerze noch einmal Hoffnung hoch. Sofort läßt Magellan die kleineren Schiffe wieder vorausfahren, »viendo si habia alguna salida para el Maluco«, ob nicht etwa hier die ersehnte Durchbruchstelle zu den Molukken sei. Aber wieder nichts! Wieder nur eine geschlossene Bucht! Ebenso vergeblich werden zwei andere Buchten durchforscht, die Bahia de los Patos, so nach den vielen Pinguinen benannt, und die Bahia de los Trabajos (zum Gedenken der furchtbaren Mühsale, die dort die landende Mannschaft erlitten). Aber nur die Leichen von erschlagenen Seewölfen bringen die halb Erfrorenen zurück und nicht die ersehnte Botschaft.

Weiter, weiter also geht unter dem verdüsterten Himmel die Fahrt der Küste entlang. Immer grauenhafter wird die Öde, immer kürzer werden die Tage, immer länger die Nächte. Nicht mehr in mildem Blau, von leichter Brise sanft dahingetragen, gleiten die Schiffe dahin: eisige Stürme reißen jetzt wild an den Segeln, mit weißen Körnern schmettern Schnee und Hagel herab, grau und gefährlich bäumt sich das Meer. Zwei Monate braucht die Flotte, um das kleine Stück vom La Plata-Strom bis nach Port San Julian dem feindlichen Wetter abzukämpfen. Fast täglich hat die Mannschaft mit Orkanen zu kämpfen, den berüchtigten »pamperos« jener Gegend, den brüsken Windstößen, welche die Maste zerschmettern und Segel wegreißen, es wird kälter, es wird düsterer von Tag zu Tag, und noch immer, noch immer zeigt sich der »paso« nicht. Grausam rächen sich jetzt die versäumten Wochen. Denn während die Flotte alle Winkel und Buchten durchforschte, ist ihr der Winter vorausgerannt. Nun steht er vor ihnen, der böseste, gefährlichste Feind, und sperrt mit Stürmen den Weg. Ein halbes Jahr ist vertan, und nicht näher weiß sich Magellan noch seinem eigentlichen Ziel als an dem Tage, da er wegsteuerte von Sevilla.

*

Diese Tage müssen die dunkelsten im Leben Magellans gewesen sein, die einzigen vielleicht, in denen er, der sonst unbeirrbar Gläubige, heimlich verzagt hat. Schon daß er bei der Abfahrt von San Julian mit falscher Festigkeit mitteilt, er sei entschlossen, die patagonische Küste im Notfall auch bis zum fünfundsiebzigsten Breitegrad hinabzusegeln und nur, wenn auch dann noch nicht die Durchfahrt zum andern Meere gefunden sei, den üblichen Weg um das Kap der Guten Hoffnung zu wählen – schon diese Verklausulierung mit »notfalls« und »vielleicht« verrät seine Unsicherheit. Zum erstenmal hält Magellan sich die Möglichkeit eines Rückzugs offen, zum erstenmal gibt er vor seinen Offizieren zu, daß der gesuchte Durchlaß vielleicht gar nicht existiert oder erst in arktischen Gewässern. Offenkundig hat er die innere Gewißheit verloren; aber auch die gnädige Ahnung, die ihn jenen »paso« erträumen ließ, verläßt ihn jetzt in entscheidender Stunde. Kaum hat je die Geschichte eine ironischere, eine boshaftere Situation erfunden als jene Magellans, da er nach zweitägiger Seefahrt wieder haltmacht an der von Serrão entdeckten Mündung des Santa Cruz-Flusses und abermals zwei Monate Winterschlaf für die Schiffe anbefiehlt. Denn man vergegenwärtige sich aus der Vista unserer nachträglichen besseren geographischen Kenntnis die ganze Widersinnigkeit dieses Entschlusses. Da ist ein Mann, der, von einer großen Idee getrieben, von einer ungenauen und überdies unrichtigen Nachricht verwirrt, sich zum Lebensziel gesetzt hat, die Durchfahrt vom Atlantischen in den Pazifischen Ozean und damit als erster den Weg um die Erde zu finden. Dank seinem dämonischen Willen hat er den Widerstand der Materie überwunden, er hat Helfer für seinen fast unrealisierbaren Plan gefunden, er hat einem fremden Monarchen durch die Suggestivkraft seiner Idee eine Flotte abgerungen und glücklich diese Flotte weiter die südamerikanische Küste hinabgeführt als je ein Seefahrer vor ihm. Er hat die Elemente des Meers gemeistert und die Meuterei; keine Hemmung, keine Enttäuschung konnte bisher seinen fanatischen Glauben brechen, er müsse diesem »paso«, diesem Ziel seiner Träume, räumlich schon ganz nahe sein. Nun plötzlich und gerade vor dem Siege verhüllt sich dem bisher so hellsichtigen Mann der ahnende Blick. Es ist, als hätten die Götter, die ihn nicht liebten, ihm böswillig eine Binde um seine Augen getan. Denn an diesem 26. August 1520, da Magellan seiner Mannschaft befiehlt, noch einmal zwei Monate tatlos sich zu verliegen, ist er eigentlich schon am Ziel. Nur zwei Breitegrade, nur zwei Tage Seefahrt nach dreihundert Tagen der Reise, nur ein paar Meilen nach tausend und tausend schon durchmessenen müßte er jetzt noch entschlossen weiterfahren, und aufjauchzen könnte seine verstörte Seele. Aber – Hohn und Bosheit des Schicksals – der Unselige weiß und ahnt nicht, wie nahe er seinem Ziel ist. Zwei lange und leere Monate der Sorge, des Mißtrauens wartet und wartet er auf den Frühling an der Mündung dieses kleinen Flusses, wartet er an dieser öden, menschenvergessenen Küste, einem Manne ähnlich, der im Schneesturm vor der eigenen Hütte sich frierend zusammenkauert, ohne zu ahnen, daß er nur noch einen Schritt vorwärtstasten müßte, und er wäre geborgen. Zwei Monate, zwei endlose, sinnlose Monate sitzt und brütet und sorgt sich Magellan in dieser Ödnis, ob er den »paso« erreichen werde oder nicht, und nur zwei Tagereisen weit wartet die Straße, die seinen Namen tragen wird in die Ewigkeit! Bis zum letzten Augenblick muß der Mann, der prometheisch der Erde das letzte Geheimnis entreißen will, die marternde Geierklaue des Zweifels fühlen.

Aber um so herrlicher dann die Entkettung! Immer erreicht nur jene Seligkeit die letzte Höhe des Gefühls, die von letzten Tiefen des Verzagens sich aufgeschwungen. Am 18. Oktober 1520, nach zwei Monaten leeren, überflüssigen Rastens, gibt Magellan neuerdings Befehl zur Weiterfahrt. Messe wird feierlich gelesen, die Mannschaft nimmt das Abendmahl, dann steuern mit vollen Segeln die Schiffe nach Süden. Scharf stemmt sich noch einmal der Wind ihnen entgegen, Zoll für Zoll muß abgerungen werden dem feindseligen Element. Noch immer tröstet kein mildes Grün den Blick, leer, flach, öde und unwirtlich dehnt sich die unbewohnte Küste, immer nur Sand und Felsen und Felsen und Sand. Am dritten Tage, am 21. Oktober 1520, erhebt sich endlich ein Kap mit weißen Klippen vor einem merkwürdig zerrissenen Strand, und siehe, hinter diesem von Magellan zu Ehren der Kalenderheiligen »Cabo de las Virgines« benannten Vorsprung eröffnet sich eine tiefe Bucht mit schwarzem Gewässer. Die Schiffe steuern näher heran. Merkwürdige, mächtige und strenge Landschaft! Schroff abfallende Hügel, unruhig und zerklüftet, und ganz in der Ferne – seit Jahren nicht gesehener Anblick – mit weißem Schneehaupt hohe Gipfel. Aber wie tot diese Weite! Kein menschliches Wesen ringsum, kaum Baum und Strauch; nur das stete Sausen und Brausen des Winds durchfährt das starre Schweigen dieser gespenstisch leeren Bucht. Unfreudig blickt die Mannschaft auf die finsteren Gewässer. Absurd scheint es ihnen allen, daß diese bergumstandene Bucht und ihre Hadesgewässer weiterführen könnten zu einem flachen Strand oder gar dem »Mar del Sur«, dem hellen, dem sonnigen, dem südlichen Meer. Einhellig äußern die Piloten ihre Überzeugung, dieser tiefe Einschnitt könne nur ein Fjord sein ähnlich jenen im Nordland, und es sei verlorene Mühe, vergeudete Zeit, diese geschlossene Bucht mit dem Senkblei zu durchforschen oder mit den Schiffen rundzufahren. Schon zu viele Wochen habe man versäumt mit der Rekognoszierung all dieser patagonischen Buchten, deren doch keine sich aufgetan zur ersehnten Straße. Nur jetzt keine Verzögerung mehr! Rasch weiter und weiter und, wenn nicht bald der »estrecho« sich zeige, mit der günstigen Jahreszeit nach Hause zurück oder über das Kap der Guten Hoffnung nach dem Indischen Meer!

Aber Magellan, von seiner idée fixe der verborgenen Straße besessen, besteht darauf, auch diese merkwürdige Bucht völlig auszufahren. Verärgert gehorchen die andern dem Befehl, obwohl sie lieber weitersteuerten, denn »wir alle dachten und sagten, es wäre nur eine geschlossene Bucht« (serrato tuto in torno). Zwei Schiffe bleiben zurück, das Flaggschiff und die »Victoria«, um die äußere Bucht zu untersuchen. Die andern beiden, der »San Antonio« und die »Concepcion«, erhalten Auftrag, vorzustoßen, so weit es ihnen gelinge, aber spätestens in fünf Tagen wieder zurück zu sein. Denn die Zeit ist kostbar geworden und knapp der Proviant. Nicht fünfzehn Tage wie am La Plata kann Magellan mehr Frist gewähren. Fünf Tage Rekognoszierung – das ist der letzte Einsatz, den er noch wenden kann an diesen letzten Versuch!

Nun ist der große dramatische Augenblick gekommen. Die beiden Schiffe Magellans, die »Trinidad« und die »Victoria«, beginnen die Vorderbucht rund zu umfahren, bis der »San Antonio« und die »Concepcion« von ihrem Vorstoß in die innere Bucht wiederkehren. Aber noch einmal bäumt sich der Gegenwille der Natur empor, als weigerte sie sich, ihr letztes Geheimnis leichthin preiszugeben. Jählings frischt der Wind auf, wird zum Sturm und bald zu einem jener plötzlichen Orkane, wie sie häufig in dieser Gegend aufspringen, von der die alten spanischen Landkarten warnend verzeichnen, »no hay buenas estaciones«, »hier gibt es niemals günstige Jahreszeiten«. Im Nu schäumt die Bucht in weißem und wildem Quirl, losgerissen werden schon bei dem ersten Aufschwall die Ankertaue; mit eingezogenen Segeln müssen sich die beiden Schiffe wehrlos umtreiben lassen – ein Glück nur, daß sie der hartnäckige Sturm nicht an die Klippen schleudert. Einen Tag, zwei Tage dauert diese entsetzliche Not. Aber nicht das eigene Schicksal verstört Magellan, denn seine beiden

Schiffe, sie schwanken und schaukeln immerhin in offener Bucht, wo es möglich ist, sie weit vom Ufer zu halten. Aber die beiden andern Schiffe, der »San Antonio« und die »Concepcion«! Sie muß der Sturm in der inneren Bucht gefaßt haben, im Engpaß hat der grimmige Orkan sie überfallen, in dieser engen Röhre, wo sie nicht Raum haben, zu lavieren, nicht die geringste Möglichkeit, zu ankern und sich zu bergen: wenn kein Wunder geschehen ist, müssen die beiden von dem Sturm längst an die Küste getrieben oder an den Felsen in tausend Stücke zerschellt sein.

Fiebriges, schauriges, ungeduldiges Warten in diesen Tagen, in diesen Stunden, den Schicksalsstunden Magellans. Ein Tag und kein Zeichen. Ein zweiter, und sie sind nicht wiedergekehrt. Ein dritter Tag, ein vierter, und sie sind nicht zurück. Und Magellan weiß: wenn diese beiden Schiffe gestrandet und mit ihrer Mannschaft verloren sind, dann ist alles verloren. Mit zwei Schiffen allein kann er die Weiterfahrt nicht wagen. Seine Tat, sein Traum ist dann an diesen fremden Felsen zerschellt.

Endlich ein Signal vom Mastkorb. Aber Entsetzen! Nicht die Schiffe, die heimkehrenden, hat der Späher erblickt, sondern eine Rauchsäule in der Ferne. Fürchterlicher Augenblick. Ein Rauchsignal kann nur bedeuten, daß Schiffbrüchige um Hilfe rufen. Gescheitert also der »San Antonio«! Gescheitert die »Concepcion«, seine besten Schiffe, gescheitert sein ganzes Unternehmen in dieser noch namenlosen Bucht! Schon befiehlt Magellan, Boote herabzulassen, um in jene innere Bucht zu rudern und an Menschenleben zu retten, was noch zu retten ist. Aber in diesem Augenblick ereignet sich die Wende! Es ist derselbe glorreiche Augenblick wie im »Tristan«, wo die schön matt hinsterbende, die klagende und verzagende Todesmelodie der Hirtenflöte plötzlich umspringt und aufspringt in die beschwingte, die jubelnde, die wirbelnde Tanzweise des Glücksüberschwangs. Ein Segel! Ein Schiff! Ein Schiff! Gepriesen sei Gott – ein Schiff wenigstens ist gerettet! Nein, beide Schiffe, beide! Der »San Antonio« und die »Concepcion«, beide kehren wieder, beide heil und wohlbehalten. Aber sieh, was ist das? Kaum, daß sie Magellans und seiner Flotte ansichtig werden, blitzt es drüben auf Backbord, einmal, zweimal, dreimal, und breit rollt das Echo des Kanonendonners von den Bergen wider. Was ist geschehen? Warum lösen sie, die sonst mit jedem Korn Pulver sorgsam sparen, verschwenderisch eine Salve nach der andern? Warum, kaum wagt es Magellan zu glauben, sind alle Flaggen, alle Wimpel gehißt? Warum winken, warum schreien die Kapitäne, die Matrosen, und was winken, was rufen sie? Noch versteht er nicht aus der Ferne die wirren Worte, noch erfassen die Kameraden nicht den Sinn ihrer Rufe. Aber alle fühlen sie zugleich und Magellan als erster: dies ist die Sprache des Triumphs!

Und wahrhaftig, es ist gesegnete Botschaft, welche die beiden Schiffe bringen. Mit plötzlich aufgeweitetem Herzen lauscht Magellan dem Bericht Serrãos. Erst ist es den beiden Schiffen schlimm gegangen. Schon waren sie tief eingedrungen in die innere Bucht, als jener Sturm losbrach. Obwohl sie sofort alle Segel refften, hatte der Quirl der Strömung sie doch wehrlos weitergetrieben, weiter und weiter hineingepeitscht; schon hatten sie gemeint, wehrlos müßten sie zerschellen am Ende der Bucht und ihren felsigen Ufern. Da hätten sie im letzten Augenblick gemerkt, daß die zerklüftete Felsenmauer vor ihnen gar nicht völlig geschlossen sei, sondern abermals hinter einem Vorsprung sich öffne zu einer Art von Kanal. Durch diese stillere Straße seien sie in eine zweite Bucht gelangt, die sich abermals verengte, um sich abermals zu erweitern und zu verbreitern. Drei Tage seien sie so gefahren, ohne an ein Ende dieser erstaunlichen Wasserstraße zu gelangen. Noch hätten sie ihren letzten Ausgang nicht gefunden, doch keinesfalls könne dieser merkwürdige Wasserweg ein Fluß sein. Denn unverändert salzig bleibe das Wasser, regelmäßig und gleichmäßig zeichne Ebbe und Flut sich am Strande ab. Nicht wie ein Strom, nicht wie der La Plata verschmälere sich dieses sonderbare Gewässer, wenn man von der Mündung aufwärts fahre, sondern im Gegenteil: breit und meerhaft dehne bei beständigem Tiefgang immer wieder von neuem die Fläche sich aus. Mehr als wahrscheinlich sei es darum, daß dieser Fjord, dieser Kanal hinüberführe in das langgesuchte Mar del Sur, dessen Ufer Nuñez de Balboa vor wenigen Jahren von den Höhen von Panama herab als erster Europäer erblickt habe.

Eine bessere Kunde hat Magellan, der vielgeprüfte Mann, seit einem Jahre nicht vernommen. Und nur ahnen kann man, wie diese Hoffnungsbotschaft das düstere und verkrampfte Herz ihm plötzlich aufgehellt. Schon hatte er im Innersten verzagt, schon den Rückweg über das Kap der Guten Hoffnung ins Auge gefaßt, und niemand weiß, welche heimlichen Gebete und Gelübde er kniend zu Gott und seinen Heiligen erhoben. Und nun, gerade im Augenblick, da sein Glaube zu schwinden begonnen, beginnt Wahn zur Wahrheit, der Traum Ereignis zu werden. Keinen Augenblick jetzt mehr gezögert! Die Anker gehoben! Die Segel entbreitet! Noch einmal eine Salve zu Ehren des Königs, ein Gebet dem obersten Admiral! Und dann mutig hinein in das Labyrinth! Findet er aus diesen acherontischen Gewässern einen Weg in das andere Meer, dann hat er als erster den Weg um die Erde gefunden. Und mit allen vier Schiffen steuert Magellan mutig in diesen Kanal, den er zu Ehren des Tags den Kanal Todos los Santos tauft. Aber die Nachwelt wird ihn dankbar die Magellanstraße nennen.

Der Kampf um den Südpol

Kapitän Scott, 90. Breitengrad
16. Januar 1912

Der Kampf um die Erde

Das zwanzigste Jahrhundert blickt nieder auf geheimnislose Welt. Alle Länder sind erforscht, die fernsten Meere zerpflügt. Landschaften, die vor einem Menschenalter noch selig frei im Namenlosen dämmerten, dienen schon knechtisch Europas Bedarf, bis zu den Quellen des Nils, den langgesuchten, streben die Dampfer; die Viktoriafälle, erst vor einem halben Jahrhundert vom ersten Europäer erschaut, mahlen gehorsam elektrische Kraft, die letzte Wildnis, die Wälder des Amazonenstromes, ist gelichtet, der Gürtel des einzig jungfräulichen Landes, Tibets, gesprengt. Das Wort »Terra incognita« der alten Landkarten und Weltkugeln ist von wissenden Händen überzeichnet, der Mensch des zwanzigsten Jahrhunderts kennt seinen Lebensstern. Schon sucht sich der forschende Wille neuen Weg, hinab zur phantastischen Fauna der Tiefsee muß er steigen oder empor in die unendliche Luft. Denn unbetretene Bahn ist nur noch im Himmel zu finden, und schon schießen im Wettlauf die stählernen Schwalben der Aeroplane empor, neue Höhen und neue Fernen zu erreichen, seit die Erde der irdischen Neugier brach ward und geheimnislos.

Aber ein letztes Rätsel hat ihre Scham noch vor dem Menschenblick bis in unser Jahrhundert geborgen, zwei winzige Stellen ihres zerfleischten und gemarterten Körpers gerettet vor der Gier ihrer eigenen Geschöpfe. Südpol und Nordpol, das Rückgrat ihres Leibes, diese beiden fast wesenlosen, unsinnlichen Punkte, um die ihre Achse seit Jahrtausenden schwingt, sie hat die Erde sich rein gehütet und unentweiht. Barren von Eis hat sie vor dieses letzte Geheimnis geschoben, einen ewigen Winter als Wächter den Gierigen entgegengestellt. Frost und Sturm halten herrisch den Zugang ummauert, Grauen und Gefahr scheuchen mit Todesdrohung den Kühnen. Flüchtig nur darf selbst die Sonne diese verschlossene Sphäre schauen, und niemals ein Menschenblick.

Seit Jahrzehnten folgen einander die Expeditionen. Keine erreicht das Ziel. Irgendwo, erst jetzt entdeckt, ruht im gläsernen Sarge des Eises, dreiunddreißig Jahre, die Leiche des kühnsten der Kühnen, Andrees, der im Ballon den Pol überfliegen wollte und niemals wiederkam. Jeder Ansturm zerschellte an den blanken Wällen des Frostes. Seit Jahrtausenden bis in unsern Tag verhüllt die Erde ihr Antlitz, zum letztenmal siegreich gegen die Leidenschaft ihrer Geschöpfe. Jungfräulich und rein trotzt ihre Scham der Neugier der Welt.

Aber das junge zwanzigste Jahrhundert reckt ungeduldig seine Hände. Es hat neue Waffen geschmiedet in Laboratorien, neue Panzer gefunden gegen die Gefahr, und alle Widerstände mehren nur seine Gier. Es will alle Wahrheit wissen, sein erstes Jahrzehnt schon will erobern, was alle Jahrtausende vor ihm nicht zu erreichen vermochten. Dem Mut des Einzelnen gesellt sich die Rivalität der Nationen. Nicht um den Pol allein kämpfen sie mehr, auch um die Flagge, die zuerst über dem Neuland wehen soll: ein Kreuzzug der Rassen und Völker hebt an um die durch Sehnsucht geheiligte Stätte. Von allen Erdteilen erneut sich der Ansturm. Ungeduldig harrt schon die Menschheit, sie weiß, es gilt das letzte Geheimnis unseres Lebensraumes. Von Amerika rüsten Peary und Cook gegen den Nordpol, nach Süden steuern zwei Schiffe: das eine befehligt der Norweger Amundsen, das andere ein Engländer, der Kapitän Scott.

Scott

Scott: irgendein Kapitän der englischen Marine. Irgendeiner. Seine Biographie identisch mit der Rangliste. Er hat gedient zur Zufriedenheit seiner Vorgesetzten, hat später an Shackletons Expedition teilgenommen. Keine sonderliche Conduite deutet den Helden an, den Heros. Sein Gesicht, rückgespiegelt von der Photographie, das von tausend Engländern, von zehntausend, kalt, energisch, ohne Muskelspiel, gleichsam hart gefroren von verinnerlichter Energie. Stahlgrau die Augen, starr geschlossen der Mund. Nirgends eine romantische Linie, nirgends ein Glanz von Heiterkeit in diesem Antlitz aus Willen und praktischem Weltsinn. Seine Schrift: irgendeine englische Schrift, ohne Schatten und Schnörkel, rasch und sicher. Sein Stil: klar und korrekt, pakkend in den Tatsächlichkeiten und doch phantasielos wie ein Rapport. Scott schreibt Englisch wie Tacitus Latein, gleichsam in unbehauenen Quadern. Man spürt einen völlig traumlosen Menschen, einen Fanatiker der Sachlichkeit, einen echten Menschen also der englischen Rasse, bei der selbst Genialität sich in die kristallene Form der gesteigerten Pflichterfüllung preßt. Dieser Scott war schon hundertmal in der englischen Geschichte, er hat Indien erobert und namenlose Inseln im Archipel, er hat Afrika kolonisiert und die Schlachten gegen die Welt geschlagen, immer mit der gleichen ehernen Energie, dem gleichen kollektiven Bewußtsein und dem gleichen kalten, verhaltenen Gesicht.

Stahlhart aber dieser Wille; das spürt man schon vor der Tat. Scott will vollenden, was Shackleton begonnen. Er rüstet eine Expedition, aber die Mittel reichen nicht aus. Das hindert ihn nicht. Er opfert sein Vermögen und macht Schulden in der Sicherheit des Gelingens. Seine junge Frau schenkt ihm einen Sohn – er zögert nicht, ein anderer Hektor, Andromache zu verlassen. Freunde und Gefährten sind bald gefunden, nichts Irdisches kann den Willen mehr beugen. »Terra Nova« heißt das seltsame Schiff, das sie bis an den Rand des Eismeeres bringen soll. Seltsam, weil so zwiefach in seiner Ausrüstung, halb Arche Noah, voll lebenden Getiers, und dann wieder modernes Laboratorium mit tausend Instrumenten und Büchern. Denn alles muß mitgebracht werden, was der Mensch für die Notdurft des Körpers und Geistes bedarf, in diese leere, unbewohnte Welt, sonderbar gattet sich hier das primitive Wehrzeug des Urmenschen, Felle und Pelze, lebendiges Getier, dem letzten Raffinement des neuzeitlichen komplizierten Rüstzeuges. Und phantastisch wie dies Schiff auch das Doppelantlitz der ganzen Unternehmung: ein Abenteuer, aber doch eins, das kalkuliert ist wie ein Geschäft, eine Verwegenheit mit allen Künsten der Vorsicht – eine Unendlichkeit von genauer, einzelner Berechnung gegen die noch stärkere Unendlichkeit des Zufalls.

Am 1. Juni 1910 verlassen sie England. In diesen Tagen leuchtet das angelsächsische Inselreich. Saftig und grün glühen die Wiesen, warm liegt und glänzend die Sonne über der nebellosen Welt. Erschüttert fühlen sie die Küste fortschwinden, wissen sie doch alle, alle, daß sie Wärme und Sonne Abschied sagen auf Jahre, manche vielleicht für immer. Aber dem Schiff zu Haupte weht die englische Flagge, und sie trösten sich in dem Gedanken, daß ein Weltzeichen mitwandert zum einzig noch herrenlosen Strich der eroberten Erde.

Universitas antarctica

Im Januar landen sie nach kurzer Rast in Neuseeland bei Kap Evans, am Rande des ewigen Eises, und rüsten ein Haus zum Überwintern. Dezember und Januar heißen dort die Sommermonate, weil einzig im Jahre dort die Sonne ein paar Stunden des Tages auf dem weißen, metallenen Himmel glänzt. Aus Holz sind die Wände gezimmert, ganz wie bei den früheren Expeditionen, aber innen spürt man den Fortschritt der Zeit. Während ihre Vorgänger damals noch mit stinkenden, schwelenden Tranlampen im Halbdunkel saßen, müde ihres eigenen Gesichts, ermattet von der Eintönigkeit der sonnenlosen Tage, haben diese Menschen des zwanzigsten Jahrhunderts die ganze Welt, die ganze Wissenschaft in Abbreviatur zwischen ihren vier Wänden. Eine Azetylenlampe spendet weißwarmes Licht, Kinematographen zaubern ihnen Bilder der Ferne, Projektionen tropischer Szenen aus linderen Landschaften vor, ein Pianola vermittelt

Musik, das Grammophon die menschliche Stimme, die Bibliothek das Wissen ihrer Zeit. In einem Raum hämmert die Schreibmaschine, der zweite dient als Dunkelkammer, in der kinematographische und farbige Aufnahmen entwickelt werden. Der Geologe prüft das Gestein auf seine Radioaktivität, der Zoologe entdeckt neue Parasiten bei den gefangenen Pinguinen, meteorologische Observationen wechseln mit physikalischen Experimenten; jedem einzelnen ist Arbeit zugeteilt für die Monate der Dunkelheit, und ein kluges System verwandelt die isolierte Forschung in gemeinsame Belehrung. Denn diese dreißig Menschen halten sich allabendlich Vorträge, Universitätskurse in Packeis und arktischem Frost, jeder sucht seine Wissenschaft dem andern zu vermitteln, und im regen Austausch des Gesprächs rundet sich ihnen die Anschauung der Welt. Die Spezialisierung der Forschung gibt hier ihren Hochmut auf und sucht Verständigung in der Gemeinsamkeit. Inmitten einer elementaren Urwelt, ganz einsam im Zeitlosen tauschen da dreißig Menschen die letzten Resultate des zwanzigsten Jahrhunderts miteinander, und hier innen spürt man nicht nur die Stunde, sondern die Sekunde der Weltuhr. Es ist rührend zu lesen, wie diese ernsten Menschen dazwischen sich freuen können an ihrer Christbaumfeier, an den kleinen Späßen der »South Polar Times«, der Scherzzeitung, die sie herausgeben, wie das Kleine – ein Wal, der auftaucht, ein Pony, das stürzt – zum Erlebnis wird und anderseits das Ungeheure – das glühende Nordlicht, der entsetzliche Frost, die gigantische Einsamkeit – zum Alltäglichen und Gewohnten.

Dazwischen wagen sie kleine Vorstöße. Sie proben ihre Automobilschlitten, sie lernen Skilaufen und dressieren die Hunde. Sie rüsten ein Depot für die große Reise, aber langsam, ganz langsam blättert nur der Kalender ab bis zum Sommer (dem Dezember), der ihnen das Schiff durch das Packeis bringt mit Briefen von zu Hause. Kleine Gruppen wagen auch jetzt schon, inmitten des grimmigsten Winters, abhärtende Tagesreisen, die Zelte werden erprobt, die Erfahrungen befestigt. Nicht alles gelingt, aber gerade die Schwierigkeiten geben ihnen neuen Mut. Wenn sie zurückkommen von ihren Expeditionen, erfroren und abgemüdet, so empfängt sie Jubel und warmer Herdglanz, und dies kleine, behagliche Haus am siebenundsiebzigsten Breitengrad scheint ihnen nach den Tagen der Entbehrung der seligste Aufenthalt der Welt.

Aber einmal kehrt eine Expedition von Westen zurück, und ihre Botschaft wirft Stille ins Haus. Sie haben auf ihrer Wanderung Amundsens Winterquartier entdeckt: mit einem Male weiß nun Scott, daß außer dem Frost und der Gefahr noch ein anderer ihm den Ruhm streitig macht, als erster das Geheimnis der störrischen Erde entrafft zu haben: Amundsen, der Norweger. Er mißt nach auf den Karten. Und man spürt sein Entsetzen aus den Zeilen nachschwingen, als er gewahr wird, daß Amundsens Winterquartier um hundertzehn Kilometer näher zum Pole postiert ist als das seine. Er erschrickt, aber ohne darum zu verzagen. »Auf, zur Ehre meines Landes!« schreibt er stolz in sein Tagebuch.

Ein einziges Mal taucht dieser Name Amundsen in seinen Tagebuchblättern auf. Und dann nicht mehr. Aber man spürt: seit jenem Tage liegt ein Schatten von Angst über dem einsam umfrorenen Haus. Und es gibt fortan keine Stunde mehr, wo dieser Name nicht seinen Schlaf verängstigt und sein Wachen.

Aufbruch zum Pol

Eine Meile von der Hütte, auf dem Beobachtungshügel, löst sich ständig eine Wache ab. Ein Apparat ist dort aufgerichtet, einsam auf steiler Erhebung, einer Kanone ähnlich gegen unsichtbaren Feind: ein Apparat, um die ersten Wärmeerscheinungen der nahenden Sonne zu messen. Tagelang harren sie auf ihr Erscheinen. Über den morgendlichen Himmel zaubern Reflexe schon glühende Farbenwunder hin, aber noch schwingt sich die runde Scheibe nicht bis zum Horizont empor. Doch dieser Himmel schon, erfüllt mit dem magischen Licht ihrer Nähe, dieser Vorspiegel von Widerschein, befeuert die Ungeduldigen. Endlich klingelt das Telephon von der Hügelspitze herüber zu den Beglückten: die Sonne ist erschienen, zum erstenmal seit Monaten hat sie für eine Stunde ihr Haupt erhoben in die winterliche Nacht. Ganz schwach ist ihr Schimmer, ganz bläßlich, kaum vermag er die eisige Luft zu beleben, kaum rühren ihre schwingenden Wellen in dem Apparat regere Zeichen an, doch der bloße Anblick löst schon Beglückung aus. Fieberhaft wird die Expedition gerüstet, um restlos die kurze Spanne Licht, die Frühling, Sommer und Herbst in einem bedeutet und für unsere lauen Lebensbegriffe noch immer ein grausamer Winter wäre, zu nützen. Voran sausen die Automobilschlitten. Hinter ihnen die Schlitten mit den sibirischen Ponys und Hunden. In einzelne Etappen ist der Weg vorsorglich aufgeteilt, alle zwei Tagereisen wird ein Depot errichtet, um für die Rückkehrenden neue Bekleidung, Nahrung und das Wichtigste, Petroleum, zu bewahren, kondensierte Wärme im unendlichen Frost. Gemeinsam rückt die ganze Schar aus, um in einzelnen Gruppen allmählich zurückzukehren und so der letzten kleinen Gruppe, den erwählten Eroberern des Pols, das Maximum an Befrachtung, die frischesten Zugtiere und die besten Schlitten zu hinterlassen.

Meisterhaft ist der Plan ausgedacht, selbst das Mißgeschick im einzelnen vorausgesehen. Und das bleibt nicht aus. Nach zwei Tagereisen brechen die Motorschlitten nieder und bleiben liegen, ein unnützer Ballast. Auch die Ponys halten nicht so gut, als man erwarten konnte, aber hier triumphiert das organische über das technische Werkzeug, denn die Niedergebrochenen, die unterwegs erschossen werden müssen, geben den Hunden willkommene heiße, blutkräftige Nahrung und stärken ihre Energie.

Am 1. November 1911 brechen sie auf in einzelnen Trupps. Auf den Bildern sieht man die wundersame Karawane dieser erst dreißig, dann zwanzig, dann zehn und schließlich nur mehr fünf Menschen durch die weiße Wüste einer leblosen Urwelt wandern. Vorn immer ein Mann eingemummt in Pelze und Tücher, ein wildbarbarisches Wesen, dem nur der Bart und die Augen frei aus der Umhüllung lugen. Die bepelzte Hand hält am Halfter ein Pony, das seinen schwerbeladenen Schlitten schleppt, und hinter ihm wieder ein anderer, in gleicher Kleidung und gleicher Haltung und hinter ihm wieder einer, zwanzig schwarze Punkte in wandelnder Linie in einem unendlichen, blendenden Weiß. Nachts wühlen sie sich in Zelte ein, Schneewälle werden gegraben in der Richtung des Windes, um die Ponys zu schützen, und morgens beginnt wieder der Marsch, eintönig und trostlos, durch die eisige Luft, die seit Jahrtausenden zum erstenmal menschlicher Atem trinkt.

Aber die Sorgen mehren sich. Das Wetter bleibt unfreundlich, statt vierzig Kilometer können sie manchmal nur dreißig zurücklegen, und jeder Tag wird ihnen zur Kostbarkeit, seit sie wissen, daß unsichtbar in dieser Einsamkeit von einer anderen Seite ein anderer gegen das gleiche Ziel vorrückt. Jede Kleinigkeit schwillt hier zur Gefahr. Ein Hund ist entlaufen, ein Pony will nicht fressen – all dies ist beängstigend, weil hier in der Öde die Werte so furchtbar sich verwandeln. Hier wird jedes Lebensding tausendwertig, ja unersetzlich sogar. An den vier Hufen eines einzelnen Ponys hängt vielleicht die Unsterblichkeit, ein verwölkter Himmel mit Sturm kann eine Tat für die Ewigkeit verhindern. Dabei beginnt der Gesundheitszustand der Mannschaft zu leiden, einige sind schneeblind geworden, anderen sind Gliedmaßen erfroren, immer matter werden die Ponys, denen man die Nahrung kürzen muß, und schließlich, knapp vor dem Beardmoregletscher, brechen sie zusammen. Die traurige Pflicht muß erfüllt werden, diese wackeren Tiere, die hier in der Einsamkeit und darum Gemeinsamkeit zweier Jahre zu Freunden geworden sind, die jeder beim Namen kennt und hundertmal mit Zärtlichkeit überhäufte, zu töten. Das »Schlachthauslager« nennen sie den traurigen Ort. Ein Teil der Expedition spaltet sich an der blutigen Stätte ab und kehrt zurück, die andern rüsten nun zur letzten Anstrengung, zum grausamen Weg über den Gletscher, den gefährlichen Eiswall, mit dem sich der Pol umgürtet und den nur die Glut eines leidenschaftlichen Menschenwillens zersprengen kann.

Immer geringer werden ihre Marschleistungen, denn der Schnee körnt sich hier krustig, nicht ziehen müssen sie mehr den Schlitten, sondern schleppen. Das harte Eis schneidet die Kufen, die Füße reiben sich wund im Wandern durch den lockeren Eissand. Aber sie geben nicht nach. Am 30. Dezember ist der siebenundachtzigste Breitengrad erreicht, Shackletons äußerster Punkt. Hier muß die letzte Abteilung umkehren: nur fünf Erlesene dürfen mit bis zum Pol. Scott mustert die Leute aus. Sie wagen nicht zu widerstreben, aber das Herz wird ihnen schwer, so griffnah vom Ziel umkehren zu müssen und den Gefährten den Ruhm zu lassen, als erste den Pol gesehen zu haben. Doch der Würfel der Wahl ist gefallen. Einmal noch schütteln sie einander die Hände, mit männlicher Anstrengung bemüht, ihre Rührung zu verbergen, dann löst sich die Gruppe. Zwei kleine, winzige Züge ziehen sie, die einen nach Süden zum Unbekannten, die anderen nach Norden, in die Heimat zurück. Immer wieder wenden sie von hüben und drüben den Blick, um noch die letzte Gegenwart eines Befreundet-Belebten zu spüren. Bald entschwindet die letzte Gestalt. Einsam ziehen sie weiter ins Unbekannte, die fünf Auserwählten der Tat: Scott, Bowers, Oates, Wilson und Evans.

Der Südpol

Unruhiger werden die Aufzeichnungen in diesen letzten Tagen, wie die blaue Nadel des Kompasses beginnen sie zu zittern in der Nähe des Pols. »Wie endlos lang dauert das, bis die Schatten langsam um uns herumkriechen, von unserer rechten Seite nach vorn rücken und dann von vorn wieder nach links hinüberschleichen!« Aber zwischendurch funkelt immer heller die Hoffnung. Immer leidenschaftlicher verzeichnet Scott die bewältigten Distanzen: »Nur noch einhundertfünfzig Kilometer zum Pol, wenn das so weitergeht, halten wir's nicht aus«, so meldet noch die Müdigkeit. Und zwei Tage später: »Noch einhundertsiebenunddreißig Kilometer zum Pol, aber sie werden uns bitter schwer werden.« Aber dann plötzlich ein neuer, sieghafter Ton: »Nur noch vierundneunzig Kilometer zum Pol! Wenn wir nicht hingelangen, so kommen wir doch verteufelt nahe.« Am 14. Januar wird die Hoffnung zur Sicherheit: »Nur noch siebzig Kilometer, das Ziel liegt vor uns!« Und am nächsten Tage lodert schon heller Jubel, fast Heiterkeit aus den Aufzeichnungen: »Nur noch lumpige fünfzig Kilometer, wir müssen hinkommen, koste es, was es wolle!« Man spürt bis ins Herz aus den beflügelten Zeilen, wie straff ihre Sehnen von der Hoffnung gespannt sind, wie alles in ihren Nerven bebt von Erwartung und Ungeduld. Die Beute ist nahe; schon recken sie die Hände nach dem letzten Geheimnis der Erde. Nur noch ein letzter Ruck, und das Ziel ist erreicht.

Der sechzehnte Januar

»Gehobene Stimmung« verzeichnet das Tagebuch. Morgens sind sie ausgerückt, früher als sonst, die Ungeduld hat sie aus ihren Schlafsäcken gerissen, eher das Geheimnis, das furchtbar schöne, zu schauen. Vierzehn Kilometer legen die fünf Unentwegten bis nachmittags zurück, heiter marschieren sie durch die seelenlose, weiße Wüste dahin: nun ist das Ziel nicht mehr zu verfehlen, die entscheidende Tat für die Menschheit fast getan. Plötzlich wird einer der Gefährten, Bowers, unruhig. Sein Auge brennt sich fest an einen kleinen, dunklen Punkt in dem ungeheuren Schneefeld. Er wagt seine Vermutung nicht auszusprechen, aber allen zittert nun der gleiche furchtbare Gedanke im Herzen, daß Menschenhand hier ein Wegzeichen aufgerichtet haben könnte. Künstlich versuchen sie sich zu beruhigen. Sie sagen sich – so wie Robinson die fremde Fußspur auf der Insel vergebens erst als die eigene erkennen will –, dies müsse ein Eisspalt sein oder vielleicht eine Spiegelung. Mit zuckenden Nerven marschieren sie näher, noch immer versuchen sie, sich gegenseitig zu täuschen, so sehr sie alle schon die Wahrheit wissen: daß die Norweger, daß Amundsen ihnen zuvorgekommen ist.

Bald zerbricht der letzte Zweifel an der starren Tatsache einer schwarzen Fahne, die an einem Schlittenständer hoch aufgerichtet ist, über den Spuren eines fremden, verlassenen Lagerplatzes – Schlittenkufen und die Abdrücke vieler Hundepfoten: Amundsen hat hier gelagert. Das Ungeheure, das Unfaßbare in der Menschheit ist geschehen: der Pol der Erde, seit Jahrtausenden unbeseelt, seit Jahrtausenden, und vielleicht seit allem Anbeginn ungeschaut vom irdischen Blick, ist in einem Molekül Zeit, ist innerhalb von fünfzehn Tagen zweimal entdeckt worden. Und sie sind die zweiten – um einen einzigen Monat von Millionen Monaten zu spät –, die zweiten in einer Menschheit, für die der erste alles ist und der zweite nichts. Vergebens also alle Anstrengung, lächerlich die Entbehrungen, irrsinnig die Hoffnungen von Wochen, von Monaten, von Jahren. »All die Mühsal, all die Entbehrung, all die Qual – wofür?« schreibt Scott in sein Tagebuch. »Für nichts als Träume, die jetzt zu Ende sind.« Tränen treten ihnen in die Augen, trotz ihrer Übermüdung können sie die Nacht nicht schlafen. Mißmutig, hoffnungslos, wie Verurteilte treten sie den letzten Marsch zum Pol an, den sie jubelnd zu erstürmen gedachten. Keiner versucht, den andern zu trösten, wortlos schleppen sie sich weiter. Am 18. Januar erreicht Kapitän Scott mit seinen vier Gefährten den Pol. Da die Tat, der erste gewesen zu sein, ihm nicht mehr den Blick blendet, sieht er nur mit stumpfen Augen das Traurige der Landschaft. »Nichts ist hier zu sehen, nichts, was sich von der schauerlichen Eintönigkeit der letzten Tage unterschiede« – das ist die ganze Beschreibung, die Robert F. Scott vom Südpol gibt. Das einzige Seltsame, das sie dort entdecken, ist nicht von Natur gestaltet, sondern von feindlicher Menschenhand: Amundsens Zelt mit der norwegischen Flagge, die frech und siegesfroh auf dem erstürmten Walle der Menschheit flattert. Ein Brief des Konquistadors wartet hier auf jenen unbekannten zweiten, der nach ihm diese Stelle betreten würde, und bittet, das Schreiben an König Hakon von Norwegen zu befördern. Scott nimmt es auf sich, diese härteste Pflicht treulich zu erfüllen: Zeuge zu sein vor der Welt für eine fremde Tat, die er als eigene glühend erstrebt.

Traurig stecken sie die englische Flagge, den »zu spät gekommenen Union Jack«, neben Amundsens Siegeszeichen. Dann verlassen sie den »treulosen Ort ihres Ehrgeizes«, kalt fährt der Wind ihnen nach. Mit prophetischem Argwohn schreibt Scott in sein Tagebuch: »Mir graut vor dem Rückweg.«

Der Zusammenbruch

Der Heimmarsch verzehnfacht die Gefahren. Am Wege zum Pol wies sie der Kompaß. Nun müssen sie achten, bei der Rückkehr außerdem noch die eigene Spur nicht zu verlieren, wochenlang nicht ein einziges Mal zu verlieren, um nicht von den Depots abzukommen, wo ihre Nahrung liegt, ihre Kleidung und die aufgestaute Wärme in den paar Gallonen Petroleum. Unruhe überkommt sie darum bei jedem Schritt, wenn Schneetreiben ihnen den Blick verklebt, denn jede Abirrung geht geradeaus in den sicheren Tod. Dabei fehlt schon ihren Körpern die unabgenützte Frische des ersten Marsches, da sie noch geheizt waren von den chemischen Energien reichlicher Nahrung, vom warmen Quartier ihrer antarktischen Heimat.

Und dann: die Stahlfeder des Willens ist gelockert in ihrer Brust. Beim Hinmarsch straffte die überirdische Hoffnung, einer ganzen Menschheit Neugier und Sehnsucht zu verkörpern, ihre Energien heroisch zusammen, Übermenschliches an Kraft ward ihnen durch das Bewußtsein unsterblicher Tat. Nun kämpfen sie um nichts als die heile Haut, um ihre körperliche, ihre sterbliche Existenz, um eine ruhmlose Heimkehr, die ihr innerster Wille vielleicht mehr fürchtet als ersehnt.

Furchtbar sind die Notizen aus jenen Tagen zu lesen. Das Wetter wird ständig unfreundlicher, früher als sonst hat der Winter eingesetzt, und der weiche Schnee krustet sich dick unter ihren Schuhen zur Fußangel, darin sich ihre Schritte verfangen, und der Frost zermürbt die ermüdeten Körper. Immer ist's ein kleiner Jubel darum, wenn sie wieder ein Depot erreichen nach tagelangem Irren und Zagen, immer flackert dann wieder eine flüchtige Flamme von Vertrauen in ihren Worten auf. Und nichts bezeugt grandioser den geistigen Heroismus dieser paar Menschen in der ungeheuren Einsamkeit, als daß Wilson, der Forscher, selbst hier, haarbreit vom Tod, seine wissenschaftlichen Beobachtungen fortsetzt und auf seinem eigenen Schlitten zu all der notwendigen Last noch sechzehn Kilogramm seltener Gesteinsarten mitschleppt.

Aber allmählich unterliegt der menschliche Mut der Übermacht der Natur, die hier unerbittlich und mit durch Jahrtausende gestählter Kraft gegen die fünf Verwegenen alle Mächte des Untergangs, Kälte, Frost, Schnee und Wind, heraufbeschwört. Längst sind die Füße zerschunden, und der Körper, ungenügend geheizt von der einmaligen warmen Mahlzeit, geschwächt durch die verminderten Rationen, beginnt zu versagen. Mit Schrecken erkennen die Gefährten eines Tages, daß Evans, der Kräftigste unter ihnen, plötzlich phantastische Dinge unternimmt. Er bleibt am Wege zurück, klagt unaufhörlich über wirkliche und eingebildete Leiden; schauernd entnehmen sie seinem seltsamen Gerede, daß der Unglückselige infolge eines Sturzes oder der entsetzlichen Qualen wahnsinnig geworden ist. Was mit ihm beginnen? Ihn verlassen in der Eiswüste? Aber anderseits müssen sie das Depot ohne Verzögerung erreichen, sonst – Scott selbst zögert noch, das Wort hinzuschreiben. Um ein Uhr nachts, am 17. Februar, stirbt der unglückliche Offizier, knapp einen Tagesmarsch vor jenem »Schlachthauslager«, wo sie zum erstenmal wieder reichlichere Mahlzeit von dem vormonatigen Massaker ihrer Ponys vorfinden.

Zu viert nun nehmen sie den Marsch auf, aber Verhängnis! Das nächste Depot bringt neue herbe Enttäuschungen. Es enthält zuwenig Öl, und das heißt: sie müssen mit dem Notwendigsten, mit Brennmaterial, haushalten, müssen mit Wärme sparen, der einzigen wehrhaften Waffe gegen den Frost. Eiskalte, sturmumrüttelte Nacht und mutloses Erwachen, kaum haben sie die Kraft mehr, sich die Filzschuhe über die Füße zu stülpen. Aber sie schleppen sich weiter, der eine von ihnen, Oates, schon auf abfrierenden Zehen. Der Wind weht schärfer als je, und im nächsten Depot, am 2. März, wiederholt sich die grausame Enttäuschung: wiederum ist zuwenig Brennmaterial vorhanden.

Nun fährt die Angst bis in die Worte hinein. Man spürt, wie Scott sich bemüht, das Grauen zu verhalten, aber immer wieder stößt schrill ein Schrei der Verzweiflung nach dem andern seine künstliche Ruhe durch. »So darf es nicht weitergehn«, oder »Gott steh uns bei! Diesen Anstrengungen sind wir nicht mehr gewachsen« oder »Unser Spiel geht tragisch aus«, und schließlich die grauenhafte Erkenntnis: »Käme uns doch die Vorsehung zu Hilfe! Von Menschen haben wir jetzt keine mehr zu erwarten.« Aber sie schleppen sich weiter und weiter, ohne Hoffnung, mit verbissenen Zähnen. Oates kann immer schlechter mitwandern, er ist für seine Freunde immer mehr Last als Hilfe. Sie müssen bei einer Mittagstemperatur von zweiundvierzig Grad den Marsch verzögern, und der Unglückselige spürt und weiß, daß er seinen Freunden Verhängnis bringt. Schon bereiten sie sich auf das Letzte vor. Sie lassen sich von Wilson, dem Forscher, jeder zehn Morphiumtabletten aushändigen, um gegebenenfalls ihr Ende zu beschleunigen. Noch einen Tagesmarsch versuchen sie es mit dem Kranken. Dann verlangt der Unglückselige selbst, sie mögen ihn in seinem Schlafsack zurücklassen und ihr Schicksal von dem seinen trennen. Sie weisen den Vorschlag energisch zurück, wiewohl sie alle darüber klar sind, daß er für sie eine Erleichterung bedeuten würde. Ein paar Kilometer taumelt der Kranke auf seinen erfrorenen Beinen noch mit zum Nachtquartier. Er schläft mit ihnen bis zum nächsten Morgen. Sie blicken hinaus: draußen tobt ein Orkan.

Plötzlich erhebt sich Oates: »Ich will ein wenig hinausgehen«, sagt er zu den Freunden. »Ich bleibe vielleicht eine Weile draußen.« Die andern zittern. Jeder weiß, was dieser Rundgang bedeutet. Aber keiner wagt ein Wort, um ihn zurückzuhalten. Keiner wagt, ihm die Hand zum Abschied zu bieten, denn sie fühlen alle mit Ehrfurcht, daß der Rittmeister Lawrence J. E. Oates von den Inniskillingdragonern wie ein Held dem Tode entgegengeht.

Drei müde, geschwächte Menschen schleppen sich durch die endlose, eisig-eiserne Wüste, müde schon, hoffnungslos, nur der dumpfe Instinkt der Selbsterhaltung spannt noch die Sehnen zu wankendem Gang. Immer furchtbarer wird das Wetter, bei jedem Depot höhnt sie neue Enttäuschung, immer zuwenig Öl, zuwenig Wärme. Am 21. März sind sie nur noch zwanzig Kilometer von einem Depot entfernt, aber der Wind weht mit so mörderischer Kraft, daß sie ihr Zelt nicht verlassen dürfen. Jeden Abend hoffen sie auf den nächsten Morgen, um das Ziel zu erreichen, indes schwindet der Proviant und die letzte Hoffnung mit ihm. Der Brennstoff ist ihnen ausgegangen, und das Thermometer zeigt vierzig Grad unter Null. Jede Hoffnung erlischt: sie haben jetzt nur noch die Wahl zwischen Tod durch Hunger oder Frost. Acht Tage kämpfen diese drei Menschen in einem kleinen Zelt inmitten der weißen Urwelt gegen das unabwendbare Ende. Am 29. März wissen sie, daß kein Wunder mehr sie retten kann. So beschließen sie, keinen Schritt dem Verhängnis entgegenzugehen und den Tod stolz wie alles andere Unglück zu erdulden. Sie kriechen in ihre Schlafsäcke, und von ihren letzten Leiden ist nie ein Seufzer in die Welt gedrungen.

Die Briefe des Sterbenden

In diesen Augenblicken, einsam gegenüber dem unsichtbaren und doch atemnahen Tod, während außen der Orkan an die dünnen Zeltwände wie ein Rasender anrennt, besinnt sich Kapitän Scott aller Gemeinsamkeit, der er verbunden ist. Allein im eisigsten Schweigen, das noch nie die Stimme eines Menschen durchatmet, wird ihm die Brüderschaft zu seiner Nation, zur ganzen Menschheit heroisch bewußt. Eine innere Fata Morgana des

Geistes beschwört in diese weiße Wüste die Bilder all jener, die ihm durch Liebe, Treue und Freundschaft jemals verbunden waren, und er richtet das Wort an sie. Mit erstarrenden Fingern schreibt Kapitän Scott, schreibt Briefe aus der Stunde seines Todes an alle Lebendigen, die er liebt.

Wundervoll sind diese Briefe. Alles Kleinliche ist in ihnen vor der gewaltigen Nähe des Todes abgetan, die kristallene Luft dieses unbelebten Himmels scheint in sie eingedrungen. An Menschen sind sie gerichtet und sprechen doch zur ganzen Menschheit. An eine Zeit sind sie geschrieben und sprechen für die Ewigkeit.

Er schreibt an seine Frau. Er mahnt sie, das höchste Vermächtnis, seinen Sohn, zu hüten, er legt ihr nahe, ihn vor allem vor Schlappheit zu bewahren, und bekennt von sich selbst am Ende einer der erhabensten Leistungen der Weltgeschichte: »Ich mußte mich, wie Du weißt, zwingen, strebsam zu werden – ich hatte immer Neigung zur Trägheit.« Eine Handbreit vor dem Untergang rühmt er noch, statt zu bedauern, den eigenen Entschluß. »Was könnte ich Dir alles von dieser Reise erzählen. Und wieviel besser war sie doch, als daheim zu sitzen in zu großer Bequemlichkeit!«

Und er schreibt in treuester Kameradschaft an die Frau und die Mutter seiner Leidensgefährten, die mit ihm den Tod erlitten haben, um Zeugnis abzulegen für ihr Heldentum. Er tröstet, selbst ein Sterbender, die Hinterbliebenen der andern mit seinem starken und schon übermenschlichen Gefühl für die Größe des Augenblicks und das Denkwürdige dieses Unterganges.

Und er schreibt an die Freunde. Bescheiden für sich selbst, aber voll herrlichen Stolzes für die ganze Nation, als deren Sohn und würdigen Sohn er sich in dieser Stunde begeistert fühlt: »Ich weiß nicht, ob ich ein großer Entdecker gewesen bin«, bekennt er, »aber unser Ende wird ein Zeugnis sein, daß der Geist der Tapferkeit und die Kraft zum Erdulden aus unserer Rasse noch nicht entschwunden sind.« Und was männliche Starre, seelische Keuschheit ihm ein Leben lang zu sagen wehrte, dies Bekenntnis der Freundschaft entringt ihm nun der Tod. »Ich bin nie in meinem Leben einem Menschen begegnet«, schreibt er an seinen besten Freund, »den ich so bewundert und geliebt habe wie Sie, aber ich konnte Ihnen niemals zeigen, was Ihre Freundschaft für mich bedeutete, denn Sie hatten viel zu geben und ich Ihnen nichts.«

Und er schreibt einen letzten Brief, den schönsten von allen, an die englische Nation. Er fühlt sich bemüßigt, Rechenschaft zu geben, daß er in diesem Kampfe um den englischen Ruhm ohne eigene Schuld unterlegen. Er zählt die einzelnen Zufälle auf, die sich gegen ihn verschworen, und er ruft mit der Stimme, der der Widerhall des Todes ein wundervolles Pathos gibt, alle Engländer mit der Bitte auf, seine Hinterbliebenen nicht zu verlassen. Sein letzter Gedanke reicht noch über das eigene Schicksal hinaus. Sein letztes Wort spricht nicht vom eigenen Tode, sondern vom fremden Leben: »Um Gottes willen, sorgt für unsere Hinterbliebenen!« Dann bleiben die Blätter leer.

Bis zum äußersten Augenblick, bis die Finger ihm festfroren und der Stift seinen steifen Händen entglitt, hat Kapitän Scott sein Tagebuch geführt. Die Hoffnung, daß man bei seiner Leiche die Blätter finden würde, die für ihn und für den Mut der englischen Rasse zeugen könnten, hat ihn zu so übermenschlicher Anstrengung befähigt. Als letztes zittern die schon erfrierenden Finger noch den Wunsch hin: »Schickt dies Tagebuch meiner Frau!« Aber dann streicht seine Hand in grausamer Gewißheit das Wort »meiner Frau« aus und schreibt darüber das furchtbare »meiner Witwe«.

Die Antwort

Wochenlang hatten die Gefährten in der Hütte gewartet. Zuerst vertrauensvoll, dann leise besorgt, mit steigender Unruhe schließlich. Zweimal waren Expeditionen zur Hilfe entgegengesandt worden, doch das Wetter peitscht sie zurück. Den ganzen langen Winter verweilen die Führerlosen zwecklos in der Hütte, der Schatten der Katastrophe fällt schwarz in ihr Herz. In diesen Monaten ist das Schicksal und die Tat Kapitän Robert Scotts in Schnee und Schweigen verschlossen. Das Eis hält sie im gläsernen Sarg versiegelt; erst am 29. Oktober, im Polarfrühling, bricht eine Expedition auf, um wenigstens die Leichen der Helden und ihre Botschaft zu finden. Und am 12. November erreichen sie das Zelt; sie finden die Leichen der Helden erfroren in den Schlafsäcken, Scott, der noch im Tode Wilson brüderlich umschlingt, sie finden die Briefe, die Dokumente und schichten den tragischen Helden ein Grab. Ein schlichtes, schwarzes Kreuz über einem Schneehügel ragt nun einsam in die weiße Welt, die unter sich das Zeugnis jener heroischen Leistung der Menschheit für immer verbirgt.

Aber nein! Eine Auferstehung geschieht ihren Taten, unerwartet und wunderbar: herrliches Wunder unserer neuzeitlichen technischen Welt! Die Freunde bringen die Platten und Filme nach Hause, im chemischen Bad befreien sich die Bilder, noch einmal sieht man Scott mit seinen Gefährten auf seiner Wanderschaft und die Landschaft des Pols, die außer ihm nur jener andere, Amundsen, gesehen. Auf elektrischem Draht springt die Botschaft seiner Worte und Briefe in die aufstaunende Welt, in der Kathedrale des Reiches neigt der König dem Gedächtnis der Helden das Knie. So wird, was vergebens schien, noch einmal fruchtbar, das Versäumte zu rauschendem Anruf an die Menschheit, ihre Energien dem Unerreichbaren entgegenzustraffen; in großartigem Widerspiel ersteht aus einem heroischen Tode gesteigertes Leben, aus Untergang Wille zum Aufstieg ins Unendliche empor. Denn nur Ehrgeiz entzündet sich am Zufall des Erfolges und leichten Gelingens, nichts aber erhebt dermaßen herrlich das Herz als der Untergang eines Menschen im Kampf gegen die unbesiegbare Übermacht des Geschickes, diese allezeit großartigste aller Tragödien, die manchmal ein Dichter und tausendmal das Leben gestaltet.

Das »kleine Geviert Abenteuer«

Reisen und Lesen

Das Buch als Eingang zur Welt

Alle Bewegung auf Erden beruht im wesentlichen auf zwei Erfindungen des menschlichen Geistes: die Bewegung im Raume auf der Erfindung des rollenden, seine Achse heiß umschwingenden Rades, die geistige Bewegung auf der Entdeckung der Schrift. Jener namenlose Mensch, der irgendwo und irgendwann als erster das harte Holz rund zur Felge bog, hat die ganze Menschheit die Ferne zwischen Ländern und Völkern überwinden gelehrt. Verbindung war durch den Wagen mit einmal möglich, wandernde Fracht, kenntnisschaffende Reise, aufgehoben der begrenzende Wille der Natur, der bestimmten Früchten, Erzen, Steinen und Produkten eine enge klimatische Heimat zuwies. Jedes Land lebte nicht mehr allein, sondern in Beziehung zur ganzen Welt; Orient und Okzident, Süd und Nord, Ost und West waren durch das neuersonnene Vehikel einander nahegebracht. Und genau wie das Rad in allen seinen technisch gesteigerten Formen – unter der Lokomotive rollend, das Automobil vorwärtsschnellend, im Propeller umschwingend – die Schwerkraft des Raumes, so überwindet die Schrift, gleichfalls längst fortgeschritten von der beschriebenen Rolle, vom Einblatt zum Buch, die tragische Erlebnis- und Erfahrungsbegrenztheit der irdischen Einzelseele: durch das Buch ist keiner mehr ganz mit sich allein in sein eigenes Blickfeld eingemauert, sondern kann teilhaft werden alles gegenwärtigen und gewesenen Geschehens, des ganzen Denkens und Fühlens der ganzen Menschheit. Alle oder fast alle geistige Bewegung unserer geistigen Welt ist heute auf das Buch gegründet, und jene einverständliche, über das Materielle erhobene Lebensgestaltung, die wir Kultur nennen, wäre undenkbar ohne seine Gegenwart. Diese seelenausweitende, diese weltaufbauende Gewalt des Buches in unserem privaten und persönlichen Leben, sie wird uns eigentlich höchst selten bewußt und fast immer nur in ausgesparten Augenblicken. Denn das Buch ist längst zu selbstverständlich innerhalb unseres Tagwerkes, als daß wir das jedesmal Neu-Wunderbare seines Wesens neu und neu dankbar bemerkten. So wie wir uns gar nicht besinnen, daß wir bei jedem Atemzug Sauerstoff in uns ziehen und unser Blut durch diese unsichtbare Nahrung geheimnisvolle chemische Erfrischung erfährt, so merken wir kaum, daß wir unablässig durch das lesende Auge seelischen Stoff empfangen und damit unseren geistigen Organismus auffrischen oder ermüden. Lesen ist für uns Söhne und Enkel von Jahrhunderten der Schrift eine beinahe schon körperliche Funktion, ein Automatismus geworden, und das Buch, weil es uns seit der ersten Schulklasse nah der Hand bleibt, längst ein dermaßen selbstverständlich Mit-uns-Seiendes, Um-uns-Seiendes, daß wir zu einem Buche meist so lässig gleichgültig greifen wie zu unserem Rock, zu unserem Handschuh, zu einer Zigarette, zu irgendeinem dieser serienhaft produzierten Massenfabrikate. Immer hebt ja das leicht Erreichbare eines Wertes die Ehrfurcht vor ihm auf, und nur in den wahrhaft produktiven, in den nachdenklichen und von innen her betrachtenden Augenblicken unseres Daseins verwandelt sich das Gewohnte und Gewöhnliche wieder ins Wunderbare zurück. Einzig in solchen besinnenden Stunden werden wir dann der magischen und seelenbewegenden Kraft ehrfürchtig gewahr, die vom Buche in unser Leben übergeht und es uns so wichtig macht, daß wir heute im zwanzigsten Jahrhundert unsere innere Existenz nicht mehr denken können ohne das Wunder seiner Gegenwart.

Solche Augenblicke sind selten, aber eben, weil sie selten sind, bleibt dann der einzelne lange und oft über Jahre hinaus erinnerlich. So weiß ich noch genau den Tag, den Ort und die Stunde, wo mir in entscheidender Weise aufging, in wie tiefer und schöpferischer Art unsere innere private Welt mit jener anderen sichtbaren und zugleich unsichtbaren der Bücher verflochten ist. Ich glaube, diesen geistigen Erkenntnismoment ohne Unbescheidenheit erzählen zu dürfen, denn obschon persönlich, reicht diese Erlebnis- und Erkenntnisminute weit über meine zufällige Person hinaus. Ich war damals etwa sechsundzwanzig Jahre alt, hatte selbst schon Bücher geschrieben, wußte also schon einigermaßen um die geheimnisvolle Verwandlung, die irgendein dumpf Vorgestelltes, ein Traum, eine Phantasie erfährt, und die vielen Phasen, die sie durchschreiten muß, bis sie sich dank der merkwürdigen Verdichtungen und Sublimierungen endlich in ein solches kartoniertes Rechteck verwandelt, das wir Buch nennen, in ein solches Wesen, das verkäuflich, preisgestempelt und scheinbar willenlos wie eine Ware im Schauladen hinter Glas liegt, und gleichzeitig doch wach, beseelt jedes einzelne Exemplar, obwohl käuflich, doch sich gehörig, und zugleich dem anderen, der es neugierig anblättern will, und noch stärker dem, der es liest, und schließlich ganz und eigentlich jenem letzten, der es nicht nur liest, sondern auch genießt. Ich hatte also schon selbst etwas erfahren von diesem unbeschreibbaren Prozeß der Transfusion, wo gewissermaßen Tropfen der eigenen Substanz übergeführt werden in fremde Adern, Schicksal in Schicksal, Gefühl in Gefühl, Geist in Geist: aber doch, die volle Magie, die Weite und Vehemenz der Wesenswirkung des Gedruckten, sie war mir noch nicht bewußt geworden, ich hatte nur vage um sie herumgesonnen und sie nicht ganz und entscheidend zu Ende gedacht. Dies geschah mir nun an jenem Tag, in jener Stunde, die ich erzählen will.

Ich reiste damals auf einem Schiff, es war ein italienisches, im Mittelmeer, von Genua nach Neapel, von Neapel nach Tunis und von dort nach Algier. Es sollte tagelang dauern, und das Schiff war fast leer. So kam es, daß ich oftmals mit einem jungen Italiener von der Mannschaft sprach, der, eine Art Unterkellner des eigentlichen Stewards, die Kabinen fegte, das Verdeck schrubbte und allerhand ähnliche Dienstleistungen zu leisten verpflichtet war, die innerhalb der menschlichen Rangordnung als untergeordnete gelten. Es war eine rechte Lust, ihn anzusehen, diesen prächtigen, braunen, schwarzäugigen Burschen, dem die Zähne blank aus den Lippen leuchteten, wenn er lachte. Und er lachte gern, er liebte sein singendes flinkes Italienisch und vergaß nie, diese Musik mit lebendigen Gestikulationen zu begleiten. Mit einem mimischen Genie fing er die Gesten jedes Menschen auf und gab sie karikaturistisch wieder, den Kapitän, wie er zahnlos redete, den alten Engländer, wie er steif, mit vorgeschobener linker Schulter, über das Verdeck ging, den Koch, wie er würdevoll nach dem Dinner vor den Passagieren stolzierte und den Leuten kennerisch auf die von ihm gefüllten Bäuche sah. Heiter war es, mit dem braunen Wildling zu plaudern, denn dieser Bursch mit der blanken Stirn und den tätowierten Armen, der, wie er mir erzählte, auf den Liparischen Inseln – seiner Heimat – jahrelang Schafe gehütet hatte, besaß die gutmütige Zutraulichkeit eines jungen Tieres. Er spürte gleich, daß ich ihn gern hatte und mit niemand anderem auf dem Schiff lieber sprach als mit ihm. So erzählte er mir alles, was er von sich wußte, frank und frei, und wir waren nach zwei Tagen auf irgendeine Weise schon etwas wie Freunde oder Kameraden.

Da plötzlich baute sich über Nacht zwischen mir und ihm eine unsichtbare Wand. Wir waren in Neapel gelandet, das Schiff hatte Kohle, Passagiere, Gemüse und Post, seine übliche Hafennahrung, eingenommen und machte sich neuerdings auf den Weg. Schon duckte sich wieder der stolze Posilip zu einem kleinen Hügelchen, und die Wolken über dem Vesuv kringelten sich klein wie blasser Zigarettenrauch, da schob er plötzlich scharf an mich heran, das Lachen breit über den Zähnen, zeigte mir stolz einen zerknitterten Brief, den er soeben empfangen, und bat mich, ihm den Brief vorzulesen.

Ich verstand zuerst nicht gleich. Ich meinte, Giovanni habe einen Brief in einer fremden Sprache erhalten, französisch oder deutsch, wahrscheinlich von einem Mädchen – ich verstand, daß dieser Bursch den Mädchen gefallen mußte –, und nun wollte er wahrscheinlich, daß ich ihm die Botschaft ins Italienische übersetze. Aber nein, der Brief war italienisch. Was wollte er also? Daß ich ihn lesen sollte? Nein, wiederholte er wieder und beinahe heftig, vorlesen sollte ich ihm den Brief, vorlesen. Und plötzlich war mir alles klar: dieser bildhübsche, kluge, mit natürlichem Takt und einer wirklichen Grazie begabte Bursche gehörte zu jenen statistisch festgestellten sieben oder acht Prozent seiner Nation, die nicht lesen konnten. Er war ein Analphabet. Und ich konnte mich im Augenblick nicht erinnern, jemals mit einem dieses aussterbenden Geschlechts in Europa gesprochen zu haben. Dieser Giovanni war der erste des Lesens nicht kundige Europäer, dem ich begegnete, und ich sah ihn wahrscheinlich verwundert an, nicht mehr als Freund, nicht mehr als Kamerad, sondern als Kuriosum. Aber dann las ich ihm natürlich seinen Brief vor, einen Brief, den irgendeine Näherin Maria oder Carolina geschrieben hatte und in dem eben das stand, was in allen Ländern, allen Sprachen junge Mädchen jungen Burschen schreiben. Er blickte mir scharf auf den Mund, während ich las, und ich merkte die Anspannung, jedes Wort zu behalten. Über seinen Augenbrauen buckelte sich die Haut, so quälte ihm die Anstrengung des Zuhörens, des Genau-behalten-Wollens das Gesicht zusammen. Ich las den Brief zweimal vor, langsam, deutlich, er horchte jedes Wort in sich hinein, wurde immer mehr zufrieden, bekam strahlende Augen, der Mund blühte breit auf wie eine rote Rose im Sommer. Dann kam von der Reling her ein Schiffsoffizier, und er paschte rasch weg.

Das war alles, der ganze Anlaß. Aber das eigentliche Erlebnis, nun erst begann es in mir. Ich legte mich hin in einen Liegestuhl, sah hinauf in die weiche Nacht. Die merkwürdige Entdeckung ließ mir keine Ruhe. Ich hatte zum erstenmal einen Analphabeten gesehen, einen europäischen Menschen dazu, den ich klug wußte und mit dem ich wie mit einem Kameraden gesprochen hatte, und nun beschäftigte, ja quälte mich das Phänomen, wie sich die Welt in einem solchen der Schrift verrammelten Gehirn spiegeln möge. Ich versuchte mir die Situation auszudenken, wie das sein mußte, nicht lesen zu können; ich versuchte, mich in diesen Menschen hineinzudenken. Er nimmt eine Zeitung und versteht sie nicht. Er nimmt ein Buch, und es liegt ihm in der Hand, etwas leichter als Holz oder Eisen, viereckig, kantig, ein farbiges zweckloses Ding, und er legt es wieder weg, er weiß nicht, was damit anfangen. Er bleibt vor einer Buchhandlung stehen, und diese schönen, gelben, grünen, roten, weißen, rechteckigen Dinge mit ihren goldgepreßten Rücken sind für ihn gemalte Früchte oder verschlossene Parfümflaschen, hinter deren Glas man den Duft nicht spüren kann. Man nennt vor ihm die heiligen Namen Goethe, Dante, Shelley, und sie sagen ihm nichts, bleiben tote Silben, leerer, sinnloser Schall. Er ahnt nichts, der Arme, von den großen Entzückungen, die plötzlich aus einer einzigen Buchzeile brechen können wie der silberne Mond aus dem toten Gewölk, er kennt nicht die tiefen Erschütterungen, mit denen ein geschildertes Schicksal plötzlich in einem selbst zu leben beginnt. Er lebt völlig in sich vermauert, weil er das Buch nicht kennt, ein dumpfes troglodytisches Dasein, und – so fragte ich mich – wie erträgt man dieses Leben, abgespalten von der Beziehung zum Ganzen, ohne zu ersticken, ohne zu verarmen? Wie erträgt man es, nichts anderes zu kennen als das, was bloß das Auge, das Ohr zufällig faßt, wie kann man atmen ohne die Weltluft, die aus den Büchern strömt? Immer intensiver versuchte ich, mir die Situation des Nicht-lesen-Könnenden, des von der geistigen Welt Ausgesperrten vorzustellen, ich bemühte mich, seine Lebensform mir so künstlich aufzubauen, wie etwa ein Gelehrter aus den Resten eines Pfahlbaues sich die Existenz eines Brachyzephalen oder eines Steinzeitmenschen zu rekonstruieren sucht. Doch ich konnte mich nicht zurückschrauben in das Gehirn eines Menschen, in eine Denkweise eines Europäers, der nie ein Buch gelesen, ich konnte es so wenig, wie ein Tauber sich eine Vorstellung von Musik aus Beschreibungen erzaubern kann.

Aber da ich ihn innerlich nicht verstand, den Analphabeten, versuchte ich nun, zur Denkhilfe mir mein eigenes Leben ohne Bücher vorzustellen. Ich versuchte also zuerst einmal, aus meinem Lebenskreis all das für eine Stunde wegzudenken, was ich von schriftlicher Übermittlung, vor allem von Büchern empfangen hatte. Aber schon dies gelang mir nicht. Denn das, was ich als mein Ich empfand, es löste sich gleichsam vollkommen auf, wenn ich versuchte, ihm zu nehmen, was ich an Wissen, an Erfahrung, an Gefühlskraft über mein Eigenerleben hinaus an Weltgefühl und Selbstgefühl von Büchern und Bildung empfangen hatte. An welches Ding, an welchen Gegenstand ich zu denken versuchte, überall banden sich Erinnerungen und Erfahrungen, die ich Büchern verdankte, und jedes einzelne Wort löste unzählige Assoziationen aus an ein Gelesenes oder Gelerntes. Wenn ich mich zum Beispiel erinnerte, daß ich jetzt nach Algier und Tunis fuhr, so schossen schon blitzartig, ohne daß ich es wollte, hundert Assoziationen sich kristallisch an das Wort »Algier« an – Karthago, der Baalsdienst, ›*Salammbô*‹, jene Szenen aus dem Livius, da Punier und Römer, Scipio und Hannibal einander bei Zama begegnen, und gleichzeitig dieselbe Szene in dem dramatischen Fragment von Grillparzer; ein Gemälde von Delacroix fuhr farbig dazwischen und eine Landschaftsschilderung Flauberts. Daß Cervantes bei dem Sturm auf Algier unter Kaiser Karl V. verwundet worden war, und tausend andere Einzelheiten, sie waren mir mit dem Aussprechen oder dem Bloßdenken der Worte Algier und Tunis magisch lebendig; zwei Jahrtausende Kämpfe und Geschichte im Mittelalter und unzählige andere Bindungen drängten sich aus dem Gedächtnis, all das seit meinen Kindertagen Gelesene und Gelernte bereicherte dieses eine hingeträumte Wort. Und ich verstand, daß die Gabe oder die Gnade, weiträumig zu denken und in vielen Verbindungen, daß diese herrliche und einzig richtige Art, gleichsam von vielen Flächen her die Welt anzuschauen, nur dem zuteil wird, der über seine eigene Erfahrung hinaus die in den Büchern aufbewahrte aus vielen Ländern, Menschen und Zeiten einmal in sich aufgenommen hat, und war erschüttert, wie eng jeder die Welt empfinden muß, der sich dem Buch versagt. Aber auch, daß ich all dies durchdachte, daß ich so vehement fühlen konnte, was diesem armen Giovanni fehlte an gesteigerter Weltlust, diese Gabe, erschüttert werden zu können von einem fremden, zufälligen Schicksal, dankte ich dies nicht der Beschäftigung mit dem Dichterischen? Denn wenn wir lesen, was tun wir anders, als fremde Menschen von innen heraus mitzuleben, mit ihren Augen zu schauen, mit ihrem Hirn zu denken? Und nun erinnerte ich mich immer lebhafter und erkenntlicher aus diesem einen belebten und dankbaren Augenblick an die unzähligen Beglückungen, die ich von Büchern empfangen; ein Beispiel nach dem anderen reihte sich innen, wie oben im Himmel Stern an Stern, ich besann mich auf einzelne, die mein Leben aus der Enge der Unwissenheit erweitert, mir die Werte gestuft hatten und dem Knaben schon Erregungen und Erfahrungen gegeben, die mächtiger waren als sein damals noch schmaler und unreifer Leib. Darum, jetzt verstand ich's, hatte sich auch so übermächtig dem Kinde die Seele gespannt, wenn es Plutarch las oder die Seeabenteuer des Midshipman oder die Jagden Lederstrumpfs, denn eine wildere und heißere Welt brach damals in die bürgerlichen Wohnungswände und riß gleichzeitig aus ihnen heraus: zum erstenmal aus Büchern hatte ich die Weite, die unausmeßbare, unserer Welt geahnt und die Lust, mich an sie zu verlieren. Einen Großteil all unserer Spannungen, jenes Über-uns-hinaus-Begehrens, diesen besten Teil unseres Wesens, all diesen heiligen Durst, ihn danken wir dem Salz der Bücher, das uns zwingt, immer wieder neues Erlebnis in uns einzutrinken. Ich erinnerte mich an wichtige Entscheidungen, die mir von Büchern kamen, an Begegnungen mit längst abgestorbenen Dichtern, die mir wichtiger waren als manche mit Freunden und Frauen, an Liebesnächte mit Büchern, wo man wie in jenen anderen den Schlaf selig im Genuß versäumte; und je mehr ich nachdachte, um so mehr erkannte ich, daß unsere geistige Welt aus Millionen Monaden einzelner Eindrücke besteht, deren geringste Zahl nur aus Geschautem und Erfahrenem stammt – alles andere aber, die wesentliche verflochtene Masse, sie danken wir Büchern, dem Gelesenen, dem Übermittelten, dem Erlernten.

Es war wunderbar, all dem nachzusinnen. Langvergessene Beglückungen, die ich durch Bücher erfahren, fielen mir wieder ein, eine erinnerte mich an die andere, und so wie in dem nachtsamtenen Himmel über mir, wenn ich versuchte, die Sterne zu zählen, immer neue und unbemerkte auftauchten und mir das Zählen verwirrten, so wurde ich auch bei dieser Tiefschau in die innere Sphäre gewahr, daß auch dieser unser anderer Sternenhimmel überleuchtet ist von unerrechenbar vielen einzelnen Lichtflammen und daß wir durch das Genießenkönnen des Geistigen noch ein zweites Weltall haben, das um uns leuchtend kreist, gleichfalls von geheimer Musik erfüllt. Nie war ich den Büchern so nah gewesen wie in dieser Stunde, da ich keines in Händen hielt und nur an sie dachte, aber mit der gesammelten Erkenntlichkeit einer aufgetanen Seele. An dem kleinen Erlebnis mit dem Analphabeten, diesem armen Eunuchen des Geistes, der, ebenso gestaltet wie wir, infolge dieses einen Defektes nicht vermochte, liebend und schöpferisch in die höhere Welt einzudringen, empfand ich die ganze Magie des Buches, in dem jedem Wissenden das Universum täglich offen aufgeschlagen ist.

Wer aber einmal so den Wert des Geschriebenen, Gedruckten, der geistigen Sprachübermittlung in seiner ganzen unausmeßbaren Weite erlebt, ob an einem einzelnen Buch, ob an ihrem Gesamtdasein, der lächelt dann mitleidig über die Kleinmütigkeit, die heute so viele und selbst Kluge ergreift. Die Zeit des Buches sei zu Ende, die Technik habe jetzt das Wort, so klagen sie, das Grammophon, der Kinematograph, das Radio als raffiniertere und bequemere Übermittlungsleiter des Wortes und des Gedankens begännen schon das Buch zu verdrängen, und bald würde seine kulturhistorische Mission der Vergangenheit angehören. Aber wie eng ist das gesehen, wie kurz gedacht! Denn wo wäre jemals der Technik ein Wunderbares gelungen, das jenes tausendjahralte des Buches überträfe, ja auch nur erreichte! Kein Explosivmittel hat die Chemie entdeckt, das so weitreichend und welterschütternd wirkte, keine Stahlplatte, keinen Eisenzement hat sie gehämmert, der an Beständigkeit diese kleinen Bündel bedruckten Papiers überdauerte. Noch hat keine elektrische Lichtquelle solche Erleuchtung geschaffen, wie sie von manchem dünnen Bändchen ausgeht, noch immer ist kein künstlicher Kraftstrom jenem vergleichbar, der die Seele bei der Berührung mit dem gedruckten Wort erfüllt. Alterslos und unzerstörbar, unveränderlich in den Zeiten, komprimierteste Kraft in winzigster und wandelhaftester Form, hat das Buch nichts von der

Technik zu fürchten, denn sie selbst, wie anders erlernt und verbessert sie sich denn aus Büchern? Überall, nicht nur in unserem eigenen Leben, ist das Buch Alpha und Omega alles Wissens und jeder Wissenschaft Anfang. Und je inniger man mit Büchern lebt, desto tiefer erlebt man die Gesamtheit des Lebens, denn wunderbar vervielfacht, nicht nur mit dem eigenen Auge, sondern mit dem Seelenblick Unzähliger sieht und durchdringt dank ihrer herrlichen Hilfe der Liebende die Welt.

Reisen oder Gereist-Werden

Häfen und Bahnhöfe, sie sind meine Leidenschaft. Stundenlang kann ich vor ihnen stehen und warten, bis eine neue brausende Welle mit Menschen und Waren die schon zerflutete überrollt, ich liebe die Zeichen, die geheimnisvollen von Stunde und Fahrt, die Schreie und Geräusche, bunt und dumpf, die deutsam ineinanderklingen. Jeder Bahnhof ist anders, jeder reißt eine andere Ferne in sich hinein, jeder Hafen, jedes Schiff bringt andere Fracht. Sie sind die Welt in unseren Städten, die Vielfalt in unserem täglichen Tag.

Aber nun habe ich eine neue Art Bahnhöfe gesehen, in Paris zum erstenmal; die stehen mitten in der Straße ohne Halle und Dach, sie haben kein Wahrzeichen und sind doch ständige Ebbe und Flut. Das sind die Standorte der großen Gesellschaftsautomobile, die vielleicht einmal den Waggon ganz ersetzen werden: mit ihnen beginnt ein anderes Reisen, das Reisen in Masse, das Reisen auf Kontrakt, das Gereist-Werden. Neun Uhr: der erste Trupp kommt vom Boulevard, vierzig, fünfzig Passagiere, Amerikaner und Engländer zumeist, ein Dolmetsch mit bunter Kappe lädt sie auf, sie werden nach Versailles geführt, an die Schlösser der Loire, an den Mont [St.] Michel, bis in die Provence hinab. Mathematische Organisation hat ihnen allen diese Reise schon vorgedacht, vorbereitet, sie brauchen nicht zu suchen, zu rechnen mehr; der Motor kurbelt an, sie fahren in fremde Stadt, das Mittagessen (im Preise inbegriffen) steht wartend da und abends das Bett, die Museen, die Sehenswürdigkeiten stehen sperrbreit bei der Ankunft geöffnet, man braucht keinen Pförtner zu holen, kein Trinkgeld zu geben. Die Zeit ist vorgerechnet für jeden Blick, die Straße gewählt nach bester Erfahrung: wie bequem dies alles! Man hat nicht not, an Geld zu denken, sich vorzubereiten, Bücher zu lesen, Quartier zu erfragen – hinter den Gereisten (ich sage nicht: Reisenden) steht farbig bekappt der Reisewärter (denn eine Art Wärter und Wächter ist er ja) und erklärt ihnen mechanisch jede Sonderheit. Man hat nichts zu tun, als einmal in ein Reisebureau zu gehen, sich die Reise auszuwählen, den Betrag zu bezahlen – sich selbst auf vierzehn Tage in eine Art Reiserente einzukaufen, und schon rollt das Gepäck einem voraus, Heinzelmännchen stellen Essen und Bett geschäftig in niegesehene Landschaft – und so, ohne den Finger zu rühren, reisen jetzt Hunderttausende aus England, aus Amerika herüber. Oder vielmehr, sie werden gereist.

Ich habe mich bemüht, einmal in einen solchen Menschenschub mich hineinzudenken; die Bequemlichkeit läßt sich nicht leugnen. Man hat alle seine Sinne frei für Schauen und Genießen: man ist nicht abgelenkt durch die liliputanischen, aber doch unablässigen Sorgen um einen Schlafplatz und Mittagstisch, braucht keine Züge nachschlagen, nicht durch falsche Gassen stolpern, sich nicht narren und betrügen lassen, nicht mühsam eine fremde Sprache stammeln – alle Sinne bleiben einzig der Aufnahme des Neuen bereit. Und dies Neue wiederum hat schon jahrzehntelange Erfahrung auf das Sehenswürdige hin ausgesiebt: man sieht wirklich und wahrhaftig nur das Wichtigste auf solcher gemeinsamen Reisetour, an Gesellschaft fehlt es nicht für solche, denen Genuß erst wahrhaft wird, wenn sie ihn mitteilsam mit anderen genießen. Außerdem ist es billig, praktisch und vor allem bequem, sicherlich darum die Methode der Zukunft. Man wird nicht reisen mehr, sondern gereist werden.

Aber doch: geht nicht gerade das Geheimnisvollste des Reisens durch so zufällige Gemeinschaft verloren? Noch von uralten Zeiten her umwittert das Wort Reise ein leises Aroma von Abenteuer und Gefahr, ein Atem von wetterwendischem Zufall und lockender Unsicherheit. Wenn wir reisen, tun wir's doch nicht nur um der Ferne allein willen, sondern auch um des Fortseins vom Eigenen, von der täglich geordneten ausgezählten Hauswelt, um der Lust willen des Nicht-zu Hause-Seins und deshalb Nicht-sich-selbst-Seins. – Wir wollen das bloße Dahinleben durch Erleben unterbrechen. Jene aber, die so gereist werden, fahren nur an vielem Neuen vorbei und nicht ins Neue hinein, alles Sonderbare und Persönliche eines Landes muß ihnen notwendig entgehen, solange sie geführt werden und nicht der wahre Gott der Wanderer, der Zufall, ihre Schritte lenkt. Diese Amerikaner und Engländer bleiben auf dem Massenautomobil eigentlich immer in England und Amerika, sie hören die fremde Sprache nicht, fühlen (weil jede Reibung fehlt) nicht Eigenart und Sitte des Volks. Sie sehen das Sehenswürdige, gewiß, aber alle zwanzig Wagenladungen im Tag, alle dasselbe Sehenswürdige, jeder erlebt das gleiche und noch mehr dadurch, daß es der gleiche Mann ihnen erklärt. Und keiner erlebt es in der Tiefe, weil er in Gesellschaft, im Geschwätz und Gerede den erlesensten Werten und Welten nahekommt, nie allein schauend, nie allein das Wunderbare fromm an sich ziehend: was er heimbringt, ist nichts als der sachliche Stolz, diese Kirche, jenes Bild tatsächlich vor Augen gehabt zu haben – ein Rekord mehr sportlicher Art als Gefühl innerer Bildung und kultureller Bereicherung.

Darum lieber das Unbequeme, das Lästige, das Ärgerliche dazu: es gehört zu jeder richtigen Reise, denn immer liegt ein Widersinn zwischen dem Komfortablen, dem mühelos Erreichten und dem wirklichen Erleben. Alles Wesentliche im Leben, alles, was wir Gewinn nennen, wächst aus Mühe und Widerstand, aller wirkliche Zuwachs an Weltgefühl muß irgendwie an ein Persönliches unseres Wesens gebunden sein. Deshalb will mir die immer mehr verbesserte Mechanik des Reisens mehr Gefahr als Gewinn für jeden scheinen, der nicht nur von außen an das Fremde heran will, sondern sich wirklich lebendiges und betontes Bild von neuer Landschaft in die Seele ziehen. Wo wir nicht entdecken oder wenigstens zu entdecken vermeinen, wo nicht eine verborgene Energie und Sympathie uns zu neuen Dingen führt, fehlt eine geheimnisvolle Spannung im Genießen, eine Verbindung zwischen dem Niegesehenen und unserem überraschten Blick, und je weniger wir die Erlebnisse an uns bequem herbringen lassen, je mehr wir ihnen abenteuernd entgegendringen, um so inniger bleiben sie uns verbunden. Bergbahnen sind herrlich: in einer Stunde heben sie uns empor in die großartigste Gebirgswelt, unermüdet und bequem genießt man den Rundblick in die niedergebückte Welt. Aber doch, es fehlt irgendein seelischer Reiz bei diesem mechanischen Hinaufgebrachtsein, ein merkwürdig prickelnder Stolz, das Gefühl der Eroberung. Und dies sonderbare, aber zum wahrhaften Erleben gehörige Gefühl entbehren alle, die so gereist werden statt zu reisen, die irgendwo an einem Schalter zwar den Preis für die Rundreise aus der Brieftasche bezahlen, aber nicht den andern Preis, den höheren, den wertvolleren, aus dem innern Willen, der gespannten Energie. Und sonderbar: gerade dieser Aufwand erstattet sich später am verschwenderischsten zurück. Denn nur da, wo wir mit Ärger, Unannehmlichkeiten, Irrtum uns einen Eindruck erkauften, bleibt die Erinnerung besonders leuchtkräftig und stark, an nichts denkt man lieber als an die kleinen Mühseligkeiten, die Verlegenheiten, die Irrungen und Wirrungen einer Reise, so wie man ja auch in späteren Jahren die dümmsten Dummheiten seiner eigenen Jugend am freudigsten liebt. Daß unser eigenes tägliches Leben immer mechanischer, ordnungshafter auf den glatten Schienen eines technischen Jahrhunderts verläuft, wir können es nicht mehr hindern, ja wir wollen es vielleicht gar nicht, weil wir unsere Kräfte damit sparen. Aber Reise soll Verschwendung sein, Hingabe der Ordnung an den Zufall, des Täglichen an das Außerordentliche, sie muß allerpersönlichste, ureigenste Gestaltung unserer Neigung sein – wir wollen sie darum verteidigen gegen die neue bureaukratische, maschinelle Form des Massenwanderns, des Reisebetriebs.

Retten wir uns dies kleine Geviert Abenteuer in unserer allzu geordneten Welt, lassen wir uns nicht reisen als Frachtgut praktischer Agenturen, sondern reisen wir weiter nach Altväterart aus eigenem Willen eigenem Ziele entgegen: denn nur so wird jede Reise zur Entdeckung nicht nur der äußern, sondern auch unserer eigenen innern Welt.

»Reiselust und Unrast«

Unterwegs in Europa und Übersee (1903–1913)

An Victor Fleischer

Ile de Bréhat par Paimpol
Bretagne (France) Hotel Central
[undatiert; Poststempel: 2. 8. 1903]

Lieber Victor, seit Tagen will ich Dir schon schreiben. Wunder ereignen sich: ich arbeite, wie ein wildes Thier. Ich war in Paris ect, nun bin ich auf einer entzückenden kleinen Insel in der Bretagne und arbeite ich [in] einer kleinen Laube wie ein Narr, insoferne ich nicht esse oder – erschrick nicht! – bade. Ich schufte a) meine Dissertation b) eine Novelle c) eine Übersetzung Emile Verhaerens d) die Vorrede zum Lilienbuch. Vier Publicationen will ich in drei Wochen fertig haben. – Oh jerum; jerum! Weiblichkeit gibt es hier nur in unschönen Exemplaren, Litteraten Zeitungen gar nicht, von Menschen nur Maler, ausserdem viel Kühe, Schafe, Katzen, Kaninchen ect. Oh Gott, es gibt so viel zu erzählen: Du wirst staunen. Was macht Max?! Lebt er noch? Und seine Dissertation?! Meine läuft. 20 Druckseiten habe ich in einer Woche vollendet, 40 Druckseiten der Novelle, 10 Druckseiten Lyrik übersetzt. Hoho, mein Lieber! Doas schaugt's euch an! Servas [!]

Stefan

Ich bleibe noch zwei Wochen! Schreibe sofort!

An Hermann Hesse

[Wien, undatiert; vermutlich
nach 19. Juli 1904]

Lieber Herr Hesse, […]. Jetzt beginne ich wieder das Faullenzen mit jenem intensiven Genuß, den ich schon lange entbehrte, Faullenzen ohne Selbstvorwürfe und Ängste. Auch Arbeit wird sich wohl einstellen, so gut mir eben das Reisen Zeit läßt. Ich besuche nun meine Eltern in Marienbad, lungere dort 8 Tage in den böhmischen Wäldern, deren Tannenrauschen mir immer etwas besonders schönes zu sagen scheint, etwas Tiefsinnigeres als das sonstige Blattgeschwätz weiter Wälder. Dann fahre ich entweder nach Belgien, wo mich Brügge, die liebliche stille Stadt lockt, die mir teurer ist als Venedig und alles andere, was ich von Italien kenne. Oder nach Tirol Schweiz um der Ruhe eines einsamen Ortes willen. Litterarische Pläne laß ich ruhig zuhause, nur an meinem Verlaine-Essay will ich ein wenig herumbosseln, wenn sich Lust und Stimmung einstellt. Und Sie, lieber Herr Hesse, bekommen, obzwar oder gerade weil Sie kein kleines Mädel sind, fleißig Ansichtskarten. Ich bin nämlich so unmodern, das für hübsch zu halten, wenn man andern zeigt, wo man ist.

Wien am 8. September 1904

Lieber Herr Hesse, von meiner Wanderschaft retour freue ich mich für's erste wieder der Ruhe und Stille, die man im Heimischen immer beglückt empfindet (allerdings nur für den Anfang, dann bringt Reiselust und Unrast ein hübsches Quantum Unzufriedenheit in diese Stunden der Gemächlichkeit).

Wien 20. September 1904.

[…]

Ihr stilles Leben neide ich fast. Umsomehr als ich für dieses Jahr gerade ins Brausendste hinein will: nach Paris, wohin mich viel lockt und irgend ein ungestümer Drang hinlenkt. Im Frühjahr will ich das Geld für meine Doktorsreise verputzen: zuerst nach Südspanien und die Balearen im März, um dann mit dem Frühling, diesem holden Geleiter zusammen, nach Norden zu flanieren, gegen die Pyrenäen zu, und dann in die Provence hinein bis zur lieben Bretagne empor, der ich schon einen schönen Sommer schulde. Ein wenig Arbeit wird sich ja von selbst einstellen. Mir war's ja leider nie gegeben, längere Zeit ganz müßig zu sein.

[Paris, 4. April 1905]

Lieber Herr Hesse,

ich habe mich Ihrer Zeilen sehr gefreut und will – um unsere persönliche Bekanntschaft nicht zögern zu lassen – Ihnen gleich meine Reisepläne sagen. Jedesfalls bleibe ich bis 10 Juni (15 Juni) hier in Paris und fahre dann über den Bodensee nach Wien. Sie zu besuchen werde ich mir sicher nicht entgehen lassen und auch Wilhelm von Scholz, mit dem ich seit Jahren ab und zu einen Brief wechsle, möchte ich an gleicher Stelle aufsuchen.

Deshalb sollten Sie aber doch nach Paris kommen und gerade in den Tagen um den 5–10 Mai, denn da ist nicht nur Verhaeren hier, in dem Sie einen der schlichtesten und reinsten Menschen kennen lernen würden, sondern auch Ellen Key, die sich mir angekündigt hat. Es wäre prächtig, ein solches Zusammensein, sei es auch nur für Stunden und würde mich sehr glücklich machen.

Ich könnte mich Ihnen hier – sofern ich Sie nicht behindere – fast den ganzen Tag widmen, denn meine neuen Arbeiten wollen hier nicht recht vorwärts. Seltsam – während in Wien und am Lande mir meine Verse auf den Straßen und in den Gärten, immer aber im Schreiten werden, bin ich hier zu wach, zu interessiert am Straßenbilde, um mir selbst zu gehören. Die Frauen haben hier manchmal Blicke, um nicht nur Träumer, sondern auch Tote zu erwecken.

Selbst eines will ich Ihnen versprechen, um Sie herzulocken, lieber Dichter Hermann Hesse – ich will nicht ein einzigesmal von Spanien und Africa sprechen. Denn ich möchte Ihre alte Vagantenlust so stark machen, daß Sie traurig würden über das Versäumte; und ich würde wieder sehnsüchtig mit ihnen [!], obzwar ich noch nirgends mein Zelt aufgeschlagen habe. Denn in Wien fühle ich mich nicht recht wohl, wie eigentlich auf die Dauer nirgends, ich bin – wie unser Grillparzer so schön in einem Gedicht sagt – »ein Wandrer, der zwei Fremden und keine Heimat hat.« Weiß Gott, wo ich übers Jahr bin, vielleicht mit den Schwalben drunten im Süden, vielleicht wieder in Frankreich oder in Deutschland, kaum aber zu lange in Wien. Doch wer wollte Sterndeuter sein?

Gern hätte ich gewußt, wie es mit Ihren neuen Werken steht. Seien Sie versichert, daß trotz der vielen, die heute um Ihren Namen stehen, es wenige gibt, die so unbändig begehrlich nach Ihren neuen Büchern sind, wie ich. Und ich glaube, Sie werden mich nicht zu lange warten lassen – nicht mit Buch und nicht mit Besuch. (Ist unwillkürlich gereimt – Pardon!)

Ich bleibe in freundschaftlicher Ergebenheit Ihr stets getreuer

Stefan Zweig

Paris 5, rue Victor Massé
4. April 1905

Paris, die Stadt der ewigen Jugend

Für das das erste Jahr der eroberten Freiheit hatte ich mir Paris als Geschenk versprochen. Ich kannte diese unerschöpfliche Stadt nur flüchtig von zwei früheren Besuchen und wußte, daß, wer als junger Mensch ein Jahr dort gelebt, eine unvergleichliche Glückserinnerung durch sein ganzes Leben mitträgt. Nirgends empfand man mit aufgeweckten Sinnen sein Jungsein so identisch mit der Atmosphäre wie in dieser Stadt, die sich jedem gibt und die keiner doch ganz ergründet.

Ich weiß es wohl, dieses selig beschwingte und beschwingende Paris meiner Jugend ist nicht mehr; vielleicht wird ihm niemals mehr jene wunderbare Unbefangenheit zurückgegeben werden, seit die härteste Hand der Erde ihm das eherne Brandmal herrisch aufgedrückt. In der Stunde, da ich diese Zeilen zu schreiben begann, wälzten sich gerade die deutschen Armeen, die deutschen Tanks wie eine graue Termitenmasse heran, um das göttlich Farbige, das selig Heitere, den Schmelz und die unverwelkbare Blüte dieses harmonischen Gebildes an der Wurzel zu zerstören. Und nun ist es geschehen: die Hakenkreuzfahne weht vom Eiffelturm, die schwarzen Sturmtruppen paradieren herausfordernd über Napoleons Champs Elysees, und ich fühle von weitem mit, wie in den Häusern die Herzen sich krampfen, wie gedemütigt die einst so gutmütigen Bürger blicken, wenn durch ihre traulichen Bistros und Cafés die Stulpenstiefel der Eroberer stapfen. Kaum je ein eigenes Unglück hat mich so betroffen, so erschüttert, so verzweifelt gemacht wie die Erniedrigung dieser Stadt, die wie keine begnadet gewesen, jeden, der ihr nahte, glücklich zu machen. Wird sie noch einmal wieder Generationen zu geben vermögen, was sie uns gegeben: die weiseste Lehre, das wundervollste Beispiel, gleichzeitig frei und schöpferisch zu sein, jedem aufgetan und nur immer reicher werdend an dieser schönen Verschwendung?

Ich weiß, ich weiß, es ist nicht Paris allein, das heute leidet;

auch das andere Europa wird für Jahrzehnte nicht mehr sein, was es vor dem Ersten Weltkrieg gewesen. Eine gewisse Düsternis hat sich seitdem auf dem einstmals so hellen Horizont Europas nie mehr völlig verflüchtigt, Bitternis und Mißtrauen von Land zu Land, vom Menschen zum Menschen ist wie ein zehrendes Gift im verstümmelten Leib verblieben. Soviel Fortschritt im Sozialen, im Technischen dies Vierteljahrhundert zwischen Weltkrieg und Weltkrieg gebracht, so gibt es doch im einzelnen keine Nation in unserer kleinen Welt des Abendlandes, die nicht unermeßlich viel ihrer einstigen Lebenslust und Unbefangenheit verloren hätte. Man müßte tagelang schildern, wie zutraulich, wie kindisch heiter früher selbst in bitterster Armut die italienischen Menschen gewesen, wie sie lachten und sangen in ihren Trattorien und witzig spotteten über das schlimme ›governo‹, indes sie jetzt düster marschieren müssen mit emporgestoßenem Kinn und verdrossenem Herzen. Kann man sich noch einen Österreicher denken, so lax und locker in seiner Gutmütigkeit, so frommgläubig seinem kaiserlichen Herrn vertrauend und dem Gott, der das Leben ihnen so behaglich gemacht? Die Russen, die Deutschen, die Spanier, sie alle, sie alle wissen nicht mehr, wieviel an Freiheit und Freude der herzlos gefräßige Popanz des ›Staates‹ ihnen aus dem Mark der innersten Seele gesogen. Alle Völker fühlen nur, daß ein fremder Schatten breit und schwer über ihrem Leben hängt. Wir aber, die wir noch die Welt der individuellen Freiheit gekannt, wir wissen und können es bezeugen, daß Europa sich einstmals sorglos freute seines kaleidoskopischen Farbenspiels. Und wir erschauern, wie verschattet, verdunkelt, versklavt und verkerkert unsere Welt dank ihrer selbstmörderischen Wut geworden ist.

Aber doch, nirgends und nirgends hat man die naive und zugleich wunderbar weise Unbekümmertheit des Daseins beglückter empfinden können als in Paris, wo sie durch Schönheit der Formen, durch Milde des Klimas, durch Reichtum und Tradition glorreich bestätigt war. Jeder von uns jungen Menschen nahm ein Teil dieser Leichtigkeit in sich auf und tat dadurch sein eigenes

Teil hinzu; Chinesen und Skandinavier, Spanier und Griechen, Brasilianer und Kanadier, jeder fühlte sich an der Seine zu Hause. Es gab keinen Zwang, man konnte sprechen, denken, lachen, schimpfen, wie man wollte, jeder lebte, wie es ihm gefiel, gesellig oder allein, verschwenderisch oder sparsam, luxuriös oder bohèmehaft, es war für jede Sonderheit Raum und gesorgt für alle Möglichkeiten. Da waren die sublimen Restaurants mit allen kulinarischen Zaubereien und Weinsorten zu zweihundert oder dreihundert Francs, mit sündhaft teuren Cognacs aus den Tagen von Marengo und Waterloo; aber man konnte fast ebenso prächtig essen und pokulieren bei jedem Marchand de Vin um die nächste Ecke. In den vollgedrängten Studentenrestaurants des Quartier Latin bekam man für ein paar Sous die leckersten Nichtigkeiten vor und nach seinem saftigen Beefsteak und noch dazu roten oder weißen Wein und eine baumlange Stange köstlichen Weißbrots. Man konnte gekleidet sein, wie es einem beliebte; die Studenten promenierten mit ihren koketten Baretts über den Boulevard Saint-Michel, die ›rapins‹ wiederum, die Maler, machten sich pastos mit breiten Riesenpilzen von Hüten und romantischen, schwarzen Samtjacken, die Arbeiter wanderten unbesorgt in ihren blauen Blusen oder hemdärmelig über den vornehmsten Boulevard, die Aminen in ihren breitgefältelten bretonischen Hauben, die Weinschenker in ihren blauen Schürzen. Es mußte ja nicht gerade der Vierzehnte Juli sein, daß nach Mitternacht ein paar junge Paare auf der Straße zu tanzen begannen, und der Polizist lachte dazu: die Straße gehörte doch jedem! Niemand genierte sich vor niemandem; die hübschesten Mädchen schämten sich nicht, mit einem pechschwarzen Neger Arm in Arm und ins nächste petit hôtel zu gehen – wer kümmerte sich in Paris um solche später erst aufgeblasene Popanze wie Rasse, Klasse und Herkunft? Man ging, man sprach, man schlief mit dem oder der, die einem gefielen, und kümmerte sich sieben Teufel um die andern. Ach, man mußte zuvor Berlin gekannt haben, um Paris recht zu lieben, mußte die freiwillige Servilität Deutschlands mit seinem kantigen und schmerzhaft scharf zugeschliffenen Standesbewußtsein erlebt haben, wo die Offiziersfrau nicht mit der Lehrersfrau und diese nicht mit der Kaufmannsmadame und diese schon gar nicht mit der Arbeiterfrau ›verkehrte‹. In Paris aber ging das Vermächtnis der Revolution noch lebendig im Blute um; der proletarische Arbeiter fühlte sich ebenso als freier und vollwichtiger Bürger wie sein Brotgeber, der Kellner schüttelte im Café dem galonierten General kollegial die Hand, fleißige, solide, saubere Kleinbürgersfrauen rümpften nicht die Nase über die Prostituierte auf demselben Gang, sondern schwatzten täglich mit ihr auf der Treppe, und ihre Kinder schenkten ihr Blumen. Einmal sah ich, wie in ein vornehmes Restaurant – Larue bei der Madeleine – von einer Taufe reiche normannische Bauern kamen; sie donnerten mit schweren Schuhen wie mit Hufen in der Tracht ihres Dorfes herein, das Haar so dick pomadisiert, daß man's bis in die Küche roch. Sie redeten laut und wurden immer lauter, je mehr sie tranken, und stupften ungeniert lachend ihren dicken Frauen in die Hüften. Es störte sie nicht im mindesten, als richtige Bauern zwischen blanken Fräkken und großen Toiletten zu sitzen, aber auch der spiegelblank rasierte Kellner rümpfte nicht die Nase, wie er's in Deutschland oder England bei so dörfischen Gästen getan hätte, sondern servierte ihnen ebenso höflich und tadellos wie den Ministern oder Exzellenzen, und dem Maitre d'Hôtel machte es sogar Spaß, die etwas burschikosen Gäste besonders herzlich zu begrüßen. Paris kannte nur ein Nebeneinander der Gegensätze, kein Oben und Unten; zwischen den Luxusstraßen und den schmutzigen Durchlässen daneben lief keine sichtbare Grenze, und überall ging es gleich belebt und heiter zu. In den Höfen der Vorstadt musizierten die Straßenmusikanten, von den Fenstern hörte man die Midinettes bei der Arbeit singen; immer lag irgendwo ein Lachen in der Luft oder ein gutmütig freundlicher Zuruf. Wenn da und dort zwei Kutscher einander ›engueulierten‹, schüttelten sie sich nachher die Hände, tranken ein Glas Wein zusammen und knackten dazu ein paar der – spottbilligen – Austern auf. Nichts war schwierig oder steif. Die Beziehungen zu Frauen knüpften sich leicht an und lösten sich leicht, jeder Topf fand seinen Dekkel, jeder junge Mensch eine fröhliche und nicht durch Prüderie gehemmte Freundin. Ach, was lebte man schwerelos, lebte man gut in Paris und insbesondre, wenn man jung war! Schon das bloße Flanieren war eine Lust und zugleich eine ständige Lektion, denn alles stand jedem offen – und man konnte bei einem Bouquinisten eintreten und eine Viertelstunde in den Büchern blättern, ohne daß der Händler knurrte und murrte. Man konnte in die kleinen Galerien gehen und in den Bric-à-Brac-Geschäften alles umständlich gustieren, konnte im Hotel Drouot bei den Versteigerungen schmarotzen und in den Gärten mit den Gouvernanten plaudern; es war nicht leicht, innezuhalten, wenn man einmal ins Bummeln gekommen war, die Straße zog einen magnetisch mit und zeigte kaleidoskopisch unablässig etwas Neues. War man müde, so konnte man auf der Terrasse eines der zehntausend Kaffeehäuser sitzen und Briefe schreiben auf dem unentgeltlich gegebenen Briefpapier und dabei von den Straßenverkäufern sich ihren ganzen Kram von Narrheit und Überflüssigkeit explizieren lassen. Schwer war nur eines: zu Hause zu bleiben oder nach Hause zu gehen, besonders, wenn der Frühling ausbrach, das Licht silbern und weich über der Seine glänzte, die Bäume auf den Boulevards sich grün zu buschen begannen und die jungen Mädchen jedes ihr Veilchensträußchen für einen Sou angesteckt trugen; aber es mußte wahrhaftig nicht gerade Frühling sein, damit man in Paris guter Laune war.

Frühlingsfahrt durch die Provence

Muß man sie nicht doch einmal schelten, die verbissenen Tadler der Eisenbahn, diese melancholischen Träumer verblichener Postwagenpoesie, diese heimlichen Biedermaier, die die Schönheit der Reise nur noch in den unmodischen Kostümen unseres alten Eichendorff verstehen wollen? Als ob nicht jede Zeit ihre Schönheit hätte, als ob nicht in dem großen Umschwung der Zeit neue und grandiose Linien der Betrachtung sich gezeichnet hätten. Gibt es denn ein lieblicheres Wunder als unsere Eisenbahn von heute? Besinne Dich nur an Deine vielen Sehnsuchtstage zum Frühling hin! Wochen hast du gewartet: wenn der Schnee, von einem linderen Wind gestreift, niederstäubte von den Bäumen, wenn die Dächer feucht in einer falben Sonne glänzten, wenn die Luft nur etwas wärmer wehte, war Dir schon, als sei ein Glück geschehen. Du glaubtest, ihn schon zu fühlen in Deinen Händen, wenn Du die mildere Luft streiftest, meintest, ihn schon zu trinken mit Deinem Atem, dachtest, ihn zu sehen in dem Flimmern der glänzenden Äste, ihn, dem Du entgegenbangtest mit all Deiner Sehnsucht: den Frühling. Und Wochen und Wochen so zwischen Hoffnung und Enttäuschung.

Und nun – sieh' das Wunder – da ist ein Ding, das bringt Dir den Frühling oder bringt Dich zu ihm in einem Tag, in einer Nacht. Wie Du es willst: Du kannst Dich hinlegen und ihn fertig, blühend und warm des Morgens empfangen, oder Du kannst ihn aufblühen und werden sehen in einer einzigen Fahrt, kannst sein langsames Nahen, seine stets stärkere Gewalt mit immer neuen Schauern der Beglückung verspüren. Habt Ihr das bedacht, Ihr Tadler, die Ihr die Eisenbahn »unpoetisch« findet, weil sie eisern rasselt und schwarzen Qualm durch die Landschaft jagt?

Abends noch in Paris. Ein letzter Gang über die Boulevards: die Bäume sind kahl und grau, an manchen hängt noch, ganz schwach und zitternd, ein letztes falbes Blatt, das der Herbstwind zu nehmen vergessen. Mild und klar ist der Abend, aber –

Du fühlst es – es fehlt ihm die Frische, der Duft. Es ist trotz Schnee und Stürmen abgelebte Luft; schmacklos und leer, denn sie hat nicht jenes Quellen der aufbrechenden Erde, wenn sie die Sonne fühlt, nicht den Pollenduft der vielen werdenden Blüten. Wochen und Wochen noch ist es bis zum Frühling. Nachts dann im Zuge. Durch Stunden nur Dunkelheit und das Gestampf der Räder durch unbekanntes Land. Morgens, ganz früh, wenn das Morgenrot noch wie ein ungeheurer Brand am Horizonte flammt, siehst Du hinaus. Leer liegen die Felder, brandrot und erdig, unbelaubt stehen die Bäume. Aber doch ist etwas in der Landschaft – Du weißt es nicht zu sagen, was es ist – das schon vom Frühling spricht, eine Ahnung, daß die Blüten schon ganz nahe am Bast pochen, daß die Saat schon mit den unterirdischen Halmen die letzte Schichte der Erde berührt. Das Zittern der Äste im Wind scheint Dir halb noch Bitte und halb schon erfüllte Seligkeit. Und hier – ja hier, sieh' es nur, hier ist schon ein erstes Grün, das die Erde umflicht, ein helles, unsäglich zartes Grün. Und mehr und mehr: zwischen den leeren Bäumen hier und da solche, an denen schon die kleinen Schößlinge sprießen, manche schon mit großen, leuchtenden Blüten. Und immer mehr und mehr! Jenen wundervollen Augenblick eines vielfältigen Geschehens fühlst Du, jene Tage und Wochen, in denen ein Frühling wird, zusammengepreßt in eine prächtige Stunde. Denn immer lebendiger wird das Bild, farbig belebt nun durch die ersten immergrünen Bäume, durch das steigende Licht, durch Wärme und Sonnenfeuer. Und mit dem Morgen bist Du in des Frühlings Land.

Hat der Frühling ein schöneres Land als die Provence? Kaum läßt es sich denken, wenn man sieht, wie in den Rahmen der Fensterscheibe sich in buntem Wechsel die blühenden Bilder stellen. Und denke der provenzalischen Lieder. Ist denn das nicht unendlich frühlingshaft, dieses zarte Minnen der Ritter um die geliebte Dame, die Pagenlieder und Aventiuren, dieser Eindruck, den wir aus Lied und Geschichte von dem blühenden Lande haben? Und so wunderbar eint sich dies alles: kaum staunte man, würde man auf weißem Zelter einen schmucken Ritter durch diese milde, sonnige Landschaft traben sehen. Er ist hier sanft und doch groß, der Frühling, groß auch ohne jenes ungeheuere Geschehen seiner Leidenschaft, ohne den Mistral, jenen furchtbaren Föhn, der im Lande wühlt, der wie Fieber in das Blut schießt und wie Gottes Zorn in den Bäumen wettert. Norden und Süden eint sich hier wie in flüchtigem Kuß. Neben den immergrünen Sträuchern und Bäumen, die ohne Blüte und Frucht nur als Wächter der Schönheit im Lande warten, stehen friedlich jene Kulturen des Nordens, manche noch nackt und frierend, manche in dünnem Farbenflor. Und so weiß der Frühling hier doch noch zu beglücken, so gütig dem Anblicke auch der Winter ist.

Helle, freundliche Städte, Valence, Nîmes, Orange – in welcher wollte man nicht rasten? Aber der Zug wettert und eilt. Doch hier mußt Du bleiben, in dieser Stadt, die so wunderbar weiß leuchtet wie ein Traumschloß, die so breit und groß sich um die Rhone schmiegt, in Avignon, der Stadt der Päpste. Linien, wie mit lässiger Künstlerhand in das weite Gelände eingezeichnet, fesseln Deinen Blick: die weißen Straßen, flimmernder, glühender Kalk, und dazwischen jener blaue, flutende Streifen des Stromes, zweimal durchquert, einmal von der weißen Brücke, das andere Mal von den Überresten jenes stolzen Bogens, mit dem Papst Benezet die Umschließung der Stadt vollkommen zu machen hoffte. Ein grandioser, düsterer Anblick muß es an Herbsttagen sein, diese hohe, herrische Papstburg, die wie ein geharnischtes Haupt hoch über der niederen Stadt droht, und die Festungswälle, mit denen diese Gewaltigen gleichsam wie mit gespreiteten, geschienten Armen den ganzen Umkreis festhielten. Aber der Frühling nimmt sacht alles Tragische dieser Zwingburg: weiß glänzen ihre Kalkmauern ins Land, scharf in den tiefblauen Himmel eingeschnitten, ein edler Anblick ohne Strenge: Wer denkt an die Folterkammern, wer will sich daran erinnern, daß von jenem viereckigen Turme im Revolutionsjahre die Opfer in die entsetzliche Tiefe hinabgeschleudert wurden, wer will sich dessen entsinnen, wenn die Sonne so sanft und zärtlich ist? Jetzt sind grüne Gärten mit schönen Gängen zwischen den herben Mauern, und von blühenden Terrassen sieht man in das Land hinab. Und Frühling, Frühling überall.

Weiter mit dem eilenden Zuge. Vorbei an kleinen, reizenden Städtchen, vorbei an Tarascon – bonjour, monsieur Tartarin! –

Frühling in Sevilla

Es gibt Städte, in denen ist man nie zum erstenmal. Durchwandert man ihre unbekannten Straßen, so ist doch überall ein Grüßen wie von Erinnerungen, ein Rufen wie von verwandten Stimmen. Ihr Antlitz – denn Städte können wie Menschen sein, traurig und alt, lächelnd und jung, drohend und schlank, geschmeidig und zermürbt – kennst du von einer Schwesterstadt oder von einem Bild, einem Buch, einem Lied, einem Traum. Und so ist Sevilla. Irgendwie ist es lieb und vertraut; und mit einem Male fällt einem der Name Salzburg ein. Und nicht nur Mozarts Name ist es, der von Figaros flinker Gestalt getragen, mit zierlichen Notenbändern die fernen Städte verbindet zu einem Bunde zärtlichen Genießens. In Wuchs und Stimme, in Art und Gebärde haben sie geschwisterliche Weise. Es ist in beiden eine so starke poetische Gewalt, daß sich das Provinzlerische in ihnen zu einem Lieblichen und Begehrenswerten wandelt, daß die moderne häßliche Straßenkultur sich nicht brüsk vordrängt, sondern in sanfter Anpassung sich dem Verjährten gesellt. Altadelige Art ist in ihnen; schlank wie Pagen sind die Türme, und die Glocken so hell wie frische Mädchenstimmen. Alles klingt hell in den lichten Straßen wieder, wie ein Lächeln ist solch eine Stadt in das Grüne gebettet. Nur ist im Süden das Bild viel weicher und üppiger; die Palmen mit grünen Fächern das ganze Jahr in den Straßen, und breit quillt, zu Gärten und Alleen vertropfend, die farbige Fülle einer wunderbaren Flora in die Stadt. Die Musik, mit der beide Städte durchdrungen sind, hat sich in Salzburg zweimal, dreimal zu grandiosen Kunstwerken destilliert, Michael Haydns Grab und Mozarts Wiege scheinen die Ruhepunkte, um die dies Leben schwingt; in Sevilla löst sich der Sinn des Musikalischen nicht in die bleibende Form. Aber alle Gassen klingen von Musik, von guter und übler, stets trällert ein Liedchen in der Luft oder klimpert eine Gitarre. Das Leben scheint hier rascheren Takt und die Menschen helleres Blut zu haben;

nirgends gibt es mehr hungrige Magen als in Andalusien und doch, Sevilla glüht in wunderbaren Farben, blinkt in Heiterkeit und winkt mit vielen Fahnen, hier könne man sehr glücklich sein.

Ist dies schon die spanische Art? Ja und nein. Denn Spanien ist nur Landkarteneinheit, von der Wirklichkeit aber in zwei fast schematische Gegensätze zerschnitten, die sich wieder in tausend Einzelkontraste lösen. Auch das Spanien Pizarros und Torquemadas lebt noch, der finstere, fanatische Geist Kastiliens hat nur neue Formen gefunden, in denen sich seine stolzgrausame Art entfaltet. Denn das sind keine Gitarrenschläger, die die dunkeln verfallenden Städte des Nordens bewohnen, das graue Toledo, das, mit Wällen umgürtet, drohend hingehängt ist im Gestein, das der Tajo zornig durchbricht; das sind die Mönche von einst und die harten Granden, die Menschen, in denen das graue, öde Land mit seinen jähen und unwilligen Felssteinen einen Schein von Leben gewonnen hat. Nur einen Schein: denn etwas Sarghaftes haben viele der älteren Städte, etwas Mönchisches die Menschen. Denkt man an Sevilla, an die frohe Welle, in der sich die Lustbarkeit etwa in den Karnevalstagen ergießt, so fühlt man ganz das Grauen, das sich im Norden Spaniens noch bis in die Lustbarkeiten verkriecht. Mitten im Herzen von Madrid, der modischen Stadt, die böse Mahnung. Wie in unserem Prater ist dort Korso im Buen-Retiro; aber wo sind die flüchtigen, geschmeidigen Bewegungen der Pferde, das helle Trappeln, das scharfe Sausen, wo sind die farbigen Bilder gezügelter Eile? Breit, schwer, in einem traumhaften Trab poltern die großen karossenhaften Wagen vorbei, ungeheuer steif, würdevoll und korrekt. Festgefroren oben die galonnierten Diener mit fanatischen Augen wie Mönche des Zurbarán. Schwer fällt der Schatten des Eskorial über das ganze Land Kastilien; und kommt man nach Andalusien, so ist es einem, als sei man in die Sonne getreten. In hundert Spiegeln glänzt der Gegensatz. Dort das Spanien des ›Don Carlos‹, der ›Jüdin von Toledo‹ und Victor Hugos ›Torquemada‹, dröhnende, wildschöne Visionen. Und Sevilla? Zuerst sucht man den heiteren Laden des ›Barbiers‹, sehnt sich auch sehr, unter den vielen blinkenden Häusern das eine zu entdekken, wo Don Juan jenes Abenteuer hatte, das Lord Byron mit so entzückender Umständlichkeit in seinem Epos erzählt. Figaro singt hier seine Liedchen, die Habañera Carmens trällert drein, aller Heiterkeit Symbole hat die Kunst in diese Straßen gestellt, durch die schon einst der ingenioso Hidalgo Don Quichote de la Mancha auf seiner braven Rosinante getrabt. Nicht Dolche kauft man hier wie in Toledo, sondern Gitarren und Kastagnetten zu guter Erinnerung. Nicht Spaniens Symbol ist Sevilla, aber Spaniens Lächeln.

Selbst der Kampf ist hier Versöhnung geworden. Wohl sind nach jenem gigantischen Ringen der fünf Jahrhunderte die Mauren – tränenden Auges, wie die Sage berichtet – aus dem Süden Spaniens gewichen, aber noch wirkt ihre Art hier überall in einem heimlichen Leben. Nicht verachtet wie in Kastilien, sondern verwertet ist hier ihre Kunst; und ihr größtes Meisterstück, die Kunst des Lebens, jene träge, sensuelle und voluptuöse Weise des Genießens hat sich wunderbar ausgeglichen mit der heiteren Lebensführung der Andalusier. In hundert Bauten zeigt sich die Versöhnung, Moscheen wurden zu Kirchen, die Giralda, jenes entzückende schmale Minarett, donnert heute mit frommen Glocken zur Kathedrale herab, die sich ihm andrängt. Aber am geistreichsten ist die Vereinung in den Häusern. Wohl sind sie in maurischer Art, nieder und schmucklos, mit flachen Dächern und viereckigem Hof. Doch das Geheimnisvolle und Dunkle ist hier ins Heitere gewandt. Fenster und Balkone durchbrechen die bei den Arabern geschlossene Wand und bringen die Helle in die Stuben hinein. Hell und blank ist auch der Anstrich, und nicht ängstlich verschlossen das Tor; man sieht durch den Gang, der mit farbigen Fayencen belegt ist und munter glänzt, in den Patio, den Vorhof, hinein, wo ein Springbrunnen seinen lichten Schaum über Blumen plätschert, umrahmt von Palmen und dunklen Sträuchern. So arm ist hier kein Haus, daß es nicht seine Blumen hätte; selbst im alten Gettoviertel, wo Murillos Haus steht, glühen die farbigen Büschel. Von den Balkonen tropfen lange Gewinde fast in die Straßen herab, in heiteren Reihen durchziehen wie bunte Soldaten Alleen die ganze Stadt. Eine wunderbare Farbenpalette ist hier entfaltet dadurch, daß die grüne Welle in die ärmsten Gassen einbricht und überall die hellen Blütenfunken sprühen. Brennen sie doch selbst – gleich einer Kohle im dunklen Herd – im Haar der Mädchen, Feuernelken und rote Rosen, stolz getragen und zärtlich bewahrt.

Und sie selbst, die Frauen, haben, ganz in Blumen gebettet, etwas von dem schönen und flüchtigen Leben der Blumen in sich. Scheinen sie doch von der Ferne oft wie Blüten in ihren grellen Kleidern und in dem flackernden Bauschen der Mantillas, die sie so unnachahmlich tragen. Und an das Zittern der Blütenstengel, an das sanfte Schwanken der Halme, wenn sie der Wind umschmeichelt, denkt man, wenn man ihren geschmeidigen Gang bewundert, dieses verlockende Wiegen, diesen heimlichen Tanz. Die ganze heiße Glut der Sonne scheint aus ihren Augen zu sprühen, die mit raschem Blitz den Neugierigen streifen, aber – hélas, schon Théophile Gautier hat es bemerkt – »une jeune Andalouse regardera avec ses yeux passionnés une charrette qui passe, un chien, qui court après sa queue«. Selbst in den Augenblicken der Gleichgültigkeit scheinen sie leidenschaftlich, vermöge dieses Augenglanzes und der unwillkürlichen Wollüstigkeit ihrer Bewegungen. Und so wie sich ihre Sprache nicht umformt zum Gesang, sondern ohne Mühe und Anstrengung hinwendet, so löst sich spontan aus ihren runden Gebärden, aus ihrem hinwellenden Gange der Tanz. Sieht man in den ärmlichen Kaffees den Flamenco, dann weiß man erst, wie häßlich, wie schematisch die eingefressenen Gebärden unseres Theaterballetts sind, die auf ein paar angelernten Lazzi basieren und sich höchstens noch um Künsteleien erweitern können. Hier ist Tanz, was er sein soll: eine Kunstform, fast selbsttätig entstanden aus den anmutsvollen Bewegungen des Körpers, aus den Gesten des Begehrens und den rhythmischen Reizen, eine Kunst nicht der Beine, sondern eine Freude an der Linie, der Biegung, Entfaltung aller Möglichkeiten menschlicher Schönheitsformen. Alle kleinen Symbole der Weiblichkeit verwerten sich in diesen Tänzen, der Fächer, die Mantilla, der Schleier, und vor allem das Kleid, das die Bewegungen nachzeichnet, dämpft und rundet. Die meisten dieser Tänzerinnen sind nur wenig geschult, manche auch recht eintönig in den einleitenden, rein plastischen Gebärden. Wenn aber dann, erwachend beim Knattern der Kastagnetten, die wilde und doch nicht laszive Sinnlichkeit dieser zigeunerischen Tänze aufschießt, löst sich aus der Glut eine so packende Gewalt, daß sie einem das Blut rascher durch die Adern jagt, ein magischer Taumel, betörender Musik ähnlich oder dem wühlenden Föhn. Durch seine menschliche Wirkung tritt hier der Tanz wieder in die Reihe der Künste zurück, während er bei uns noch ganz unter dem Zeichen des Amüsements steht, er ist unserem Empfinden näher, weil er getränkt ist von Leidenschaft und Schönheit, von rein menschlich-primitiven Lebensäußerungen und nicht von stilisierten. Darum ist Melodie und Gesang dieser Tänze nur ein Nebensächliches und Unwertiges, eintönige Strophe etwa, wie die der arabischen Begleitlieder. Nur liebt es der Andalusier, diese Sprüche mit Scherzpointen zuzuspitzen und das amoureuse Moment stark zu betonen. Denn ein wenig ist Sevilla noch immer Don Juans lockere Stadt, prunkvoll nicht, aber fanatisch in seiner Frömmigkeit, heiter, aber nicht strenge in seiner Sittlichkeit. Eine hübsche Legende sagt da mehr, als alles; über dem Tore der großen Tabakfabrik, durch das täglich viertausend Arbeiterinnen aus- und eingehen, alte und junge, hübsche und häßliche, hält ein steinerner Engel, die Fama, eine Posaune. Und das Volk munkelt, wenn einmal ein ganz tugendhaftes Mädchen durch das Tor schritte, so würde die Posaune erdröhnen. Bis jetzt soll es noch nicht geschehen sein, obzwar der geduldige Engel schon hundertfünfzig Jahre die Posaune hält. Nicht nur Figaro, sondern auch Don Juan scheint hier unsterblich.

Mit diesem Lächeln seines Lebens hütet aber Sevilla eine sehr ernste und große Vergangenheit. Ein wenig sind vielleicht schon die Farben verblaßt, aber noch bleiben die Osterfeste berühmt in der ganzen Welt, diese prunkvollen Aufzüge und seltsamen Gebräuche der fernen Jahrhunderte. In leisen Wellen dringt das moderne Leben ein; der uralte Goldturm der Mauren sieht nun breite Meeresschiffe die leisen Wellen des gelben Guadalquivir hinaufziehen, und auf der Giralda hoch oben, wo einst der Muezzin die Frommen zum Gebete rief, harrt ein ungeahntes Bild auf den Beschauer. Eine helle Stadt, weit weit hinein ins Grüne verstreut, glänzt auf mit der Pracht ihrer wunderbaren Gärten, mit der Kette breiter Straßen in die Ferne gehängt; kaum kann man sie überblicken. Nun, da sich so üppig die Palette der Farben entfaltet, begreift man, daß Velásquez und Murillo Kinder dieser Stadt sind und ewige Verkünder ihrer Schönheit, so wie Lope de Vegas Dramen ihre Geschichte und die Musiker ihre Heiterkeit vermeldet haben. Hier könnte wohl dem spanischen Volke der Dichter geboren werden, der ihm not tut, ein Heiterer, Freier, ein weiser Spötter wie Cervantes, oder ein Zauberer wie Sevillas Maler, denn die Stadt schenkt hier so vieles, die Freude am bunten Leben, den Rhythmus frisch bewegten Geschehens und das Allegro innerlicher Heiterkeit. Warum sollte nicht ein so Wunderbares in einem Ort geschehen, der selbst wie ein Wunder ist? »Quien no ha visto Sevilla, no ha visto maravilla« – bis zur Unerträglichkeit hört man hier den stolzen Adelsspruch, den sich die Stadt gegeben; und doch kann man ihre Eitelkeit nicht schelten. Denn ist es nicht ein Wunder, wenn Menschen und vieler Jahre Schicksal wirken, meinend, eine Stadt zu bauen, und es schließlich ein Lächeln wird auf dem Antlitz des Lebens?

Sehnsucht nach Indien

Reisebücher lassen sich nicht werten wie die anderen Werke. Denn zwiefach können sie gelesen werden, vom Neugierigen und vom Nachprüfenden. Vom Neugierigen, der in fremdes Land will, vielleicht nur auf der luftigen, von Träumen gezogenen Barke der Phantasie, vom Neugierigen, der nichts weiß und sich alles erzählen läßt, Landschaften aufbauen und steinerne Tempel, Farbenphantasien und Schilderungen fremder Menschen, der nur eine schöne Möglichkeit verlangt statt einer Wahrheit. Und wie anders ist dann wieder der Blick dessen, der heimkehrt und sein eigenes Erlebnis an dem Buche, das Buch an seinem eigenen Erlebnis prüft, der gewissermaßen sich selbst und den Verfasser gegeneinanderstellt und den fremden Charakter zu durchdringen sucht. Nur Reisebücher, die der doppelten Prüfung genügt haben, die vorher die Phantasie entflammten und nachher der Wahrhaftigkeit genügten, können einem wertvoll sein.

Die erste Probe habe ich versucht. Seit manchem Jahr lockt mich der Gedanke nach Indien, dem alten Wunderlande. Und so, mit dem festen Entschluß einer Reise, habe ich mir eine Reihe von Büchern auf den Tisch gelegt, die alle von Indien handeln, das Buch eines Gelehrten, eines Sprachforschers, eines Dichters, eines Kaufmannes und eines Journalisten. Denn aus dieser Vielseitigkeit, aus dieser Verschiedenheit des Blicks scheint mir gerade durch Vergleichung die Wahrheit des Objekts am besten erkenntlich zu sein. Nicht alle Bücher über Indien sind das, nicht die besten vielleicht, aber ich habe sie so zusammengelegt, um die verschiedenen Gesichtswinkel sich zu einem breiten Horizont ergänzen zu lassen. Aus allen schlägt, hier lebendiger, hier stummer, da farbiger, dort heißer und verborgen glühender, die Flamme großer Verwunderung: wie ein Wegweiser, eine feurige Säule leuchtet sie hin gegen das ferne Land. Den meisten Ruhm von allen diesen Werken hat das des Gelehrten gewonnen, die

›Indischen Reisebriefe‹ von Ernst Haeckel*, die ihren Ruhm allerdings nicht so sehr dem Werke selbst als dem berühmten Namen des verehrten Autors danken. Es ist das Schilderungsbuch der Haeckelschen Reise von 1881, die, wie man weiß, nicht seine letzte war. Denn noch vor ein paar Jahren ist der alternde Gelehrte wieder zu dem Lande seiner Sehnsucht zurückgekehrt. Selbstverständlich gilt vieles in diesem Buche der speziellen Neigung des Forschers, und es ist charakteristisch, daß der erste Aufschrei in dieser Bewunderung nicht einem Naturzauber gilt, sondern den botanischen Gärtenwundern in Bombay und Elephanta. Haeckel ist auch bald von dem eigentlichen Indien abgewichen, und sein Werk ist grundlegend für Ceylon, den Garten Indiens, wo er große und mutige Entdeckungsreisen unternommen hat. Die Gabe der Verlebendigung ist ihm in hohem Maße nicht eigen. Des Forschers sorgliche und allzu peinliche Art vergißt ganz das höhere Gebot der Bildhaftigkeit und Lebendigkeit. In diesem Sinne nun ist das Buch von Pierre Loti, eines der berühmtesten sprachlichen Landschafter, bei weitem vorzuziehen. Man mag für den Dichter Pierre Loti Sympathien haben oder nicht, diese Studie des Akademikers** durchglüht die graue Lehmschicht einer üblen Übersetzung mit den wundervollsten Farben. Affektiert ist sie – schon die pompöse Widmung gegen die Engländer an den Präsidenten Krüger, die heute in den Zeiten der Entente cordiale dem Autor gewiß sehr lästig sein dürfte – und vielleicht ist hier der Wahrheit auch ein wenig Dichtung beigemengt. Aber vor allem ist hier ein großer Spürsinn für das Aparte, Grandiose und Farbenprunkende. Pierre Loti hat Gelegenheit gehabt, als Gesandter der französischen Regierung Zugang an jene kleineren Fürstenhöfe zu finden, in denen das altindische Leben noch seine Magie bewahrt hat. Zauberische und kaum glaubliche Dinge erzählt er, wunderbare Landschaften,

* ›Indische Reisebriefe‹ von Ernst Haeckel, 5. Aufl. Berlin, Verlag von Gebrüder Paetel. 1908.

** Pierre Loti: ›Indien (ohne die Engländer).‹ Hupeden & Merzyn, Berlin, Paris. 1905.

freilich nicht immer wie bei Meister Haeckel nach Frucht und Blüte, Stamm und Wurzel benannt, aber doch blühend im Wort und in der Farbe, ranken sich durch das Gefüge des Buches. Ein aromatischer, schwüler, betäubender Duft weht einem entgegen: Man kann nicht viel von diesen Seiten trotz aller Bewunderung lesen, so schwül, so überladen, so farbenglitzernd, ja reich sind sie. Das mag vielleicht noch am meisten für den Dichter Loti zeugen, daß er auch im Stil des Buches diesen betäubenden, wirren und schwülen Eindruck erweckt, den ihm selbst Indien mit seinen Wäldern und seinen lauten, vom Lärm der Insekten erfüllten Nächten, seinen heißen, in grellen Farben prangenden Landschaften des Tages bot.

Ein anderes Bild wieder bringt das Buch von Meebold.* Alfred Meebold stammt aus einem norddeutschen Großkaufmannsgeschlecht. Er ist einer jener neudeutschen Kaufmannsgeneration, in der das innere scharfe Bewußtsein zu literarischer Äußerung neigt, etwa wie bei dem freilich überlegenen Walther Rathenau, der edelsten Reinkultur dieses wertvollen Typus. Auch Alfred Meebold hat sich in der Literatur versucht. Dem dankt er einen klaren, reinen sauberen Stil, der alles sagen kann, was er will, scharf und knapp zu begrenzen weiß, eine gewisse künstlerische Ökonomie und die Vielfalt der Interessen. Vom Großkaufmann hat er den ruhigen, richtigen Blick, der die Dinge abzuschätzen weiß, sich weder von eigenen Sentimentalitäten, noch vom Enthusiasmus fremder Reisebeschreibungen betrügen läßt, knapp und klar sein Urteil nennt wie einen Preis. Mit sicherem Gefühl hat er auch die eintönige Form einer Beschreibung vom Tag der Ankunft bis zum letzten Schritt über die Landungsbrücke vermieden, sondern in einzelnen Kapiteln gewisse interessante Sphären zusammengefaßt und sie mit hübschen Bleistiftzeichnungen geschmückt. Ganz außerordentlich interessant ist die Beschreibung von Kaschmir und West-Tibet, in der inhaltlich wie stilistisch eine große Lebensenergie zum Ausdruck gelangt.

* Alfred Meebold: ›Indien.‹ R. Piper & Cie. München 1908.

Ich glaube, von den Indien-Büchern dürfte dies eines der denkbar besten und sympathischsten sein, eben weil es nicht den Willen hat, ein abschließendes zu sein und ein definitives.

Willkommen sind, wenn man sich mit einem Lande befaßt, auch die gelehrten Abhandlungen über seine Kultur. Was Richard Garbe in seinen ›Beiträgen zur indischen Kulturgeschichte‹* schreibt, ist trocken, aber interessant. Die sechs Systeme der indischen Philosophie sind kurz und leidlich verständlich auseinandergesetzt, über die Witwenverbrennung, die räuberische Gemeinschaft der Thugs, den willkürlichen Scheintod indischer Fakire ist hier allerlei mitgeteilt, was zu einem Gesamtbild der geistigen Kultur fast unumgänglich ist und ein in deutscher Sprache noch nicht existierendes Geschichtswerk über Indien zum Teil ersetzt. Die persönlichen Eindrücke und Empfindungen Garbes von Indien, die er in einem anderen Buche** niederlegte, sind freilich bedenklich uninteressant, enthalten nackte, unplastisch gegebene Tatsachen, Allgemeinheiten und nur hier und da hübsche Anekdoten.

Das zum Gebrauch und für eine Reise wertvollste Buch über Indien scheint mir die ›Indische Reise‹ von W. Fred*** zu sein. W. Fred ist Journalist, aber das Wort in seinem besten Sinne genommen, in jenem Sinne vom neuen Journalismus, den Hofmannsthal einmal in einer sehr interessanten Studie entwickelte. Nämlich Journalismus im Sinne von Mitteilung persönlicher Kultur, Kleinteilung großer Bildung, Vermittlung und Belehrung. W. Fred hat in vielen Studien über Kunst und Literatur sein Verständnis bewiesen, in vielen Reisen sich auf diese größte Reise vorbereitet. Und sein Buch hat nun vor den andern Büchern den großen Vorzug, daß es journalistisch geschrieben ist, das heißt, nicht für sich selbst geschrieben ist, sondern für die andern, daß

* ›Beiträge zur indischen Kulturgeschichte‹ von Richard Garbe. Berlin. Verlag von Gebrüder Paetel. 1903.

** ›Indische Reiseskizzen‹ von Richard Garbe. Berlin. Verlag von Gebrüder Paetel. 1889.

*** W. Fred: ›Indische Reise. Tagebuchblätter.‹ R. Piper, München.

er als der einzige im Gegensatz zum Gelehrten und zum Dichter nicht seine privaten Interessen dem Publikum aufdrängen will, sondern innerlich schon eine Auslese des Interessanten und Wertvollen gemacht hat. Dieses also, das Vorausfühlen der Interessen, die Begrenzung des Materials auf das Interessante, möchte ich das Journalistische der Studie nennen. Denn sonst ist sie weit eher dichterisch, sehr lebendig, sehr farbig in den Landschaften, sehr klug und psychologisch in der Schilderung der Natur, sehr gebildet und gelehrt, in den kunstwissenschaftlichen und kunstgewerblichen Dingen. Stilistisch ohne Schwere, in leicht verdauliche Portionen gruppiert, geschickt verteilt und in allem das richtige Maß haltend, ist es eigentlich ein sehr undeutsches Buch, ist französisch geschmackvoll, englisch handlich und amerikanisch praktisch. Es ist ein internationales Buch und verdiente auch, international zu werden, eben um dieser Leichtigkeit der Orientierung, der Feinheit der Bemerkungen und der Lebendigkeit seiner Art willen.

Hat man diese Bücher aber alle hintereinander gelesen, so bleibt nichts Scharfumrissenes, nichts Festes, nicht Indien, sondern ein Vages, wie aus Nebeln Tauchendes, ein Lockendes und Fernes, die Sehnsucht nach Indien. Ein heißer Duft von Schwüle strömt aus allen diesen Büchern, viele Farben, die einen so müde machen, daß man die Augen schließen muß und nun halb in Träumen die vielen Bilder innen spürt. Langsam gerät man in ein sanftes Gefühl des Gehobenseins, ein schwelgerisches Genießen, und sanft schaukeln einen all diese hergeträumten Bilder, als sei es schon das Schiff, das einen über die murmelnden Wellen des Ozeans führt.

Der Rhythmus von New York

Ein paar Tage erst in dieser verwirrenden, durch ihre fremdartige Vielfalt gleichzeitig erschreckenden und anziehenden Stadt. Nicht genug, um sie ganz zu begreifen, sie, die hundert Sprachen spricht, die Menschen zweier Erdteile zum erstenmal gegeneinander schleudert, Elend und Reichtum zu einem nie dagewesenen Gegensatz auseinanderreißt. Noch verstehe ich ihre Stimme nicht, ahne kaum ihre Formen, aber schon fühle ich, und in jeder wachen Sekunde deutlicher, ihren Rhythmus, diesen unwiderstehlichen, stürmisch erregten Rhythmus der amerikanischen Metropolis.

Denn nicht als Ruhendes, als Festgefügtes lassen sich diese Städte begreifen, nur als Bewegung, als Rhythmus. Wir in Europa haben Städte, die nichts sind als eine höchste Form der Landschaft, die wie Musik wirken, weil sie Harmonie sind, eine reinste, notwendige Zusammenfassung der Natur in ein geistiges Bild. Ihr Ruhen, ihr Sein bedeutet ihre Schönheit. Man wünschte sie immer schlafend, ohne Menschen, ohne Wachstum und Werden, eher noch abbröckelnd, zurücksinkend in das Zeitlose und Unbelebte. Florenz ohne Fremde, ohne geschäftige Menschen; deutsche Kleinstädte, wenn sie ganz stille sind, mit Mondsilber über den schlafenden Dächern, sie sind am wunderbarsten, wenn sie traumhaft werden, reine, lautlose Bilder. Die Schönheit der amerikanischen Städte liegt in ihrer Wirklichkeit, ihre Gewalt im Lebensrhythmus. Sie sind Verhöhnungen, Vergewaltigungen der Natur; aber sie haben den Rhythmus der Masse, den beseelten Atem des Menschen. Am Sonntag, wenn dieses schwarze Blut ihren Adern fehlt, sind sie tot, kalt, häßliche, nackte Steinbrüche, sinnlose Ansammlungen geschichteter Massen. Doch in den Tagen der Arbeit klingen sie in einem wilden Takt, von einer barbarisch grandiosen Musik, die wie ein Triumphgesang auf den Menschen tönt: sie bezeugen mit einer uns unbekannten und erschreckenden Gewalt ihre schwellende Lebenskraft. Ein wunderbarer Rhythmus des Lebens geht von ihnen aus. Hier in New York klingt er vielleicht am lautesten. Denn hier ist das äußerste Ende des neuen Landes gegen die Alte Welt; hier gischtet am wildesten die Menschenflut ineinander. Und dieser Rhythmus von New York ist schon die erste Manifestation des ganzen amerikanischen Lebensgefühles: wer ihn fühlen kann, versteht auch den hochgespannten Willen, der in allen Nerven dieses unermeßlichen Landes vibriert.

Zuerst habe ich diesen Rhythmus auf Brooklyn-Bridge gefühlt. Dieser gigantische Bogen, der – ein zierliches Netzwerk von der Ferne – in jenen gewaltigen Massen, die einen am ersten Tag erschrecken und die man nach einer Woche schon wie selbstverständlich fühlt, zwei Millionenstädte verbindet, scheint wie ein Symbol der Festigkeit. Man steht auf der Höhe des Brückenbogens wie auf dem Gipfel eines Berges und mißt mit Bewunderung eine weitgebreitete Landschaft. Rechts und links je eine ungeheure Steinmasse mit zackigen Spitzen, den Wolkenkratzern, von beiden Seiten rauscht ein Murren vielfältiger Geräusche. Zwischen ihnen, tief unten, der breite Strom, gerade im Augenblick, da er Bucht wird, und das Meer. Eine Jagd von Schiffen zittert darin: kein Feld ist so gepflügt wie dieses Wasser, ununterbrochen graben Kiele die graue Flut auf. Von Ufer zu Ufer rufen sich die Ferryboote Worte zu, die Züge heulen ihnen entgegen, große Dampfer vom Ozean schieben sich feierlich in das wilde Getümmel. Keinen Augenblick ist Ruhe: wie an Fäden herausgeschnellt, zucken immer neue Schiffe heraus aus den Docks, keine Sekunde ohne Ruf oder Antwort in diesen unverständlichen Lauten.

Man möchte ruhig all das betrachten: aber der Blick wird verwirrt. Rechts saust hier auf der Brücke ein Zug heran, ein zweiter über einem, links zischt ein Automobil vorbei, hier mitten auf der Brücke ist man wie zwischen den Geleisen eines Bahnhofes. Dazwischen strömen Menschen, diese Brücke ist Eisenbahn, Straße, Fahrweg zugleich, fünfzig Wagen trägt sie in einer Minute, sie klingt von Lärm, mitten auf steiler Höhe, gewölbt über einem Fluß, steht man auf einem Kreuzweg von zehn Straßen. Und das setzt nicht eine Sekunde aus, die Wagen sausen einander nach, als wollten sie sich zerschmettern, immer mehr Menschen drängen herüber, hinüber.

Irgendein leises Gefühl von Schwindligkeit überkommt einen, man faßt das Geländer. Und da – es ist ein merkwürdiger Moment – spürt man: es schwingt einem unter der Hand. Man tastet nochmals. Und wirklich, es schwingt; schwingt ununterbrochen, manchmal stärker, manchmal schwächer, aber stets in gleichem, nie aussetzendem Rhythmus. Von früh bis nachts, von nachts bis früh schwingt diese ungeheure Brücke, deren stählerne Kraft und Wucht gar nicht zu beschreiben ist, wie eine dünne Saite von der menschlichen Masse, seit Jahren vibriert sie so von der elektrischen Spannung dieser Stadt. Dieser Strang, der die zwei Millionenbündel New York und Brooklyn als Nerv verbindet, zittert beständig in jedem Molekül, und jeder, der hier oben steht, schwingt mit von der Erregung der fremden Masse. Hier habe ich zum erstenmal den Rhythmus von New York gespürt.

Und dann hinein ins Herz der Stadt, um noch stärker ihren Schlag zu fühlen. Man will in die Untergrundbahn, versucht noch zu fragen, ob es die rechte ist, aber hier hat nur die Masse ihren Willen und biegt jeden einzelnen entzwei. Es gibt da kein Stehenbleiben, man ist in irgendeinen Wagen geschoben, weiß gar nicht von wem, eine Kette klirrt, ein Verschlag fällt nieder, und dann saust das Geschoß mit den hundert, zweihundert Menschen in das Dunkel des Tunnels. Manchmal hält es an, Menschen werden herausgeschwenkt und hineingeschüttet wie in ein Gefäß, und noch strudelnd im Durcheinander sausen sie weiter. Endlich am Broadway. Man ringt sich heraus aus dem Knäuel Menschen, in den man geknetet ist, und klettert hinauf zur Straße.

Diese Stationen der Untergrundbahn haben hier in New York durch die Masse der Menschen etwas von der Kontinuität einer

Naturgewalt. Jeden halben Kilometer ist so eine schwarze Quelle an der Straße und speit trüben Schwall von Menschen herauf, die sie, von weiß Gott welchen Entfernungen, herholt, und daneben ist ein anderer Schlund, der sie wieder einschluckt. Man kann Stunden stehen und keine dieser beiden Quellen, die aufschäumende und die niederstürzende, versiegen für einen Augenblick.

Man blickt um sich, im ersten Aufschauen verwirrt durch das Getöse, und findet sich mühsam zurecht. Denn dieser Broadway ist vielleicht die merkwürdigste Straße der Welt. Er teilt die ganze langgestreckte Halbinsel entzwei, beginnt hoch oben, zwischen den Feldern noch, strömt als breite, ebenmäßige Flut hinab gegen das Meer. Und da plötzlich, knapp ehe er sein Ziel erreicht, wird er zur Schlucht. Er drängt sich zusammen, die Häuser türmen sich links und rechts wie überhängende Felsen zusammen, man kann nicht mehr aufschauen zu ihnen. Immer höher werden sie, zwanzig, dreißig Stockwerke, und unten wird der Menschenschwall, je näher man zu dieser Tiefe kommt, immer hastiger. So wie ein Gebirgsstrom an einer Enge zum Wirbel wird, so ballt sich auch hier die Masse, der Lärm wird Getöse, es gibt kein Vorwärts und Rückwärts mehr, nur eine wirre, kreiselnde Bewegung. Man hat das Gefühl ganz verloren, selber zu gehen: man ist nur Brandung dort an jener Ecke von Wallstreet gegen die aufgetürmten Mauern. Die Tramways und Wagen bleiben wie Felsblöcke in einem Wildbach für Minuten aufgestaut, nichts hilft ihnen, nicht das Hämmern der Glocken und alle Rufe. Erst eine neue Welle wirft sie ein Stück weiter, und wieder dann stocken sie in der Flut.

Hier wird die menschliche Masse Naturgewalt und ahmt ihre Bildnerin nach. Und das ist das Geheimnis dieser barbarischen und zuerst befremdenden amerikanischen Städte, daß sie sich nicht einem landschaftlichen Plane unterordnen, sondern selbst elementar wirken wollen. New York ahmt unbewußt das Gebirge nach, das Meer und die Ströme. Sieht man die Stadt von fern am Abend, so scheint sie eine zerklüftete, nackte Gebirgskette, etwa wie der Montserrat mit jähen Schroffen und Zinken. Und diese Menschenflut in ihren Straßen wieder ist wie das Meer geregelten Gesetzen untertan: auch hier ist Ebbe und Flut; morgens strömt die Welle der Menschen herab, abends ergießt sie sich zurück in einer einheitlichen, geschlossenen Masse, der kein einzelner widerstehen kann. Die ganze Stadt, die ganze Insel scheint zu beben unter dieser gleichmäßigen Bewegung, diesem leisen, elektrischen Zittern, das immer die Entladungen der Kräfte begleitet. Allgegenwärtig ist diese Unruhe. Man spürt sie unten auf der Straße genau wie oben in den Türmen der Häuser; es zittert hier von der Schwelle bis zum First, und in geheimnisvoller Übertragung strömt diese Vibration über in die Nerven der Menschen, die feinsten Verästelungen des Gehirns. So wie man auf einem Dampfer jede Sekunde das Hämmern der Schraube fühlen kann, die das ungeheure Schiff durch die Flut preßt, so spürt man hier unentrinnbar den pulsenden Herzschlag der Stadt, den Akkumulator der gesteigerten Kräfte, den wilden, heißen Rhythmus von New York.

Unmöglich, sich diesem Rhythmus zu entziehen, ruhig, teilnahmslos zu bleiben in dieser Frenesie der Masse. Man versuche es, am Broadway zuzuschauen, stehen zu bleiben oder gar eine photographische Aufnahme zu machen: im Nu ist man zur Seite gestoßen, weggedrängt, weitergeschwemmt, wieder eingeordnet in die allgemeine Bewegung. Für Ruhe ist hier kein Raum: diese Stadt denkt nicht daran, einem Rast zu geben. Man fühlt das so recht, wenn man von Paris kommt. Im Februar, mitten im Winter, schoben sich dort an jeder Straße die runden Tische mit Sesseln und Bänken vor den Kaffeehäusern heraus; jede Ecke war eine Ladung zum Sitzen, zum Rasten, zum Zuschauen. Und folgt man der Lockung, so bereut man es nicht, denn wie an einem unendlichen Film rollt sich dann der Kinematograph der Straße vor einem auf als Schauspiel für den Betrachter. New York hat keine Gelegenheit, keinen Raum für den Zuschauer, den Untätigen. Nichts ist hier für Rast, für Ausblick eingerichtet. Die

Häuser haben keine Balkone, die Squares nur wenige Bänke, und selten sieht man jemanden darauf ausruhen; die Restaurants der Geschäftsstadt sind nur für Eilige eingerichtet, manche haben gar keine Tische, nur kleine Sessel, wie eine Bar, und die Menschen, die hier ihr Essen eilig hinabwürgen, sind gleichzeitig noch anders beschäftigt, sie lesen Zeitung oder verhandeln. Der Bummler hat hier keinen Raum, der Rhythmus schwemmt ihn weg wie ein abgefaultes Holz. Diese Unruhe des Tages dringt bis in alle Kreise: selbst die Untätigen, die Frauen der vornehmen Kreise, sind hier immer beschäftigt, Sport und Mode hetzen sie hin und her, unablässig sieht man sie in ihren Automobilen die Straßen entlang sausen. Selbst in den Museen ist hier ein Betrieb: in den Sälen werden Vorlesungen gehalten. Die ruhige Betrachtung scheinen die Menschen hier nicht zu kennen. Man muß am Schiff oder in den Bahnen gesehen haben, wie die Männer hier unter ein paar Stunden gezwungener Untätigkeit leiden, wie hilflos, unerfahren sie sind im Nichtstun, wie sie in jeder Station nach Zeitungen rennen, spielen und rauchen, alles aus jener merkwürdigen Unruhe heraus, die schon in ihr Blut eingedrungen sein muß. Und wirklich, auf einmal findet man sie in sich selbst, hat ein Gefühl der Hochspannung: man möchte hier nicht leben ohne eine ständige Arbeit, die einen von früh bis nachts in ihren Umschwung reißt. Selbst der Fremde ist hier einer Arbeit verfallen: trotz aller Müdigkeit hetzt man weiter, noch mehr zu sehen, mehr Menschen, mehr Straßen, unbewußt paßt man sich schon dem Rhythmus an. Und man rastet in den Straßenbahnen: also auch in Bewegung.

Die zwingende, unentrinnbare, allgegenwärtige Gewalt dieses Rhythmus ist mir das Unvergeßlichste von New York. Hier ist schon eine Vorahnung jener Energie gegeben, die Amerika beherrscht, das Land, das in hundert Jahren den Weg zurücklegen will, zu dem Europa zwei Jahrtausende gebraucht hat, und darum so hastet, so gierig, so mit verbissenen Zähnen vorwärts will. Der Rausch der Geschwindigkeit, den man bei uns im Sport empfindet oder bei der Automobilfahrt, ist hier das Lebensgefühl eines ganzen Landes. Europa ist wie ein Strom, der schon sein Bett gefunden hat und nun in gemächlichem Hinrollen Muße findet, die ganze Welt und den Himmel in Kunst und sanftem Genießen zu spiegeln. Hier ist noch die Unruhe des Unerreichten, der Durchbruch der gestauten Kraft in unbekannte Ufer: wer Urkräfte liebt, kann sie hier ungestüm und barbarisch sich entfalten sehen.

Am Abend verlischt plötzlich dieser Rhythmus, er bricht zerknickt in sich zusammen. Man war im Theater gewesen, bei ›Parsifal‹, der hier räuberischerweise gegeben wird, bei Maeterlincks ›Blue Bird‹ oder Bahrs ›Konzert‹, und wie man dann auf die Straße tritt, fühlt man sich auf einmal in fremder Umgebung. New York scheint versunken zu sein, und man muß an die Magnetstadt aus ›Tausendundeiner Nacht‹ denken, die ganz aus stählernen Platten gebaut ist, stumm, kalt, mit zu Schlaf erstarrten Bewohnern. Die Menschen, die dunkle, grollende Masse ist fort von den Straßen, die jetzt kaltes, häßliches, schwarzes Gestein sind, und die Stille tut einem fast weh. Auf den Dächern springen noch die Leuchtplakate, so wie letzte Funken aus der Asche springen, ehe alles auslischt. Nichts Häßlicheres als New York im Schlaf, New York ohne Menschen.

Und plötzlich spürt man da auch in sich jenes Niederbrechen der Energie: während in anderen Städten mit der Nacht einen Unruhe überkommt, jetzt erst sie aufzuspüren bis in die dunkelsten Ecken, sie zu beschleichen in ihrem Schlaf, fühlt man hier nur das Blei in den übermüdeten Gliedern. Hinauf in das Zimmer, irgendwo im elften Stock, schlafen, ausruhen, ruhen mit der Stadt, nachdem man mit ihr gefiebert. Ein Blick vom Fenster noch. Wie seltsam ist dies! Der Himmel hoch oben ist verhangen von Dunst und Dampf, aber da unter einem scheint ein anderer zu sein. Von vielen fernen Fenstern blinkt es her wie Sterne, seltsame Leuchtkegel, schimmernde Milchstraßen zittern auf diesem Firmament. Auch hier, noch im Schlaf, ahmt diese Stadt die Natur nach, die gestirnte Himmelsdecke, und jetzt, jetzt auf einmal hört man auch noch ein leises Tönen von unten. Wie Meer, wie Flut, wie Brandung klingt es von unten in ebenmäßigem Rauschen herauf. Man beugt sich vor: ist es wirklich das Meer, das ferne? Nein, nur die Maschinen rauschen so von einem Hof herauf, die hier in diesen Riesenhotels tausendfache Arbeit verrichten. Die bleiben noch wach, ewig wach wie die Elemente, wenn die Menschen schon schlafen, und während die Stimmen ruhen, brauen sie aus der Stille neue Kraft und neue Geschwindigkeiten, die dann morgen die Menschen mitreißen werden in ihrem Rhythmus, den unvergeßlichen Rhythmus dieser verwirrenden und unergründlichen Stadt.

Herbstwinter in Meran

Oktoberwende hat längst die letzten Trauben von den Reben gelöst, aber noch glühen die Weingärten in einem sanften und doch feurigen Licht. Blatt an Blatt leuchtet, blank und messingfarben, und immer, wenn eine sanfte Brise die zitternden umlegt, meint man sie klingen zu hören wie feine metallene Scheiben. Dunkler sieht der Herbst ins Land. Selten nur blicken mit ihren roten Kinderwangen die Äpfel durch das mürbe Gesträuch, häufiger und schneller entblättern sich die Kastanienbäume und schleudern die letzten dunklen Kerne aus der matten Umhüllung nieder, doch der Winter scheint noch immer unendlich weit. Seit Tagen ist der ernste November in das Tal getreten, aber die Landschaft lächelt ihm geruhig zu. Die Berge haben schon Schnee auf dem Scheitel, doch ihre Brust liegt noch frei und grün, und leuchtend umschnürt ihre tiefe Hüfte der farbige Gurt der Weinberge. Ganz weit scheint der Winter noch. Nur die Höhen, die weiter in die Ferne schauen, scheinen ihn bereits erspäht zu haben, das Tal freut sich noch der Sonne und wird nur feuriger in den herbstlichen Farben. Wie brennende Büschel flackern einzelne Bäume rote Warnung ins Land, rostfarben leuchten die Stämme, und das heitere Gelb der welken Blätter mengt sich fröhlich ins dunkle Grün der Matten. Unwandelbar aber schließt oben der blaue Himmel mit einem weiten, voll ausgespannten Klang den bunten Reigen der Farben. Es ist ein Herbst ohne Ende, ein Herbst ohne Bitterkeit, der hier langsam Winter wird und – man fühlt es schon – ein milder geruhiger Winter, ohne Härte und Harm.

Es ist mir nicht neu, das vielfältige Farbenspiel dieser Landschaft. Oft hab' ich sie schon so gesehen im Zauber des Übergangs, immer beglückt und immer neu begeistert. Aber immer nur wie etwa ein Maler es sehen mag, froh der Reinheit der Luft und der seligen Klarheit der Farben und fraglos hingegeben im sanften Genießen. Doch heute lüstet es mich, diese Schönheit nach ihrem Sinn zu fragen, denn es gibt Stunden, da der Genuß eine Rechenschaft fordert und selbst die Beglückung noch ihren Sinn. Ich sehe in ihre heiteren Züge hinein und frage das eigene Herz, noch heiß im Entzücken, warum gerade ihr diese seltsame Macht gegeben ist, so reine Beruhigung in mir auszubreiten und von ihrer sanften Heiterkeit einen Widerschein in mich zu streuen. Ich weiß gewaltigere, gekrönt mit den heroischen Insignien großer Vergangenheit, Landschaften, die das Meer zu ihren Füßen haben, das unendliche oder einen See, ständig das Bild ihrer Anmut zu spiegeln, Landschaften, die wie urweltliche versteinerte Gedanken sind, Tragödien aus Fels und Wald. Ich sehe sie an, suchend, an hundert Stellen ihre Schönheit zu fassen, und nichts Einzelnes gibt Antwort. Denn nichts in ihr ist eigentlich sonderbar oder einzigartig, nichts reißt herrisch den Blick an sich, freundlich läßt ihn eine Linie in die andere fließen. Und diese Harmonie des Überganges ist ihre Magie. Denn alle Elemente der Schönheit sind nicht nur verteilt im Meraner Tal, sondern auch vereint. Sie hat Größe und Gewalt, diese Landschaft am Fuße der nordischen Alpen, aber eine, die nicht drückt und beschwert: schieben sich die Berge in ihren Rücken wie zornige Falten auf der Stirn eines Giganten drohend zusammen, scheint von allen Seiten Begrenzung dem Blick zu drohen, ihm im Sinnbild die eigene warnend zu zeigen, nach Süden tut sich die verschlossene Landschaft unendlich auf, ein sonniges Tal führt den Blick, den befreiten, heiter fruchtbare Felder ins Ferne entlang. Sie ist großartig, diese Landschaft, und doch nicht streng, ihre Nähe schön und ihre Ferne erhaben. Ihr felsiger Bau beängstigt nicht wie etwa eine verschlossene Gebirgslandschaft, deren schroffe Felsen sich einem schließlich um das Herz bauen, ihre Weite ermüdet nicht, weil sie nicht flach ins Ferne rinnt, sondern überall den Höhen sich verkettet. Alles ist Übergang in diesem Anblick. Die Stadt selbst, uralt, mit ihren Laubengängen und Herrensitzen und doch geschmackvoll in den neuen Villen und Burgen fügt Vergangenheit und Gegenwart in eine gesellige Gemeinsamkeit. Weiß und doch schon grün durchädert von den Parken und Anlagen, klettert sie langsam in die Wiesen und

Weinreben hinein, die selbst wieder aufsteigend hinschwinden in den dunkeln Wald. Dieser wieder verliert sich klimmend in den Fels, dessen Grau mählich mit dem kühlen Weiß des Firnenschnees sich überstäubt, und diese höchste zackige Linie wiederum zeichnet sich rein ins unendliche Blau. So klar und rein entfaltet sich hier der Fächer der Farben, nichts befeindet sich, alle Gegensätze sind harmonisch gelöst. Norden und Süden, Stadt und Landschaft, Deutschland und Italien, alle diese scharfen Kontraste gleiten sanft ineinander, selbst das Feindlichste scheint hier gesellig und vertraut. Nirgends ist eine brüske Bewegung in der Landschaft, nirgends eine zerrissene abgesprengte Linie: wie mit runder, ruhiger Schrift hat die Natur hier mit bunten Lettern das Wort Frieden in die Welt geschrieben.

Meisterschaft des Überganges: das ist die Gewalt dieser Südtiroler Täler. Und nicht nur in der Struktur in ihrem eigenen Leben ist der Wandel der Erscheinung bezwungen, auch der Umschwung der Jahreszeiten, der Himmel, unter dem sie ruhen, scheint gebändigt von ihrer beruhigenden Gewalt. Die Jahreszeiten, die vier feindlichen Schwestern, hier halten sie sich noch friedlich Hand an Hand, leise umwandelnd im Reigen. Sie stoßen sich nicht zornig weg, eine der anderen den Platz zu rauben, sondern geben sich wie einen bunten Ball diese Welt weiter im heiteren Spiel. So weiß ich's nicht zu sagen, ob jetzt noch Herbst ist oder Winter schon, fast vermeint man, Höhe und Tiefe, Fels und Tal hätten sich hier geeint, beide gleichzeitig zu empfangen. Oben auf den Firnen glänzt schon der Schnee, auf wilden Stürmen sprengt der Winter durch die Tannen hin, indes unten das Tal in durchsonnter Luft golden funkelt und einen südlichen Sommer, eine ewige Jugend zu den grauen Felsen emporspiegelt. Und im Sommer wiederum, wenn der Juli im überhitzten Kessel der Tiefe brodelt, glänzt oben auf dem Vigiljoch und der Mendel ein heller Frühling durch die fast winterlich kühle, würzige Luft. So mildert hier immer die doppelte Welt das Übermaß der Jahreszeiten durch die nachbarliche Gegenwart der anderen, und selbst an einem einzigen Tage, im Kreise weniger Stunden, vermag man hier beide zu empfinden, den Winter am Morgen, den Frühling zu Mittag, wenn die Sonne den weißen Reif weggetrunken und ihre freundliche Wärme über das Tal gebreitet hat. Geschwisterlich sind hier die Jahreszeiten. Wie auf einem antiken Bild, geschmückt mit den bunten Allegorien der Früchte, wandeln sie dahin und verstatten das freundliche Wunder, ihnen vereint zu begegnen.

Dieses Wunder hat die Landschaft von Meran vollbracht dadurch, daß sie den Störenfried verbannte, den Wind. Denn der Wind ist es allein, der die Jahreszeiten gewaltsam trennt, der ihren ruhigen Reigen jäh auseinanderreißt. Wie oft hat mans im Norden erlebt; nachts haben die Fenster geklirrt, ein Heulen war in den Straßen, ein Stöhnen von verzweifeltem Widerstand, ein Schreien und ein Kampf, und erst am nächsten Morgen wenn der Schnee weiß über den Dächern liegt, wußte man's, der Herbst war entführt worden für ein ganzes langes Jahr, weggerissen von unsichtbaren Ketten. Und so gewalttätig stürzt der Sturm den Frühling wieder über den Winter und den Winter wieder über den Herbst. Mit einem Ruck reißt er den schlotternden Bäumen ihr gelbes Gewand ab und streut es in die Ferne, mit jähem Stoß schleudert er den Schnee von den Bergen, daß die Flüsse aufschäumen und rasend ins Tal rollen. Weggepeitscht in wildem Erschrecken entflieht vor ihm jede Jahreszeit, man erschrickt und staunt unvermutet über das neue Antlitz der Erde und ist befremdet, ehe man sich gewöhnt. Hier aber wehrt die Landschaft mit hohen Schultern seinem zornigen Ansturm. Nicht plötzlich ist der Übergang, sondern unmerklich zart, fast wie Musik. Jeden Tag spannt die Sonne jetzt etwas enger ihren Bogen, jede Nacht entsaugt der Frost den Blättern einen Tropfen grünes Blut. Erst beginnen sie zu gilben, dann rosten sie zu einem bräunlichen Rot, dann erst schrumpfen und welken sie, um schließlich, wenn sie ganz schwach und müde sind, schläfrig vom Baum zu taumeln und auf die Erde zu sinken in sanftem kreisenden Flug. Aber sie wehen nicht fort, sondern sinken nur matt zu den Füßen und umscharen weich den entlaubten Stamm, als wollten sie mit ihrem welken Laub noch die Wurzeln für den neuen Frühling wärmen. Und so wie jedes einzelne Blatt hat auch die ganze Landschaft hier ihr volles Farbenspiel und verstattet, daß man den Herbst, den Winter nicht wie eine Überraschung empfinde, wie einen Überfall, sondern geruhig wie ein Schauspiel genieße. Frucht auf Frucht fällt hin, Farbe um Farbe lischt mählich aus, aber niemals legt sich der Schnee weiß und tot zwischen Welken und Blühen, und dem Absterben nähert sich schon der Neubeginn. Unentwegt hält der Efeu aber dazwischen überall seine grüne Wacht bis zum Frühjahr, bis die Farben wieder zart einsetzen. Keine Pause ist hier im anregenden Spiel der Farben und des Lichts, nur Übergang, eine sanft anklingende und sanft wieder abschwellende Harmonie.

Dies ist das eine Geheimnis ihrer Schönheit, die Feindschaft mit dem Wind, und das zweite ihre rege Freundschaft mit der Sonne. Meran lebt vom Licht, und man fühlt's nie stärker als an einem Regentag, wenn plötzlich all ihre heiteren Züge wie in Tränen untergehen und die Ferne wolkig ihr Haupt verhüllt. Die Farben leuchten dann nur stumpf, wie durch eine Mattscheibe, die Menschen mit dem regen Bunt ihrer Gewandung verbergen sich in den Häusern, der Sinn der Stunden ist verwirkt, man findet seine innere Beziehung zu der gestern noch so nahen Schönheit nicht mehr. Meran lebt nur im Licht. Denn die Sonne hat hier eine seltsame, fast mythische Macht: sie zählt die Stunden, sie gliedert den Tag, sie nährt die Kranken mit Hoffnung und die Früchte mit heißem Blut. Erst wenn sie aufglänzt, beginnt der Tag, wenn sie niedersinkt, ist er vorbei. Mit glühendem Zirkel mißt sie die Stunden zu, breiter im Sommer, enger im Winter, immer aber geregelt und genau, und jeder mißt seine Zeit an ihr. Ist man ein wenig eingewohnt in Meran, so kann man bald die Uhr entbehren, denn die Rosawolke auf dem Berg, die vorauseilend ihr Kommen ankündigt, deutet eine bestimmte Stunde und wieder eine der Augenblick, wenn sie mit ihrem schrägen Strahl jetzt jenes Kirchendach erreicht, und jene wieder, wenn ihr Leuchten endlich bis in die Passer niederfunkelt. Und so wieder, wenn dieses Haus in Schatten sinkt und dann jenes: allmählich verwandeln sich dem wissenden Blick alle einzelnen Punkte der Landschaft zu Zahlen eines Ziffernblattes, an dem man das Steigen und Neigen der Stunde zu erkennen vermag. Eine ungeheure Sonnenuhr ist die ganze Landschaft, und diese sichtbare Regelmäßigkeit hat einen wundervollen Reiz für jeden, der schon dem heiligen Zeichen der Himmelsuhr sich entfremdet hat. Denn wir in den Städten spüren Morgen und Abend kaum anders als im Zimmerlicht, wir wissen, daß es Nacht wird, wenn uns die Zeile im Buch zerrinnt und wir das Licht zünden müssen, und vergessen ganz die spendende Kraft, der alles Licht entstammt und die dort so unablässig sinnlich gewärtig ist. Hier dämmert der Morgen nur müßig hin bis zum Augenblick, da sich die Sonne von den Bergen nieder ins Tal getastet hat. Dann erst wird sie wach, die Welt, mit einem Male sind Menschen auf den Straßen, Musik sammelt sie auf der Promenade und in den Gärten, denen das Licht mit raschem Finger die Feuchte des Frostes abstreift und die sommerlich plötzlich leuchten, als wollten sie noch einmal aufzublühen beginnen, mit Blumen und Früchten. Alles drängt sich heran, Sonne zu trinken, die ganze Stadt ist ihr gleichsam zugewandt, südwärts halten die Häuser ihre Balkone und Terrassen entgegen, auf denen, großen Sonnenblumen nicht unähnlich, das Rund der Schirme über den Kranken wacht, die Helligkeit der Landschaft wird doppelt in jedem Blick, und die letzten Nebel fliegen als weiße Wolken leuchtend in den Himmel hinein. Nur wenn die Sonne hier wach ist und nur solange sie das Tal mit ihren warmen Wellen badet, dauert hier der Tag. Goldene Kugeln, glühende und große im Sommer, mattblinkende und kleine im Winter, rollen diese Sonnenstunden von Berg zu Berg, das ganze Leben in vielfaches Spiegelbild einschließend, rollen es aus Nacht wieder in Nacht zurück. Sinkt die Sonne hinter dem Berg, so fällt die Dämmerung kühl und rasch wie ein feiner, grauer Aschenregen. Alles wird anders. Die Luft, die von der Sonne durchfiltert, weich und golden sich anfühlte, wird plötzlich schneekühl, die Farben erlöschen und die Menschen verschwinden. Immer ist hier in der Dämmerung eine Viertel-, eine halbe Stunde gleichsam des Erschreckens, ein Niedersturz ins Dunkle, so plötzlich und überraschend, wie wenn man in einem Eisenbahnzuge aus dem Betrachten schöner, sonniger Landschaft plötzlich in einem Tunnel sich alles entrissen fühlt und mit befremdeten Augen in eine unerwartete Nacht starrt. Aber Beruhigung beginnt, sobald die Lichter in den Häusern zu funkeln anheben und, wohnt man auf der Höhe, so ist es unbeschreiblich schön zu sehen, wie das tiefe Tal nun von tausend Funken durchglüht ist. Ein Sternenreigen, flirren sie unten in der Tiefe, dazwischen die kleinen Monde der elektrischen Bogenlampen und matt glänzend in ihrer Mitte wie eine Milchstraße die schäumige Passer. Wie ein Spiegel hält unten der irdische Sternenhimmel dem Unendlichen sein Bild zurück, eine Welt ahmt die andere nach, und oben am Rande der Berge funkelt manches Licht der Höhe schon frech in das Ewige hinein. Nun erst fühlt man in dieser Landschaft, deren heiterer Sonnenblick tagsüber nur Milde offenbart, die innere Strenge, nun erst in der immer tieferen Stille vernimmt man ihre Rede, das stürzende Brausen des Flusses. Sah man tags nur ihr Lächeln, nun hört man ihr Herz.

Diese wunderbare Gleichzeitigkeit aller Kontraste scheint mir das Liebenswerte der Meraner Welt, der ich mich verbunden fühle durch die Heimatlichkeit einer immer wieder erneuten Wahl. Nie wird es – ich fühle es immer mehr im Versuche – gelingen, ihre gastliche nachgiebige Schönheit jemandem zu erklären, der in der Schönheit immer nur das Sehenswürdige will, das sichtbar Besondere, die Sehenswürdigkeit, diesen Begriff der Eiligen und Unverständigen, die aus innerer Armut des Schauens Landschaften und Werke in der Presse des Ruhms zu Banknoten der Menschheit gestempelt haben. Die nicht ahnen, daß man mit einer Landschaft Freundschaft schließen kann, mit ihr Zwiesprache halten, daß man sich selber zu mäßigen vermag am bloßen Anblick ihrer Farben und lernen an der Gelassenheit, mit der sie sich dem notwendigen Umschwung der Zeiten entgegenbietet. Nichts vermag solche Beruhigung zu erklären, die oft von einer einzigen Linie eines sanft sich niederneigenden Berges, von den klingenden Halden eines schön geschwungenen Berges einem bis ins Blut strömt und in weiterer Verwandlung selbst Entschlüsse und Gedanken freundlicher formt. Aber ich glaube, unbewußt bildet sich in den Jahren fast in jedem Menschen schließlich eine Vorliebe für eine bestimmte Gegend, die sicherlich mehr bedeutet als gemeine Zufriedenheit mit Wohnung und Klima. Man spürt, daß die Landschaft, die mit solcher Beharrlichkeit einen verlockt, doch des eigenen Charakters unruhige und fließende Form schon in festem, darum aber nicht regellosem Bilde innehabe und freut sich, seine eigene fließende Existenz irgendwo in ewigem Bilde versteinert zu sehen. So liebe ich diese Meraner Welt mit an den Jahren nur gesteigerter Sehnsucht, von ihr zu lernen, die notwendige innere Zwiespältigkeit des Lebens sich durch Harmonie zu lösen, und selbst hier in der Stadt, der himmellosen und bedrückten, ist es mir oft Beruhigung zu wissen, daß dort unten dieses Leben, in dem ich durch Liebe und Hingabe viel von mir gelassen habe, so heiter weiterblüht, wie vielleicht in mir selbst irgendein innerer Trieb unter aller Verwirrung und Geschäftigkeit. Fern von ihr spüre ich ihre ruhige Gelassenheit noch nachklingen in meinem Blut, und wenn hier die Stadt sich zusammenkrampft unter der Faust des Winters und im Nebel die Sterne erlöschen, mühe ich mich manchmal, zum Trost innen ihr Antlitz zu schauen, wie es jetzt unten im leisen Mittagslicht sich milde hineinlächelt in den Winter und mit Schnee auf den Firnen doch vom nahen Frühling träumt.

Unter der »Flagge des Kriegsarchivs«

Reisen im Ersten Weltkrieg: Galizien und die Schweiz (1915–1918)

An Franz Karl Ginzkey

Wien, 12. Juli 1915.

Lieber Freund Ginzkey!

Ich danke Ihnen sehr für Ihren Brief und Ihre Karte, die ich heute mit Schreibmaschine beantworte, weil ich etwas Eile habe. Diese Eile werden Sie sofort begreifen, wenn ich Ihnen, dem Erstaunten, erzähle, daß ich übermorgen nach Tarnow, Przemysl, Lemberg, Stryi, Drohobycz, Ungvar etz. [!] fahre und zwar unter der Flagge des Kriegsarchivs. Ich habe nämlich für das bekannte Buch den Teil über die russische Invasion im politischen Sinne zu schreiben und erklärte (was auch vollkommen stimmt), daß ich Zerstörungen, Verwüstungen etz. [!] nicht schildern könne, unzweifelhafte Nachrichten nicht übernehmen wolle, ohne sie kontrolliert zu haben und daß es daher unbedingt notwendig sei, daß ich persönlich die Dinge in Augenschein nehme. Da gleichzeitig im Kriegsarchiv die russischen Proklamationen und andere Dokumente der Invasion gesammelt werden sollen und jemand das an Ort und Stelle doch veranlassen muß, so wurde mein Angebot glücklich angenommen, umsomehr als es dem Kriegsarchiv ja nicht finanziell zur Last fällt. Ich werde also zehn Tage ungefähr im schwärzesten Galizien meine Wege wandeln und hoffe, wirklich etwas Gutes davon heimzubringen.

Ich lese jetzt jeden Tag mit Neugier die Presse und warte auf Ihre weiteren Nachrichten. In Innsbruck in der Stille werden Sie ja wohl einiges ausgearbeitet haben. Daß Sie viel gesehen haben, zweifle ich nicht einen Augenblick. Da ich jetzt hinauffahre, bitte ich Sie, sich nicht zuviel um meinen seinerzeitigen Wunsch zu bemühen. Eine Front ist ja wie die andere und wenn ich diese gesehen habe, bin ich eigentlich zufrieden. – Bei uns ist alles unverändert. Wir gedenken Ihrer alle herzlichst und freuen uns Ihrer Wiederkehr, ohne Ihnen darum eine schöne eindrucksreiche Zeit durch Neid kürzen zu wollen.

Viele herzliche Grüße Ihres getreuen Stefan Zweig

An Raoul Auernheimer

Przemysl, 16. [=17.] Juli 1915

Lieber Freund, ich habe jetzt heiße und herrliche Tage hier in Galizien – nie waren sie voller mit Erlebnis, das freilich mit viel Mühe, Schmutz und Widerwärtigkeit bezahlt wird. Aber dieses Vorfluten der Massen, Tag und Nacht, Stunde um Stunde, zur Front, dieses Gehen ohne Stocken, diese ungeheure Weltuhr, die von Zeit zu Zeit nur ihre dumpfen Schläge hören läßt, aber immer geht, Tag und Nacht[,] ist etwas so Ungeheures und Reiches, weil über alle Vorstellung. Dadurch daß ich im Dienst reise, bin ich mitten drin, dadurch, daß ich offene Ordre habe, frei jedes Beförderungsmittel zu wählen (eben fuhr ich auf einem Trainzug hoch oben aufgepackt wie die Burschen auf einem Heuschober.) Und dazu Galizien, tragisch und schön zugleich! Jetzt geht es weiter vorwärts

Ihr
Stefan Zweig

An Arthur Schnitzler

[Przemysl, etwa 17. Juli 1915]

Lieber verehrter Herr Doktor, ich habe in diesen galizischen Tagen Unendliches gesehen: den ungeheuren Gang dieser gewaltigen Centripetalmaschine, die alle Kraft eines Reiches mit Wucht nach aussen schleudert und dann eine tragische aber doch schöne Welt, Galizien. Ich werde Ihnen viel zu erzählen haben.

In Verehrung getreu Ihr

Stefan Zweig

Aus den Tagen des deutschen Vormarsches in Galizien

Lemberg war gefallen, und Wien hatte es an einem unvergänglichen Abend gewußt. Von Haus zu Haus flatterten sich die Fahnen zu, winkten sich die Menschen entgegen, und abends auf der Ringstraße formten sich Zehntausende zur gewaltigen Masse, *ein* Leuchten und Glühen war an diesem Abend die ganze Stadt. Begeistert fühlte hier ein Volk den Sieg mit gewaltigen Schwingen über sein Land rauschen und fühlte beglückt und ungewiß, daß er sich noch nicht niedersenken wolle, müde und matt, sondern weiter aufschweben, höher und ferner über die ganze Welt.

Bald nach diesen Tagen war ich im Auftrage des k. und k. Kriegsarchivs nach Galizien gesandt worden, und Ungeduld dehnte mir die Reise. Ich war niemals dort gewesen in diesem Kronland, und innerlich verzehrte michs, für die Namen, die uns allen eingegraben waren von Gericht und Sieg, für Tarnow, Gorlice, Grodek, Przemysl, Lemberg das Lebendige einzutauschen, die beseelte wirkliche Anschauung. Nachts hatte ich Wien verlassen mit einem Militärzug, der von Heiterkeit und Gesang widerhallte, und morgens war es schon fremde Welt vor dem Blick. Leeres flaches Land, aber schön, wogig gefüllt mit reifendem Getreide, ein Sommerglanz, der nichts mehr wußte von Kampf und Not. Langsam fuhr der Zug weiter von Krakau in die galizische Ebene, langsam, viel zu langsam für meine Ungeduld. Aber – bald war es zu fühlen – jede Meile, jeder Kilometer, jeder Schritt ging hier durch die furchtbare Furche des Krieges, wie Spinnwebe waren die eisernen Brücken zerrissen und lagen geknickt im lehmigen Wasser der Wyslocka, des San und all der andern Ströme, deren Name, einst flüchtig gelernt in den Tagen der Schule, nun in den Stunden des großen Lernens für uns geheimnisvoll, gewaltig und fast mythisch geworden war. Je heißer das Herz vorwärts wollte, näher der Stirn, dem Vorstoß des Heeres zu sein, um so langsamer fuhr der Zug. Wo immer eine Station war oder besser das Skelett, der verbrannte, hohläugige Leichnam eines Bahnhofgebäudes, da mußten wir halten stunden- und stundenlang. Es ging nicht vorwärts. Immer waren Züge vor uns, hinter uns, neben uns, wir waren nur ein einziges Glied noch in einer ungeheuren Kette, die langsam wie ein Paternosterwerk sich vor- und zurückrollte in ewigem, geduldigem Wandern. Stundenlang mußten wir oft liegen in den einzelnen Stationen, und wenn ich die Offiziere fragte, die mit uns waren, so lächelten sie. In ihrem Lächeln war ein Geheimnis, aber ein helles und heiteres, irgendeines, das froh machte, auch wenn man es nicht erriet.

Immer gab es Nachbarschaft in den Stationen. Wo unser Zug stand, warteten auch andere, mit deutscher, österreichischer, ungarischer Mannschaft bunt gemischt. Immer gabs da, wenn wir kamen und gingen, ein Grüßen, eine kurze, rauschende Explosion von Jubel. »Servus Bayern«, »Hurra Österreicher!« Jubel, Jauchzen und Scherz. Eben war wieder ein Zug eingelaufen, unendlich lang, 50 und 60 Waggons. Auf den offenen standen blank geputzt und schmuck wie Spielzeuge aus der Schachtel eines Riesenkindes die Feldkanonen, in den geschlossenen Waggons hämmerten und scharrten ungeduldig die Pferde, bei den offenen Schiebetüren saß geschmückt mit frischem Laub deutsche Kavallerie. »Woher kommt Ihr, Kameraden?« fragte einer hinüber. »Aus Frankreich«, riefs zurück. »Fünf Tage sind wir unterwegs, waren wieder einmal in Deutschland, haben die Heimat gespürt. Jetzt gehts gegen Nikolai.« Von Fenster zu Fenster gings hinüber und herüber, Grüße, Erzählungen, Scherze, lebendiger Tausch und Freude gegen Freude, Mut gegen Mut, dann pfiffs irgendwo, und einer der Züge rollte vorwärts, um bald in der nächsten Station wieder zu stehen, stunden- und stundenlang. Wieder war Artillerie da, wieder fragten wir: »Woher kommt Ihr, Kameraden?« »Aus Ungarn«, antworteten sie und erzählten vom heißen fremden Land. Aus Ungarn kamen die einen, aus Frankreich die andern und auf den Bahnen stand die Inschrift: Brügge, Courtrai oder Ypern, und mit einem Male spürt man die Weite des ganzen Krieges, wie die Deutschen das unendliche Stück Welt, das sie kämpfend und siegend umfahren, und wieder Züge, Züge, Züge, beladen mit Pontons aus frischem, lichtem, duftendem Brückenholz. Wieder lächelten die Offiziere, als sie es sahen und klopften freundlich daran. »Pontons, das ist ein gutes Zeichen«, sagten sie. Die andern lächelten zurück. »Wir sind lange genug still gelegen. Nun gehts los.«

Es ging los. Wir spürtens alle, daß sich hier etwas vorbereitete, etwas Gewaltiges, das eine unendliche Menschenwoge sich hier hob, um stürzend niederzufallen auf die feindliche Welt. Nachts in J., wo wir endlich ankamen und Schlaf suchten in einem dumpfen, engen Zimmer, nach vierzig Stunden Fahrt, beginnt es ganz plötzlich zu dröhnen. Ich springe auf und zum Fenster. Unten rollt etwas Mächtiges, wie Elefanten, Ungetüme, die mit Segeltuch überspannt waren. Aber unter der Unform spürten wir doch deutlich das Geheimnis unserer Mörser. Wie ein Gewitter schwer und drohend rollten sie durch die Gassen nach Norden und verklangen. Wieder tastete ich zurück, aber da klangs schon anders, heller, leichter, so wie die klappernden Schläge auf einem Xylophon: Reiterei, Reiterei, Reiterei. Da kamen sie schon, vier Reihen, die Fähnchen an den Lanzen, in Schritt und Trab, als gings zur Parade. Die ganze Nacht wars ein Kommen und Gehen, wie in einem Mühlbach rollte und stürzte es nach vorwärts, immer rauschend und rauschend von ewiger Bewegung: Fußvolk, Reiter, Infanterie und Train. Es rollte und rollte bis hinein in den Schlaf, und man spürte sich selbst mitgleiten, traumhaft, in die gewaltige Woge.

Und am nächsten Tage wieder auf den Bahnen, auf den Straßen immer und überall dasselbe. Immer wieder Züge lang und langsam starrend in Waffen und doch von Klingen, von Heiterkeit, eine gewaltige Karawane auf den blanken Gleisen, die vorwärts rollte einem Ziele zu. Aus allen Richtungen drängte es vorwärts, kam es und flutete in eine einzige weiter; ungeheure Kraft schien sich zu sammeln zum Stoß. Nachts ging das und Tag. Man saß mit den Soldaten in den engen Abteilen, einer gedrückt an den andern; unter dem flackernden Öllämpchen holten sie ihre

Karten heraus, spürten nach, wo sie waren, und gaben der fremden Landschaft, die da draußen vorüberrollte, dampfend in der warmen Julinacht, Namen und Erinnerung. Ungeduldig war keiner und doch alle erwartungsvoll, alle spürten wir, daß etwas Gewaltiges beginne, dem die Geschichte erst den Namen schenken müsse, daß sie, selbst sie, die kleinen, unwissenden Tropfen, Kraft in der ungeheuern [Kraft] waren, die jetzt niederströmte und die russischen Dämme sprengte. Unvergeßlich waren diese Nächte, in den Ecken lag mancher verkrümmt und schlief an den Nachbar gelehnt, dazwischen erzählten andere von Heimat und Krieg, aus dem Nachbarabteil quiekte eine Harmonika, und irgendwo, vom Ende des Zuges antwortete Gesang. Ergreifend war dieses Zuhören all dieser Lieder, deutsch, ungarisch, kroatisch, hier in der Fremde gesungen, für keinen und alle, um nur Heimat mitzuspüren auf dem Wege ins fremde, unbekannte Land.

Und dann kam eine Station, eine Stadt, da hielt der Zug, Soldaten kletterten heraus, blank wurde alles geputzt, die Gewehre zu Pyramiden gestellt. Ein paar Kommandos, dann formten sich Reihen, und es ging vorwärts, vorwärts. Eine Kolonne auf fremder Straße, bald nur eine Staubwolke und bald nur mehr Erinnerung. Schon aber landete wieder ein neuer Zug. Russische Gefangene mußten helfen, rasch die Geschütze herabzunehmen, die Pferde stapften heraus, sprangen ein bißchen herum, als wollten sie ihre Glieder proben, dann wurden sie eingespannt, und weiter ging die Kolonne, den andern nach, vorwärts, vorwärts ins Unbekannte.

Überall war es dasselbe: Fünfzig, hundert Stationen, die ich gesehen, in allen Städten, Dörfern und Straßen, dieses Vorwärtsströmen einer Richtung zu. Geheimnisvoll fühlte man sich mitgezogen. Es war, als ginge nur vorwärts dieser Weg und nicht mehr zurück, und man mußte sein Herz halten, daß es einen nicht mitzog in das Geheimnis hinein, das man spürte und immer stärker empfand, je mehr es dem Worte sich wehrte. Aber ich mußte weiter nach Lemberg, in die Stadt, wo ein eigenes Leben im inneren Kreise klopfte, innen aber blieb der geheimnisvolle Zug, die drängende Frage.

Und plötzlich acht Tage später hatte es Namen, das wundervolle Geheimnis, das ich erlebt, und gehörte der Welt. Der Vormarsch hatte begonnen nach Warschau und Iwangorod, und die da gingen auf der Straße von einem Ort zum andern, waren weiter gewandert bis tief ins moskowitische Reich. Die Mörser, die ich mit verbundenem Munde gesehen, hatten gesprochen, die Reiter waren vorgestürmt, nachgestürmt, die Pontons hatten die Weichsel überquert, alles was damals unwissend sich gerührt, hatte einem Unsichtbaren gehorcht, das wir alle ehrfürchtig gefühlt hatten wie den Gott einer großen Zeit. Und als dann die Weltuhr ihre dumpfen Schläge schlug: Warschau, Iwangorod, Brest-Litowsk, da mußte ich an das wundervolle Gehäuse mit Ergriffenheit denken, in das ich den Blick getan, an jedes einzelne Menschenrad, das da geduldig Zahn um Zahn, Schritt um Schritt seinen Weg, den gewaltigen, ging, und rückschauend erkennen, was ich erlebt und nun doppelt fühle, seit ich seinen Namen weiß und seinen Sinn verstehe.

An Raoul Auernheimer

[Wien, undatiert;
nach 16. August 1916]

Lieber Freund, Dank für Ihren Gruß aus der Ferne! Ich muß mein Herz zusammenhalten, daß es nicht neidisch wird, wenn ich an Wiesen, Felder, Freiheit und ähnliche Kostbarkeiten denke, die nun schon fast zwei Jahre meinem eigenen Leben entwendet sind. Einzige Erlösung ist mir Arbeit, die ich unwillig tue in der Angst, jede Stunde von ihr weggerufen zu werden, ich habe innerlich immer die Besorgnis daß etwas von der Ungeduld und Unsicherheit meines äußern Lebens in sie eindringen könnte und sie sprunghaft, fahrig, nervös machen wie ich selber bin, statt straff und stark, wie ich sie wollte. Manchmal habe ich Momente wo ich die Unsinnigkeit des gegenwärtigen Zustandes geistig nicht mehr fasse: daß mich, einen lebendigen Menschen irgend ein viereckiger beschmierter Zettel, der oben in einem räucherigen Amt wandelt, am Kragen fassen, mich in eine fremde Provinz über Nacht werfen kann, mir das Papier meines Werks unter den Fingern wegreißen, meine Wohnung, meine Welt mir absperren und in ein nasses Erdloch in Galizien stoßen. Wirklich, ich verstehe es nicht, ich verstand es nie (es verstehen wohl die am wenigsten, denen es just passieret, die andern schwärmen vom Stahlbad der großen Zeit) und will es nie verstehen. Hoffentlich bleibt es mir noch einige Zeit vergönnt bei meiner Arbeit zu bleiben, alles andere ist mir jetzt nebensächlich. Daß auch Sil Varas Situation recht kritisch geworden ist, haben Sie wohl gehört, hoffentlich ist das letzte Wort noch nicht gesprochen[.]

Und dazwischen in Tagebuchblättern Umschau halten, aller Freunde und Freundinnen draußen in der Welt zu denken und der Welt selbst! Was gäbe ich darum wieder in einem Schnellzug zu sitzen und das rasche Rattern der Räder unter mir zu hören (meine liebste Musik)[.] Ich hatte auf 14 Tage Urlaub gehofft und wollte die Literatur Aussees gerne mehren helfen – aber ich bekam ihn nicht. So denke ich nur von fern und bitte Sie Ihre liebe Frau herzlichst zu grüßen, Arthur Schnitzler, den Lieben und Gütigen, wie seine Frau, Mimi, die Vergeßliche, Wassermann und alle die meiner noch gedenken wollen. Ich wünsche Ihnen und mir die schöne Vollendung ihrer [!] Arbeit und ein Wiedersehn im Herbst – ein frohes Wiedersehn wag ich aus meiner Revoltestimmung nicht mehr zu versprechen. Herzlichst Ihr

Stefan Zweig

[Testament]

[Villeneuve, 28. November 1917]

Ich hinterlasse hier in der Schweiz, ehe ich wieder nach Österreich zurückkehre, das Testament meines Gewissens. Ich habe hier, unbeeinflußt vom Druck des Dienstes, frei der psychischen Depression, die in Kriegsländern unser Gehirn verdunkelt, unsre Seele unsicher macht, meine persönliche Stellung zur Anforderung des Staates durchdenken können und meine Entschlüsse sind nun unbeugsam und klar. Ich glaube, daß es Pflicht jedes Einzelnen ist, nun im vierten Jahre des Krieges auch unter stärkster persönlicher Gefahr, sein Nein zum Kriege nicht nur zu sagen, sondern es in Tat zu verwandeln. Daß mein Entschluß ein wohlbedachter und freier ist, mögen diese Zeilen erweisen.

Meine äußere Situation ist die folgende. Ich bin 1914 in den Militärdienst eingetreten und habe ihn bis 5. November 1917, weil er ein Dienst ohne Waffe war und in sich nichts zur Erweiterung oder Fortsetzung des Krieges enthielt, ja im letzten ein ganz unnützer war, ohne jeden Widerstand geleistet. Ich habe Auszeichnungen weder erworben noch angestrebt und diese Form des Dienstes dankbar empfunden, weil er mir Zeit ließ, nebenbei in dichterischer und publicistischer Form so stark für mein inneres Ideal der Verbrüderung und Allmenschlichkeit zu wirken, als es überhaupt möglich war. Die ärztlichen Befunde, welche mich immer nur zum Dienste ohne Waffe qualificierten, gaben mir das Bewußtsein, daß meine persönliche Sicherheit keine erschlichene war und ich habe niemals – im Gegensatz zu fast allen andern Dichtern Österreichs und insbesondere den patriotischen wie Hofman[n]sthal, Schaukal, Hans Müller – den Versuch gemacht, durch irgend eine vorgetäuschte Begeisterung mich dem allgemeinen Dienste zu entziehen und mir durch eine Enthebung vom Dienste meine persönliche Freiheit egoistisch zu sichern. Ich bin allen Compromissen ausgewichen und weiche ihnen auch jetzt aus, da sie sich mir in der verlockendsten

Form darbieten, da ich zu einem Vortrag über österreichische Künstler in die freie Schweiz einen Urlaub von zwei Monaten erhielt.

Nichts, außer mein gegebenes Versprechen, könnte mich nun hindern, in den Dienst und nach Österreich zurückzukehren. Ich könnte hier als Refractär verbleiben, ohne etwas für mein Leben fürchten zu müssen, ja ich bin sogar gewiß, daß diese harte aüßere Form der Absage an den Militärdienst nicht nötig wäre und ich unter irgend einer patriotischen Vorspiegelung oder durch eine vorgetaüschte Erkrankung meinen Aufenthalt bis zum Ende des Krieges hier verlängern könnte. Es erforderte dies nur Zudringlichkeit und vor allem eine Verlängerung der inneren Überzeugung, daß es jetzt nicht mehr an der Zeit ist, für ein Vaterland, sondern einzig für das Kriegsende zu wirken. Mich ekeln diese Schleichwege des Gewissens, diese akrobatischen Kunststücke einer geschmeidigen Weltanschauung, die nur bezwecken, sich selber in Sicherheit zu bringen. Nicht aus Pflichtgefühl wider den Staat, sondern aus Ekel, mich denen hier zu gesellen, die sich unter patriotischen Vorwänden in Sicherheit brachten, um dann gegen ebendies[s]elbe Vaterland mit Worten (aber nie mit Taten) zu wirken, kehre ich wieder in den Dienst zurück.

Aber ich bin entschlossen, aus meiner innersten Überzeugung heraus und nach eingehendster Beratung mit meinem Gewissen, nur insolange Dienst zu tun, als ich nicht genötigt werde, Waffen zu tragen und von ihnen Gebrauch zu machen. Ich halte im Sinne Tolstois und noch dringender in dem meiner eigenen Erkenntnis dies als das schwerste Verbrechen wider den Geist der Menschlichkeit, das wir begehen können und betrachte es als eine moralische Pflicht, den Mord zu verweigern. Diese Erkenntnis habe ich versucht in meinem Werke »Jeremias« dichterisch auszudrücken, ich bin bereit, sie mit meinem Schicksal zu bezeugen. Denn Überzeugungen ohne Gefahr sind verächtlich und ich würde mich, verweigerte ich die Tat meiner innersten Meinung, jenen gleichstellen, die mir die kläglichsten Erscheinungen dieser

Zeit sind, den Patrioten des Wortes, die sich vom Dienste und der Gefahr gedrückt haben. Ich weiß die Gefahr, der ich mit meiner Weigerung begegne und weiche ihr nicht aus.

Es ist mir fern, mit dieser Handlung andere aufreizen zu wollen. Jeder kann das Opfer seiner Überzeugung nur für sich bringen, aber eben dadurch, daß er es für sich bringt, bringt er es für alle. Wichtig ist jedoch für diese Gemeinsamkeit, daß das Opfer nicht sinnlos sei, daß es von den Gewalten der Zeit nicht heimtückisch verscharrt werde im Dunkel. Darum hinterlege ich diese Worte, damit bezeugt sei, daß nicht aus psychischer plötzlicher Furcht, aus einer Nervenkrise ich meine Weigerung biete, sondern aus Überzeugung, aus gestalteter Notwendigkeit.

Frei im Gefühl, der Wenigen als Richter gewiß, vor denen ich mich durch Bewunderung und Liebe verantwortlich fühle, bin ich bereit, meine Überzeugung zu bekunden. Ich habe nicht die Eitelkeit, Märtyrer zu werden und suche nicht den Conflict, suche nicht die Gefahr. Ich ziehe es vor, daß diese Zeilen unveröffentlicht bleiben und ich weiter in der Sphäre wirken kann, die meine wesentliche ist, in der künstlerischen Gestaltung. Ich fühle mich nicht stark genug, die Gefahr bewußt herauszufordern, ich will auch keinen aufreizen und verabscheue alle, die andere Menschen für ihre Überzeugung in den Tod oder das Gefängnis jagen wollen – sei es für die patriotische Überzeugung, sei es für die unsere. Aber ich halte meine Kraft gespannt zum Widerstand gegen die Anforderung, die ich als Verbrechen empfinde: Waffen gegen andere Menschen zu gebrauchen. Ich bin bereit zum Kampfe wider den Mord, den einzigen, der mir in dieser Stunde noch notwendig und unausweichlich scheint. Ich bin bereit und er hat begonnen, wenn diese Zeilen erscheinen – nicht als Helfer, die mich beschützen sollen, sondern als Zeugen meiner klaren Überlegung und zielbewußten Entschlossenheit.

Stefan Zweig

An meinem 36. Geburtstage
28. November 1917
Villeneuve am Genfersee

Tagebuch in der Schweiz

Freitag 4. October [1918] Die Reise von Genf nach Zürich ist wirklich eine Marter. Selbst wenn man sie unterbricht. Um ½6 Uhr aufstehen, nachts ohne Frühstück auf den dunklen Bahnhof tappen, langsame, entsetzlich überfüllte Züge und diese Proletarisierung der Existenz: immer dritter Classe als ob es keine andere gäbe, zu sparsam hier ein paar anständige Bücher zu kaufen, weil man nicht weiß, ob man sie nicht nachdem fortwirft. In Bern im Cafe gesessen und lange herumgeirrt: nichts macht mehr müde als dieses ziellose wandern ohne Ruhepunkt. Commer getroffen, er warnt mich, ist aber ungemein nett zu mir. Dann wieder weiter gerasselt bis tief in die Nacht hinein. Bei der Ankunft höre ich, daß wir nicht mehr im Belvoir wohnen, sondern schon zu Dr G. übersiedelt sind; ich bin aber so müde, daß ich kaum Zeit habe, mich im Zimmer umzusehen und gleich ins Bett falle.

[…]

Mittwoch 6 [November] Gearbeitet am Rollandbuche, von R. u. Loening angetrieben. Es ist noch immer sehr wirr in der Welt, doch scheint sich manches allmählich zu klären. Aus Österreich bessere Nachrichten, d. h. persönlich gar keine, aber aus den Zeitungen. Die Ordnung scheint, um den Preis ungeheurer Anstrengungen aufrecht erhalten zu werden. Entsetzlich die Schilderung der zurückflutenden Soldaten, die in Vorarlberg werden mit Gewalt zurückgestoßen[.] Man lebt den ganzen Tag in diesen Bildern. Entsetzlich die Schweizer, die dabei nur ihre kleine Angst um sich selber haben

Donnerstag 7 Der gute Rieger doch nicht abgereist. Er hat hier in einer Apotheke eine Stellung angenommen, was ich wunderbar anständig finde. Der Vertrag mit Deutschland für den Waffenstillstand knapp vor der Unterzeichnung, in zwei Tagen wird alles zuende sein, umsomehr nach jener Revolte in Kiel. Bei Ragaz mit dem ich mich nur im letzten verstehe, in den Dingen hinter dem theologischen Panzer. Josef B. getroffen, der mich sehr beruhigt, wir sind von der Sache gar nicht berührt.

Freitag 8. November. Historischer Tag. Ein Trommelfeuer von Nachrichten. Bayern Republik, Schweiz in Generalstreik, Ultimatum an den deutschen Kaiser, Waffenstillstandsverhandlungen – der Atem kann es kaum auffangen. Und doch innen keine rechte Kraft mehr dafür. Man ist zu müde. Das Ungeheure, man spürt es, ohne die rechte Fähigkeit zu haben, es zu fassen. Die Leute schlottern hier nur so vor Angst, es ist fast unerträglich, mit ihnen zu sprechen. Aus Österreich kein Wort.

Samstag 9 Streik wegen des Militäraufgebots. Und tragisch keine Zeitungen gerade jetzt wo man danach fiebert. Endlose Aufregung überall, man zittert jeder Secunde entgegen. Die Bürger hier aschgrau vor Angst, bebend vor jedem Wort. Gerüchte von Mund zu Mund, dabei ist das Ganze doch ein Possenspiel gegen das bisherige Treiben einer Welt. Abends mit Unruh: er ist doch jetzt wie wir alle von dem furchtbaren Schicksal des deutschen Volkes tief ergriffen. Es sagte sich früher leicht: Deutschland muß geschlagen werden. Nun sieht man, dieser Krieg war zu lang und eine Niederlage heißt so viel wie Untergang.

Sonntag 10 Wieder keine Zeitungen. Und es ist Revolution in Deutschland, Bayern Republik, der Kaiser verjagt, mit ihm alle Könige und Großherzöge. Die Waffenstillstandsbedingungen ein zweites Brest-Litwowsk, aber die Situation Deutschlands der Rußlands verzweifelt ähnlich. Dazu Ankündigung des Eisenbahnerstreiks infolge der Provocation durch die Regierung: die Stadt starrt von Waffen, mit Maschinengewehren, in Convois und Stahlhelmen sausen die Soldaten hin und her. Und wir fragen Uns: wo ist Unsere Freude? Der Krieg ist zuende, die Republik Deutschland geschaffen, die Könige verjagt, ein Gottesgericht beginnt für die Kriegshetzer. Und statt dieser Freude eine dumpfe Spannung, ein Grauen vor allem, das kommt.

Montag 11 Frühmorgens mit M. der abreisen will an der Bahn[,] kein Zug, keine Zeitung. Es wird ernst. Über die ganze Welt geht diese Welle. Aus Holland, Schweden gleiche Meldung. Der Krieg hat furchtbare Rache genommen an denen, die ihn wollten: Kaiser, Könige, Diplomaten, Militärs, Capitalisten – diese ganze Welt geht in Trümmer. Immer werden Mächte nicht zerstört: sie zerstören sich selbst. Wir stehen an einer Wende wie der der französischen Revolution. Nur daß Alles zu ungeheuerlichen Massen sich gesteigert hat. Wir müssen ein neues Leben lernen, anders wird es nicht gehn.

Dienstag 12. Man erfährt alles erst allmählich. In der Stadt ist geschossen worden. Der Streik wächst über das ganze Land. Freilich hier die Gegenströmung stark, es sind zuviel kleine Besitzende, die sind der stärkste Wall gegen den Aufruhr. Der kleine Besitzer ist noch härter, noch zäher als der Große: der klammert sich an. Und die Arbeiter wieder hier selbst kleine Bürger, sonntäglich selbst am Wochentag. Sie wollen eigentlich nur Macht, denn sonst haben sie fast gar nichts mehr zu fordern. Der Tag wird lang ohne Nachrichten. Und gar jetzt.

Mittwoch 13. Hie und da eine Kleinigkeit, die man erfährt. Der Waffenstillstand abgeschlossen, Victor Adler gestorben, der Kaiser Karl demissioniert – früher wäre man Kopf gestanden. Jetzt ist man nur müde. Es war schon so viel vorher und es kommt noch so viel nach. Man kann einfach nicht mehr. Und wenigstens ich verbrauche die Hälfte meiner geistigen Kraft in den grauenhaften Visionen dieser kommenden Umstürze, wo der Haß der Classen, der Stände, riesengroß diese Welt erfüllen wird.

Auf dem »Weg in unser gutes Europa«

Reisen nach dem Ersten Weltkrieg (1919–1928)

An Friderike Maria v. Winternitz

[29/3/19]

L. F. ich schreibe Dir noch aus der Bahn. Ich bin doch gefahren, weil Sonntag kein Zug geht und ich dann erst Dienstag zu meinen Sachen gekommen wäre und inzwischen explodiert vor Ungeduld. Mir ist es viel leichter noch einmal nach S[alzburg] zu fahren, sobald ich das <u>Aller</u>dringendste in Wien geordnet habe, vielleicht schon nächste Woche, wo ja mehr Züge gehen.

Zweite Classe war überfüllt, in der dritten fand ich bequem Platz. Es ist also nicht so arg und ich komme lieber, als daß ich wie ein Tiger rasend dort ins Ungewisse [!] geblieben wäre.

Zu den Angelegenheiten nun dies

1) Spare nicht am Essen

2) Nimm Dir jemand zu Hilfe, falls L. unbrauchbar bleibt

3) Nimm einen Advocaten falls die Sache schief zu gehen scheint. Der Arzt wird Dir einen empfehlen

4) Die Koffer deponiere unter Versicherung bei einem Spediteur oder in einer Bank, falls dort nicht besondere Anmeldung nötig ist. Zu Hause lasse sie nur falls die Kinder mit irgend jemandem dortbleiben. Ganz allein sie bei der Bank zu lassen schiene mir zu gefährlich.

5) Bestelle Alles was wir vereinbarten. Das Haus soll wenigstens in gutem Stand und jederzeit bewohnbar sein, wir können entweder uns selbst daran freuen oder es besser verkaufen oder vermieten.

6) Bitte telegrafiere oder telefoniere <u>sofort</u>, wie Du mich brauchst. Ich komme dann ohne Vorwürfe. Nur das müßte einmal in Wien erledigt sein, aber wenn ich dort war, ist Alles leichter, die Fahrt selbst nicht so arg.

7) Den ärgsten Fall, daß Du nicht bleiben darfst, will ich gar nicht ins Auge fassen: wir werden Uns schon verteidigen, eventuell tue ich es öffentlich und processiere um Rückgabe der Steuer. Solltest Du aber fort <u>müssen</u>, so bleibt nichts übrig als

Wien, wir werden dort unser möglichstes tun, um das Salzburger Haus zu erobern und von Wien wird das leichter sein. Die Kinder wirst Du entweder in Salzburg unterbringen oder in Wien der Großvater und Vater sich ein wenig bemühen, sie zu versorgen. Ich will dem Großvater jedesfalls sagen, er möge sich kümmern, Susi die Einreise zu sichern.

Ich hoffe nichts vergessen zu haben, rufe Dich morgen gegen ½ 9 und 9 Uhr an, man weiß ja nie genau, wann man die Verbindung erreicht, sei jedesfalls immer um diese Zeit zugegen[.]

Auf der Fahrt geht alles gut. Die dritte Class[e] ist viel gemütlicher. Ein schauerlicher Anblick war Attnang, wo die Leute brüllend wie eine Stierherde in die Restauration stürmten und sich buchstäblich prügelten, um ein paar Fetzen schwarze Blutwurst. Ein schauerlicher Anblick und wenig verheißend für Wien[.]

Liebe, sei nicht böse, daß ich nach Wien fuhr. Aber Du weißt, daß ich seit einer Woche unterwegs bin und nicht mehr weiter kann vor Ungeduld, daß ich hier tatsächlich unendlich viel und Unaufschiebbares zu tun habe. Ich weiß, wie stark Du bist, Du wirst Dir schon durchhelfen, spare nicht, aber vor allem ordne Alles so, daß Du dann ohne Sorge um die Kinder bist. Wenn sie nur zum Essen haben, das ist jetzt das Einzig wichtige, Erziehung, seelische Behandlung, Lernen, das sind Nebensachen. Das Einzig Wichtige ist in Ordnung zu kommen, in irgend eine, was für eine ist gleichgiltig, ob sie ein bißchen besser oder schlechter ist. Nur Ordnung muß es sein[.] Herzlichst Dein

Stefan

*

[Leipzig, 22. 10. 1919]

L.F. endlich, Mittwoch mittag komme ich dazu, Dir zu schreiben, zwei Stunden vor der Weiterfahrt nach Berlin. Ich hatte unendlich viel mit K. zu besprechen, war mittags und abends bei ihm. Die große Sache ist soviel wie gesichert, die fünfzehn ersten Bände fixiert, den Vertrag können wir erst machen, wenn ich von Hamburg Kiel zurückkomme, aber die Hauptzüge stimmen schon. Es wird eine schöne Sache – freilich werden die ersten Bände bestenfalls Weihnachten 1920 parat sein, so lange dauert alles. Tersites ist noch gar nicht gedruckt, die Frühen Kränze und Desbordes werden erst gesetzt, die Schwierigkeiten sind unabsehbar. Jeremias ist nicht so gut verkauft wie wir dachten, es fanden sich noch 3000 Exemplare[,] weil – Kippenberg nicht mehr nach Österreich liefert ohne Garantien. Die Angst vor dem österr. Bankerott ist allgemein und, so sehr michs trifft, ich kann ihm nicht ganz unrecht geben, Du kennst ja meine Erfahrungen mit Heller-Masereel.

Allgemeiner Eindruck Deutschlands: Anziehung und Abstoßung verstärkter als je. Bewundernswert die Arbeit: bei der Insel arbeiten alle von 8 Uhr bis 8 Uhr abends bei zweistündiger Mittagspause und arbeiten fabelhaft. Ich werde Dir viel erzählen können davon. Andrerseit[s] die Überhebung maßlos, die Unzufriedenheit gegen die Regierung unbeschreiblich – ich habe keinen Menschen bisher gesprochen, der nicht offen eine Monarchie oder wenigstens eine Dictatur ersehnt – der Judenhaß zur Raserei gesteigert (auf jedem Closet, auf jedem Tisch Pampflete [!], in der Eisenbahn kein anderes Gespräch) der Franzosenhaß ebenso.

Zu kaufen Alles. Die Geschäfte gehen über von Lebensmitteln, Käse, Wurst, Gänse, Milch, Fleisch dich[t]gedrängt in den Auslagen, Café[,] Thee, Cacao, Sprotten – wie im Feenland. Ähnliches habe ich nie in der Schweiz gesehen – alle Chocoladen aller Marken. Brotkarten ect werden nicht mehr eingehoben – alles also herrlich, nur rasend teuer, besonders für uns. Ich zahlte heute zu Mittag in einem kleinen Gasthaus 10 Mark für eine Fleischspeise, 2 Mark für Beilage, 2 für Mehlspeise, also 14 Mark als Minimum, was 75 Kronen bedeutet. Ebenso alles andere. In der Baracke, wo ich wohne, für ein Schandloch 6 Mark 50, also 35 Kronen. Dabei speiste ich hier sonst immer als K^s Gast. Was ich in Hamburg und Berlin brauchen werde, wo ich wegen Telefons und Besuchen in guten Hotels wohnen muß, will ich nicht umrechnen. Ich mache ja jetzt die Bibliotheca mundi (so heißt das

Kind unserer Laune) und die trägt dann so viel auf ihrem Rükken, daß ich Dich nächstens mitnehmen kann (falls Du brav bist). Kippenbergs möchten Dich sehr gerne kennen lernen. Es sind wirklich ausgezeichnete Menschen.

In Hamburg wohne ich im Palasthotel von Montag bis Freitag, dann Kiel, bis Montag oder Dienstag wieder Leipzig Adresse Insel-Verlag[,] fahre dann die Nacht durch nach München und von dort wahrscheinlich gleich weiter nach S[alzburg.] Eventuell könnten wir uns in München treffen, falls Du Lust hast, ich würde 5. oder 6. November dort sein. Briefe oder Telegramme fand ich von Dir nicht vor. Ich bin gar nicht müde, sondern selten frisch, obwohl ich doch wenig schlafe und ganz gespannt denken muß, um nichts zu vergessen. Meine Post nicht zu sehen, war mir eine Wollust. Ich fühle mich dann wunderbar unbelastet.

Heute abends also Berlin. Weiß Gott, ob und wo ich Unterkunft finde! Ich versuche es jedesfalls mit dem Fürstenhof, weil ich das Telefon den ganzen Tag brauche, um nur ein Drittel des Notwendigen durchzuführen. Ich lese wahrscheinlich Sonntag vormittags in der »Tribüne«[,] obwohl der Leiter, wie ich lese, eben zurückgetreten ist.

Alles Gute Euch allen und viele Grüße Deines

Stefzi.

An Paul Zech

[Salzburg, undatiert; vermutlich
5. November 1919]

Lieber Freund, vielen Dank für Dein Wort. Ich habe nie einen Brief von Dir seit Monaten und Monaten bekommen, hoffte Dich [!] in Berlin anläßlich meines Rolland Vortrages zu begegnen. Nun habe ich endlich ein Wort von Dir!

Ich bin heil aus dem Getümmel heimgekehrt, meine Nerven sind ganz fest und sicher, ich lebe in Salzburg, der entzückendsten Stadt Österreichs in einem Hause, das ich mir vor dem Einsturz der Krone noch kaufte, mit meiner Frau, arbeite viel, gebe für die Insel das große Werk die Bibliotheca mundi heraus und spüre mich zum erstenmal gesammelt. In Frankreich sind mir die Freunde treu geblieben, in Briefen atme ich europäische Luft und so leugne ich die Niederlage: ich fühle mich aufrechter als je und gehe über die Trümmer der Kaiserreiche unbekümmert meinen Weg in unser gutes Europa hinein. Der lyrische Atem freilich ist lau geworden, ich arbeite an Novellen, Essays – der Dostojewski ist endlich fertig – an einem Buch über Rolland, der uns Bruder war in diesen Zeiten.

Von Dir lese ich viel Einzelnes und hoffe sehr auf ein Werk! Ich bin so froh, daß Du Dich auch gerettet hast – man erkennt die Dichter heute daran, daß sie die Stadt und die Pestilenz der Schieberluft nicht ertragen. Unter dem freien Himmel erst wird man frei.

Oh ich hätte Dir viel zu erzählen! Einige Bücher kommen bald zu Dir, erste Boten alter guter Freundschaft!

Herzlichst

Dein Stefan Zweig

An Friderike Maria Zweig

Im Café des [Briefkopf:]
Central-Hotel/Berlin
Sonntag [20. 11. 1921]

Liebe Fritzi, ich komme endlich heute Sonntag abends in einem Café dazu, Dir zu schreiben. Es wirbelt um mich von Menschen und Dingen, dazu täglich Theater, dann die Überraschung Victor hier zu finden. Gestern war ich bei Harden – lange, sehr informative Gespräche, heute zwei Stunden bei Rathenau, der eben von der Reparationscommission kam: ich war wirklich ergriffen, daß er mir seine Zeit widmete und so freimütig-viel erzählte. Dazu noch die laute anstrengende schreiende Stadt, die mich ebenso fasciniert wie sie mich abstößt.

Ach, wen habe ich alles schon gesehen: Fischer, Kahane, Handl's Frau und Tochter, Schauspieler, Dichter, dabei weiß man es erst allmählich, daß ich da bin. Alles das frischt auf und ermüdet gar nicht. Von Kaemmerer ein rührender Brief, es geht ihm schlecht, vielleicht fahre ich doch noch hinüber.

Nun eine Sache, die Du belächeln wirst. Ich habe für die Stadt ein so merkwürdiges Gefühl von Feindlichkeit trotz aller Achtung, daß ich spüre, ich <u>kann</u> hier nicht vorlesen. Es ekelt mich. Und morgen will ich den schweren Gang tun und versuchen abzusagen, die Kosten den Leuten ersetzen. Diesen Luxus muß ich meinem Gefühl gönnen: ich mag nicht mehr anders als vor Freunden lesen. Außerdem ist es ungeschickt arrangiert, der Leiter selbst nicht da – es graust mir, es graust mir, vor den Leuten zu sprechen. Hoffentlich gelingt mir die Absage! Bitte lache mich nicht aus, daß die Stadt eine so merkwürdige Wirkung auf mich hat, aber ich <u>kann</u> mich wirklich nicht überwinden, ich habe einen seelischen Chok von dieser preußischen Tüchtigkeit und Rührigkeit bei aller intellectuellen Bewunderung. Und dann – wieviel Bekannte habe ich hier, wiewenig <u>Freunde</u> (Camill reist morgen für 4 Tage nach Prag.) Ich fände es anständiger von mir, den lieben guten kranken Freund in Hamburg zu besuchen, als hier einem Häufchen Snobs vorzulesen. Die Ausrede für meine Anwesenheit hier brauche ich nicht, ich spüre, daß mir ein solches Intervall nötig war. Aber ich könnte hier auf Dauer nicht atmen: das Betriebhafte (auch im Eros) ekelt mich, es ist zuviel Sauerstoff in der Luft.

Dabei fühle ich mich vortrefflich, leicht, jung, unermüdbar, belebt, angeregt und heiter, auch der Husten weicht allmählich. Laß es Dir gut gehen, ich freue mich auch wieder nach Salzburg – erst in solchen Intervallen lernt man die Ruhe schätzen.

Herzlichst Dir, den Kindern, den Freunden Dein

Stefzi

[Berlin, undatiert; vermutlich
25. November 1921]

Liebe Fritzi, ich war gestern abends bei Fischer, wo Heymann zum erstenmal seit einem Jahr wieder in Berlin auftauchte. Er sprach sehr sehr herzlich von Dir und bat mich, Dich vielmals zu grüßen, ebenso Herr und Frau Fischer. Das Essen war prunkhaft, Berlin W mit sechs Gängen, Gesellschaft Jessner der Intendant, Wassermann (mein Graus!) später Rathenau und Kerr. Im ganzen ziemlich gelungen, obwohl ich diesen Typus Einladung verabscheue der einen überdies 8 Stunden kostet mit dem Hin und Zurück.

Den Vortrag für das Staatstheater habe ich heute Freitag noch immer nicht gemacht, aber jetzt kommt er endlich an die Reihe. Ich fühle mich sehr wohl hier und bin ganz eins mit Hofman[n]sthal in der Meinung, daß hier eine stimulierende Luft ist – schließlich kommen ja alle Rasseneigenschaften aus der Atmosphäre. Auch bei Busoni war ich, freilich mit gemischtem Gefühl: der wunderbare Mensch ist umlagert von einem Weihrauchweiberklüngel wie weiland Vater Liszt. Sonst noch viele Leute, die alle pressiert an einem vorbeischießen wie die Telegrafenstangen an einem fahrenden Zug – ach diese Geschwindigkeit in Berlin, nicht nur im Geschäft, Du solltest auf der Straßenbahn die Fixigkeit erotischer Abschlüsse sehen. Das geht alles klipp klapp ohne Einleitung directemang darauf los auf die Schose. Wie in einem Caroussell hat man Freude an der Geschwindigkeit, Freude und Brechreiz zugleich.

Ich bleibe wohl bis Montag abends hier, will Dienstag nach Leipzig Dresden, Mittwoch oder Donnerstag in Wien, Samstag oder Sonntag oder Montag in Salzburg sein. An Vorlesungen in Brünn ect denke ich nicht im Traum. Bitte sei nicht ungeduldig auf Deinen

Stefzi

Alles gedenkt Metzens herzlich, Fischers ect und ich nicht minder. Grüße ihn und alle

[Weimar, undatiert;
Poststempel: 10. 6. 25]

Liebe Fritzi, heute Mittwoch geht es leider mit Weimar und Rolland zu Ende: wir haben hier ausgezeichnete Stunden der Ruhe und Behaglichkeit verbracht, waren gestern im Nietzsche Archiv, wo die uralte Fo[e]rster Nietzsche sich wie ein Kind über Rollands Besuch freute und zu mir über mein Buch ganz gegen meine Erwartung rührend und dankbar war. Sie hatte noch eilig ein paar Leute der Haute Societé verständigt und es waren wirklich ein paar Damen von einer vorweltlichen Courtoisie und Noblesse da: manchmal muß man hier wirklich staunen, was die kleinen Städte an Qualität bergen. In Leipzig hatte R. das erfreuliche Bild 25 000 Jungmannschaften Parade abhalten zu sehn: es ist gut, daß die Gutwilligen auch die Gefahren kennen: er war von der [!] Gesichtern beim Paradeschritt geradezu erschreckt, so starrten sie von Verbissenheit und gewaltsamer Anstraffung. Heute abends nächtige ich in Dresden, bin morgen Donnerstag R[eichen]b[erg,] Samstag Wien und hoffentlich Sonntag nachts zuhause. Herzlichst Euch allen

Stefan

Grand Hotel Am See
Zell a/See, am Mittwoch
[12. August 1925]

L. F. vielen Dank für Brief und Anruf. Hier lebe ich so isoliert wie kaum je, kenne niemanden weder im Hotel noch im Ort – nur Piefkes und Ungarn, Wien gleich Null – alles aus Leipzig und noch sächsischer. Mir aber ganz einerlei, ich arbeite und lese Einiges, nicht gar zu viel, wenigstens so lange es schön war. Die Novelle, die ich grundiere, ist unziemlich schwer, es reizt mich ja überhaupt nur mehr, das Complicierte anzugehen.

Meine depressiven Zustände haben keine reellen Gründe, weder in Arbeit (die ist nicht so arg) noch im Nicotin, daß [!] ich jetzt übrigens zur Probe zwei Tage aussetzte. Es ist eine Alterskrise, verbunden mit einer allzu großen (meinem Alter ungemäßen) Klarheit – ich beschwindle mich nicht mit Unsterblichkeitsträumen, weiß wie relativ die ganze Literatur ist, die ich machen kann, glaube nicht an die Menschheit, freue mich an zu wenigem. Manchmal kommt aus solchen Krisen was heraus, manchmal kommt man durch sie noch tiefer hinein – aber schließlich gehört sie zu einem dazu. Ich sehe sie bei Leonhardt [!] ebenso, der sich aber in dümmster Weise beschwindelt – man soll eben resignieren und hat zuvor durch die zehn Jahre Krieg und Nachkrieg nicht das zugehörige Maß an Freude und Jugend gehabt. Und dann sind unsere Kriegsnerven eben doch nicht mehr ganz reparabel, der Pessimismus reicht tief unter die Haut. Ich erwarte mir nichts mehr – denn ob ich 10000 oder 150000 Exemplare verkaufe, ist doch einerlei. Wichtig wäre etwas Neues neu anzufangen, eine andere Art Leben, anderer Ehrgeiz, anderes Verhältnis zum Dasein – auswandern nicht nur äußerlich.

Die Vortragsreise ist ja wirklich nicht sehr klug. Ich habe sie gemacht aus Schwäche, aus Nicht-Nein-Sagen-Können und dann, um mich zu zwingen, ein wenig unterwegs zu sein. Ich möchte in den nächsten Jahren mich gewaltsam beweglicher machen – viel und kurz reisen, das tut uns am besten.

Laß es Dir gut gehen und sei vielmals gegrüßt S.

Die Kathedrale von Chartres

Nie war Paris so stark, so blendend wie in diesem Jahr, nie so strotzend von innerer Energie, so strahlend in einem vielfältigen Licht: ein anderer vehementerer Rhythmus schüttert die Straßen, und wer vordem den linden, lässigen Atem dieser Stadt geliebt, spürt erstaunt und beinahe erschreckt, wie heiß, wie leidenschaftlich und fast fieberhaft er nun schwingt. Etwas von New York, vom Tempo der amerikanischen Riesenstädte hat sich eingedrängt in die Avenuen: weiß und blendend gießt sich das Licht über die menschenflirrenden Straßen, von Dach zu Dach springen die Leuchtplakate, und die Häuser zittern bis hinauf zum First vom Gedröhn der Automobile. Die Farben, die Steine, die Plätze, alles glüht und flackert und brennt von diesen neuen Geschwindigkeiten, bis hinab in die donnernde Höhlung der Untergrundbahnen schwingt jeder Nerv dieser blendenden Stadt, und jede Fiber des eigenen Leibes schwingt unbewußt mit: man fühlt sich gejagt, geschoben, getragen von diesem flirrenden Rausch, der betäubt und beglückt und doch müde macht. Lustvoll ist dieses Tempo, eine Phantasmagorie dem Blick, eine starke Spannung dem Gefühl – aber dann kommt immer wieder ein Augenblick, in dem man sich sagt: zu viel! Man möchte für eine Stunde ruhen und rasten, wie vor Jahren lässig schlendern in den alten Gassen der Rive gauche, auf dem jugendgeliebten Boul' Mich'. Aber die alten Gassen sind nicht mehr stiller Wanderschaft wohlgewillt – wie aus dem Geschützrohr einer Kanone zuckt aus ihrem schmalen Schlund gleich einem Geschoß Schlag auf Schlag, Schuß auf Schuß ein Automobil hinter dem andern. Und auf dem Boul' Mich' haben (wie überall) die Banken die Cafés verdrängt – die Jugend, die Studenten, sie sind hinaufgeschoben in die Vorstädte, nach Montparnasse. Nirgends ist eine halbe Stunde Stille von morgens bis morgens in dieser aufgeschwellten, fiebrigen Stadt, bis weit hinaus nach St. Cloud und Sèvres zucken noch die Nerven ihrer ruhelosen Leidenschaft: nirgends, nirgends mehr »la douce France«, nirgends eine Stelle, wo man still gegen Abend zu das silberne Licht über die Seine sehen kann, nirgends mehr das alte Paris; die weiche wollüstig warme Stadt hat Muskeln bekommen und hämmert den Takt wie ein fanatischer Arbeiter –, ihr Glanz zischt auf wie ein zuckendes Raketenspiel. Man muß weit fort, um hinter ihrem englischen, ihrem amerikanischen Antlitz wieder Frankreich, das Frankreich von einst zu fühlen, um beschaulich zu genießen, was einem hier Paris in tausend flirrende Funken zerschlägt. Und plötzlich, sehnsüchtig nach einer Stunde Entspannung, erinnere ich mich, als einzige der großen Kathedralen jene von Chartres nicht gesehen zu haben; sie ist anderthalb Stunden weit, und ich weiß im voraus schon: zwischen ihr und Paris liegt ein Jahrtausend –, in anderem, ruhevollerem Takt schwingt dort der Rhythmus der Zeit.

Seltsam: schon der Schnellzug, der im Flug an den Telegraphenstangen vorbeiknattert, scheint einem Entspannung gegen das Flimmerspiel von Paris. Man lehnt sich hin ans Fenster und sieht die flache Landschaft: der Blick scheint einem vertraut, denn von den Bildern der Impressionisten meint man jeden Baum, jeden Kanal, jeden Tümpel zu kennen. Wie oft haben Monet, Pissaro, Renoir, Sisley dies alles gemalt, die kleinen Gärten im nassen Vorfrühlingsglanz, die schüchternen Birken, die glitzernden Rasen, dies üppige und doch flache, dies volle und doch ein wenig monotone Land um Paris. Nirgends ein rechter Wald, nirgends ein Hügel, nirgends auch von ferne nur ein wahrhafter Berg; immer nur Wiese und Häuser und Wasser, sorglich bestellt und nutzbar gemacht. Schon ermüdet der Blick, der nichts Sonderliches in der Runde faßt; aber plötzlich, wie der Zug sich zu verlangsamen beginnt, steigt etwas aus der niederen Landschaft mächtig, übermächtig auf, ein großes und wunderbares Gebilde. »Wie ein kniender Riese, der seine Arme betend über die niedere Ebene zu Gott aufhebt –«, so hat Paul Claudel einmal eine der Beschwörungen der französischen Kathedrale begonnen. Und plötzlich, mit dem gewaltsamen Einbruch einer Wahrheit, fällt mir die Zeile wieder ein: denn wirklich, wie ein Fremder, wie ein gewaltiger Riese, gedrungenen Leibes hebt sich hier über der niederen Wölbung einer provinziellen Stadt das schwere wuchtige Dach einer Kathedrale, und über sie hochgereckt zu ewigem Gebet ragen die beiden Türme in den Himmel hinein. Gerade das scheinbar Sinnlose, daß hier mitten im leeren Land, mitten aus einer niederen gleichgültigen Stadt ein so ungeheurer Bau emporbricht, gerade dies schafft einen Eindruck unvergeßlicher Großartigkeit. In Paris scheint es verständlich, wenn im unendlichen Gedränge der Straßen Notre-Dame wie ein gewaltiger Brunnen die Gläubigkeit von Millionen sammelt, und man kann sich Wien oder Köln kaum denken ohne die steinerne Spitze, in die das Gewirr der Häuser gleichsam befreit aufschießt; hier aber wird die Dimension zur Überraschung, die Proportion zum Erlebnis.

Wer hat sie gebaut, diese gewaltige Kathedrale, in das Leere des Landes, hoch über die kleine alltägliche Stadt? Die Namen der Meister, sie sind verschollen, und wüßte man sie auch, ihre Namen sagten nicht viel. Denn nicht einer oder einzelne können solche Wunder schaffen, die Jahrhunderte brauchen, um wahrhaft dazusein und ins Ewige zu reifen; die wahren Baumeister, sie hießen: Glaube und Geduld, Glaube von Tausenden namenlosen, verschollenen Menschen und Geduld von Abertausenden einsam wirkenden Werkleuten. Vergebens durchforscht man die Linien, die Pläne: sie haben keine Antwort auf die unabweisliche Frage, wie einzelne einstmals den Mut aufbrachten, eine solche Riesenkathedrale zu bauen mitten ins Leere der Natur, kaum angelehnt an ein ärmliches Städtchen. War da nur der Ehrgeiz, es Paris, der gewaltigen Schwester, an Größe gleichzutun, jener Ehrgeiz, der die Kirchen Italiens, die Dome Deutschlands, die Belfriede Belgiens zwang, sich, jeder immer mächtiger als alle früheren, zu gestalten? Oder war hier mitten im flachen Land, wo kaum ein Hügel sich über die Wiesen hebt, vor grauen Jahren vielleicht einer gewesen, der auf ferner Wanderschaft Berge gesehn und getürmten Fels, und der nun den anderen die Sehnsucht verriet, so ein Hohes zu schaffen, daß man adlergleich blicken könnte von Horizont zu Horizont? Jedenfalls: sie huben an, sich so ein steinernes Gebirge zu bauen, eine Zwingburg Gottes, mächtig gequadert gegen den Anstrum der Zeit, und sie rasteten nicht, ehe sie vollendet war. Wo ein Geschlecht endete, hub ein anderes an, und so wuchs diese riesige Wölbung mit den Türmen bis hinauf zum glitzernden Knauf, zur luftigen Wohnung der Glocken.

Wie aber dieser wölbige Fels gebaut war, werden sie selbst erschrocken sein, diese Menschen des hellen sonnigen Landes, denn sein Inneres mag dunkel und kalt gewesen sein wie eine Höhle. Das Ungeheure dieser Wölbung, Stein in Stein, atmete wohl Düsternis und ein geheimes Grauen: da taten sie, um das Lastende dieses grauen Lichtes zu mildern, bunte Scheiben in die Höhlen der Fenster, die Sonne zu filtern in allen Farben und die Buntheit des Lebens auch hier im Dunkel selig zu gewahren. Diese Glasfenster von Chartres sind nun eine Herrlichkeit ohnegleichen. Nicht so dicht gedrängt wie jene der Sainte Chapelle in Paris (die eigentlich nur funkelndes Glas ist, von schmalen Steinstäben gespalten), teilen sie in blauen Ovalen, in glühenden Rosetten unendlich vielfältig die starre Wand: wie in der Grotte von Capri strahlt magisch das Licht aus einer unsichtbaren Ferne kobaltblau und violett in unfaßbarer Bindung und Zerstreuung in den Raum, der nun weich sich löst zu einer unbeschreiblichen Dämmerung. Und jede dieser Farben ist satt und leuchtend, ist von jener reinen Tiefe, wie sie in unserer vielfältigen Welt einzig die Alpenblumen haben, der Enzian, die Schneerose und das Edelweiß, wie unsere neue Chemie und die donnernden Fabriken sie nie mehr so glühend dem flüssigen Glas einzuschmelzen vermochten. Mitten in Kühle und Höhe fühlt man sich im Feuer, in einer einzigen Seligkeit des Blickes.

Doch auch dies war jenen Namenlosen noch nicht genug des Lebens in diesem ragenden Haus: jetzt war der Fels zwar schon beblümt und beglänzt, war Natur geworden und Landschaft. Aber noch fehlte das wahre Leben darin, der Mensch in all seinen Formen und das wimmelnde Getier. So stellten sie Bildnisse, steinerne Gestalten überall hin, die Starre des Felsens zu beleben: unübersehbar ist diese Schar. Vor den Portalen stehen sie schon streng als Wächter, die Engel und Erzväter, aus den Säulen strekken sie sich streng und gotisch schmal hervor, sie flügeln als zakkiges Fledermausgetier aus den Nischen, beugen sich aufgerissenen Maules als Wasserspeier vom Turm. Die Wölbungen füllen sie als quirlende Haufen, als wandernde Erzählung, rings um den Altar gürten sie sich als plastische Legenden. Verkündigung und Geburt und Auferstehung, die Feiertage des Jahres und die Legenda Aurea und den verlorenen Sohn und den guten Samariter: alles sieht man hier im Steine leben und in den Fenstern glühend gebildet, und niemand vermöchte die Fülle der Figuren zu Ende zu zählen. Sind es Tausende oder Zehntausende – als Gestrüpp und Dickicht drängt sich menschliche Gestalt hier zwischen den ragenden Bäumen der Säulen bis hoch zur Wölbung empor. Alle Stile, alle Formen sind versammelt, und jene Wand und den Altar, die Jean de Beauce im vierzehnten Jahrhundert begann, und die das achtzehnte erst vollendete, spiegelt die ganze Varietät der Plastik: in wenigen Minuten hat man Jahrhunderte der Kunstgeschichte durchschritten. Und man weiß, man sieht sich nie zu Ende, denn ganze Geschlechter von Steinmetzen und Bildnern haben dies irdische Heer von Gestalten ersonnen, das sich hier ewig zu Ehren Gottes versammelt.

Aber ihre ganze, ihre unübersehbare Schar, wie sie von Säule und Krypta und Wölbung und Wand sich zusammendrängt – sie fühlt man erst an den lebendigen Menschen von heute. Es ist Sonntag, und die Bürger füllen den Dom: doch nur gesagt ist dies Wort, denn sie füllen ihn nicht. Sie füllen ein paar Bänke bloß, und hier und dort scharen sie vor einem Bilde sich zusammen; aber wie bröcklig, wie ärmlich ist dies Menschenhäufchen neben der Unzahl der Steingestalten, wie winzig der Klüngel Beter unter dem riesigen Gestühl der Kathedrale. Diese Kirche hätte Raum für ein ganzes Geschlecht, und es ist ihr heroisches Beispiel, ewig zu groß zu bleiben für alle irdischen Zwecke, ewig alle Möglichkeiten zu überragen und nur ein Symbol des Unendlichen zu sein. Nur den Glauben wollten sie verewigen, die diese Kathedrale aufrichteten mitten im niedren Land, in gestaltetem Stein ihren frommen Willen bewahren über die Zeit: ehrfürchtig spürt man hier den »Geist der Gotik«, das Jahrhundert des Glaubens und der Geduld, ein Jahrhundert, das nicht wiederkehrt. Denn nie werden solche Werke in unserer Welt wieder entstehen, die mit anderen Maßen die Stunden zählt und hinlebt in anderen Geschwindigkeiten: die Menschen bauen keine Dome mehr.

Die Menschen bauen keine Dome mehr: wie Armut fühlt man vorerst unsere Zeit in der Heimkehr von solcher dauerhaften Gestalt. Unsere Pläne zielen auf rasche Zwecke, hastiger geht unser Rhythmus, und niemals mehr überwächst ein einzelnes Werk ein ganzes Geschlecht, ja selten noch ein einzelnes Leben. Wir, die ein sprechender Funke in einer Sekunde zu anderen Kontinenten reden läßt, haben verlernt, in langsamen Steinen, in unendlichen Jahren unser Wesen auszudrücken: unsere Wunder sind handlicher geworden und geistiger, unsere Träume weniger kompakt. Wie von etwas großartig Fremdgewordenen, wie von dem Parthenon oder den Pyramiden nimmt die Seele Abschied von so ragender Gestalt, und wir sind uns wohl bewußt, daß wir für Unendliches, das die Welt seitdem gewonnen, doch die Fähigkeit verloren haben, so herrlich den Geist eines ganzen Volkes, den Genius einer Zeit in *einem* Werke zu verkörpern. Aber dies ist dahin: die Menschen bauen keine Dome mehr.

Und doch, wie der Zug jetzt zurücksaust durch die abendlich dunkelnde Landschaft, taucht dort, wo noch nicht der Blick, nur erst das Gefühl Paris, die gigantische Stadt ahnt, eine glühende Kuppel auf, rötlich gewölbt über dem Horizont bis hinauf in den unsichtbaren Himmel. Es ist der Feuerkreis von Paris, ein anderer Dom, der dort ohne Stein und Stütze allnächtlich aufgerichtet ist, einzig gebaut – wie jener von Chartres aus Tausenden von Quadern – aus Hunderttausenden von Lichtern und elektrischen Flammen. Allnächtlich unzerstörbar steht dieser glühende Dom von Licht über der brausenden Stadt, die herrlichste Kathedrale unserer Zeit, zusammengefügt aus den unzählbaren elektrischen

Energien, aus dem heißen zuckenden Leben der Millionen. Mag sein, er ist nicht aus dem gleichen Glauben gestaltet wie jene alten Kathedralen, aber doch aus dem gleichen brennenden Willen, aus der gleichen unsterblichen irdischen Energie. Herrlich gewölbt, überirdisch leuchtend ragt er hoch in die lauschende Nacht, dieser neue Dom von Paris, und vielleicht würden jene Baumeister von einst ihn so herrlich, so gewaltig und göttlich finden, wie wir ihre uns überkommenen Werke. In anderen Zeichen schreiben eben die Zeiten ihre Geschichte in die Landschaft der Erde, und nichts ist wunderbarer, als im Zwischenraum einer Stunde das eine *und* das andere Zeichen ihres Lebenswillen (so fremd sie einander auch scheinen) zu lesen, zu verstehen und zu lieben.

Reise nach Rußland

Redliche Vorbemerkung

Welche Reise innerhalb unserer näheren Welt wäre heute auch nur annähernd so interessant, bezaubernd, belehrend und aufregend wie jene nach Rußland? Während unser Europa, und besonders die Hauptstädte, dem unaufhaltsam zeitgemäßen Prozeß wechselseitiger Anformung und Verähnlichung unterliegen, bleibt Rußland völlig vergleichslos. Nicht nur das Auge, nicht nur der ästhetische Sinn wird von dieser urtümlichen Architektonik, dieser neuen Volkswesenheit in unablässiger Überraschtheit ergriffen, auch die geistigen Dinge formen sich hier anders, aus anderen Vergangenheiten in eine besondere Zukunft hinein. Die wichtigsten Fragen gesellschaftlich-geistiger Struktur drängen sich an jeder Straßenecke, in jedem Gespräch, in jeder Begegnung unabweisbar auf, ununterbrochen fühlt man sich beschäftigt, interessiert, angeregt und zwischen Begeisterung und Zweifel, zwischen Staunen und Bedenken leidenschaftlich angerufen. So voll ballt sich jede Stunde mit Weltstoff und Denkstoff, daß es leicht wäre, über zehn Tage Rußland ein Buch zu schreiben.

Das haben nun in den letzten Jahren ein paar Dutzend europäische Schriftsteller getan; ich persönlich beneide sie um ihren Mut. Denn klug oder töricht, lügnerisch oder wahr, vorsichtig oder apodiktisch, alle diese Bücher haben doch eine fatale Ähnlichkeit mit jenen amerikanischen Reportern, die nach zwei Wochen Cook-Rundfahrten sich ein Buch über Europa erlauben. Wer der russischen Sprache nicht mächtig ist, nur die Hauptstädte Moskau und Leningrad, bloß also die beiden Pupillen des russischen Riesenleibes gesehen, wer außerdem die neue revolutionäre Ordnung mit den zaristischen Zuständen nicht aus früherer Erfahrung zu vergleichen vermag, sollte, meine ich, lieber redlicherweise verzichten auf Prophezeiung wie auf pathetische

Entdeckungen. Er darf nur Impressionen geben, farbig und flüchtig wie sie waren, ohne jeden anderen Wert und Anspruch als den gerade in bezug auf Rußland heute wichtigsten: nicht zu übertreiben, nicht zu entstellen und vor allem nicht zu lügen.

Grenze

In Niegoroloie erste russische Erde. Spät abends, so dunkel schon, daß man den berühmten roten Bahnhof mit der Überschrift »Proletarier aller Länder vereinigt euch« nicht mehr wahrnehmen kann. Aber auch die so pittoresk und fradiavolesk von fabulierenden Reisevorgängern geschilderten Rotgardisten, grimmig bis an die Zähne bewaffnet, kann ich mit bestem Willen nicht erblicken, einzig ein paar klug aussehende, durchaus freundlich Uniformierte, ohne Gewehr und blinkende Waffe. Die Holzgrenzhalle wie alle anderen, nur daß statt der Potentaten die Bilder Lenins, Engels', Marx' und einiger anderer Führer von den Wänden blicken. Die Revision exakt, genau und geschwind, mit aller erdenklichen Höflichkeit; schon beim ersten Schritt auf die russische Erde spürt man, wieviel Lüge und Übertreiblichkeit man noch totzutreten hat. Nichts ereignet sich härter, strenger, militärischer als an einer anderen Grenze; ohne jeden Übergang steht man plötzlich in einer neuen Welt.

Aber doch, ein erster Eindruck gräbt sich sofort ein, einer jener ersten Eindrücke, wie sie so oft eine erst später bewußt erkannte Situation divinatorisch umfassen. Wir sind im ganzen vielleicht dreißig oder vierzig Personen, die heute die Grenze Rußlands überschreiten, die Hälfte davon bloß Durchreisende, Japaner, Chinesen, Amerikaner, die ohne Aufenthalt mit der mandschurischen Bahn nach Hause sausen; das gibt mathematisch einen Rest von etwa fünfzehn bis zwanzig Personen, die mit diesem Zuge wirklich nur nach Rußland reisen. Dieser Zug wieder ist der einzige am Tage, der von London, Paris, Berlin, Wien, von der Schweiz, aus ganz Europa nach dem Herzen Rußlands, nach seiner Hauptstadt Moskau zielt. Unbewußt erinnert man sich an die letzten Grenzen, die man passierte, erinnert sich, wie viele Tausende und Zehntausende jeden Tag in unsere winzigen Länderchen einreisen, indes hier zwanzig Personen im ganzen ein Riesenreich, einen Kontinent beschreiten. Zwei oder drei gerade strömende Eisenbahnadern verbinden im ganzen Rußland mit unserer europäischen Welt, und jede dieser pocht nur matt und zaghaft. Da erinnert man sich an die Grenzübergänge zur Zeit des Krieges, wo auch nur ein siebenmal gesiebtes Häufchen die unsichtbare Linie von Staat zu Staat überschritt, und begreift instinktiv etwas von der augenblicklichen Situation: Rußland ist eine umschlossene Festung, ein wirtschaftliches Kriegsgebiet, durch eine Art Kontinentalsperre, ähnlich jener, die Napoleon über England verhängte, von unserer anders eingestellten Welt abgeschlossen. Man hat eine unsichtbare Mauer überstiegen, sobald man die hundert Schritte vom Eingang zum Ausgang zwischen diesen beiden Türen getan.

Umstellung ins Russische

Noch ehe sich der Zug in Bewegung setzt, Moskau entgegen, erinnert mich ein freundlicher Mitreisender, daß man die Uhr jetzt umstellen müsse, um eine Stunde, von westeuropäischer auf osteuropäische Zeit. Aber dieser rasche Handgriff, diese winzige Schraubendrehung, bald wird man es merken, reicht bei weitem nicht aus. Nicht nur auf dem Zifferblatt muß man die Stunde umstellen, sondern sein ganzes Gefühl von Raum und Zeit, sobald man nach Rußland kommt. Denn innerhalb dieser Dimensionen wirkt sich alles in anderen Maßen und Gewichten aus. Die Zeit wird von der Grenze ab einen rapiden Kurssturz des Wertes erfahren, und ebenso das Distanzgefühl. Hier zählt man die Kilometer nach tausend statt nach hundert, eine Fahrt von zwölf Stunden gilt als Exkursion, eine Reise von drei Tagen und drei Nächten als verhältnismäßig gering. Zeit ist hier Kupfermünze, die keiner spart und sammelt. Eine Stunde Verspätung bei einer Verabredung gilt noch als Höflichkeit, ein Gespräch von vier Stunden als kurze Plauderei, eine öffentliche Rede von anderthalb Stunden als kurze Ansprache. Aber vierundzwanzig Stunden in Rußland, und die innere Anpassungsfähigkeit wird sich daran gewöhnt haben. Man wird sich schon nicht wundern mehr, daß ein Bekannter von Tiflis drei Tage und drei Nächte herfährt, um einem die Hand zu schütteln, acht Tage später wird man mit gleicher Gelassenheit und Selbstverständlichkeit wegen der Kleinigkeit von vierzehn Stunden Bahnfahrt selbst einen solchen »Besuch« zu machen, und sich schon allen Ernstes überlegen, ob man nicht wegen bloß sechs Tagen und sechs Nächten doch in den Kaukasus fahren sollte.

Die Zeit hat hier ein anderes Maß, der Raum hat hier ein anderes Maß. Wie in Rubeln und Kopeken, lernt man hier rasch mit diesen neuen Werten rechnen, man lernt warten und sich selber verspäten, Zeit versäumen, ohne zu murren, und unbewußt kommt man damit dem Geheimnis der Geschichte und des russischen Wesens nahe. Denn die Gefahr und das Genie dieses Volkes liegt vor allem in seinem ungeheuerlichen Wartenkönnen, in der uns unfaßbaren Geduld, die so weit ist wie das russische Land. Diese Geduld hat die Zeiten überdauert, sie hat Napoleon besiegt und die zaristische Autorität, sie wirkt auch jetzt noch als der mächtigste und tragende Pfeiler in der neuen sozialen Architektur dieser Welt. Denn kein europäisches Volk hätte zu ertragen vermocht, was dieses seit tausend Jahren leidensgewohnte und beinahe leidensfreudige an Schicksal erduldet; fünf Jahre Krieg, dann zwei, drei Revolutionen, dann blutige Bürgerkriege von Norden, von Süden, von Ost und West gleichzeitig sich hinwälzend über jede Stadt und jedes Dorf, schließlich noch die entsetzliche Hungersnot, die Wohnungsnot, die wirtschaftliche Absperrung, die Umschaltung der Vermögen – eine Summe des Leidens und Martyriums, vor der unser Gefühl ehrfürchtig sich beugen muß. All dies hat Rußland nur überstehen können durch diese seine einzige Energie in der

Passivität, durch das Mysterium einer unbeschränkten Leidensfähigkeit, durch das gleichzeitig ironische und heroische »Nitschewo« (»Es macht nichts«), durch diese zähe, stumme und im Tiefsten gläubige Geduld, seine eigentliche und unvergleichliche Kraft.

Moskau: Straße vom Bahnhof her

Kaum aus dem Zuge nach zwei Nächten und einem Tage, ein heißer, erster, neugieriger Blick durch das klirrende Wagenfenster auf die Straße hin. Überall Drängen und Geschwirr, überfülltes, heftiges, vehementes Leben: es sind plötzlich zu viele Menschen in die neue Hauptstadt gegossen worden, und ihre Häuser, ihre Plätze, ihre Straßen quellen und kochen über von dieser stürmischen Bewegtheit. Über die stolperigen Pflaster flirren flink die Iswotschniks mit ihren Wägelchen und struppig-süßen Bauernpferdchen, Trambahnen sausen blitzschnell mit schwarz angehängten Menschentrauben an der Plattform, dem Strom der Fußgänger stellen sich wie auf einem Jahrmarkt überall kleine Holzbuden entgegen, mitten im Trubel bieten hingekauerte Weiber gemächlich ihre Äpfel, Melonen und Kleinzeug zum Verkauf. All das schwirrt, drängt, stößt mit einer in Rußland gar nicht erwarteten Flinkheit und Eile durcheinander.

Dennoch aber, trotz dieser herrlichen Vitalität, wirkt etwas in dieser Straße nicht voll lebhaft mit. Etwas Düsteres, Graues, Schattenhaftes mengt sich ein, und dieser Schatten kommt von den Häusern. Die stehen über diesem verwirrend phantastischen Treiben irgendwie alt und zermürbt, mit Runzeln und zerfalteten Wangen, mit blinden und beschmutzten Augenlichtern; man erinnert sich an Wien 1919. Der Putz ist von den Fassaden gefallen, den Fensterkreuzen fehlt Farbe und Frische, den Portalen Festigkeit und Glanz. Es war noch keine Zeit, kein Geld da, sie alle zu verjüngen und aufzufrischen, man hat sie vergessen, darum blicken sie derart mürrisch und verjährt. Und dann – was so besonders eindrucksvoll wirkt: während die Straße rauscht, redet, sprudelt, spricht, stehen die Häuser stumm. In den anderen Großstädten gestikulieren, schreien, blitzen die Kaufläden in die Straße hinein, sie türmen lockende Farbspiele, werfen Fangschlingen der Reklame aus, um den Vorübergehenden zu fassen, ihn für einen Augenblick vor den phantastisch bunten Spiegelscheiben festzuhalten. Hier schatten die Läden stumm; ganz still, ohne kunstvolle Türmung, ohne Hilfe eines raffinierten Auslagearrangeurs legen sie ihre paar bescheidenen Dinge (denn keine Luxusware ist hier verstattet) unter die mißmutigen Fensterscheiben. Sie müssen nicht streiten miteinander, nicht ringen und nicht wettkämpfen, die Kaufläden von nebenan und gegenüber, denn sie gehören doch, die einen und die anderen, demselben Besitzer, dem Staat, und die notwendigen Dinge brauchen nicht Käufer zu suchen, sie werden selber gesucht; nur das Überflüssige, der Luxus, das eigentlich nicht Gebrauchte, »le superflu«, wie die französische Revolution es nannte, muß sich ausbieten, muß dem Vorübergehenden nachlaufen und ihn am Rockärmel fassen; das wahrhaft Notwendige (und anderes gibt es nicht in Moskau) braucht keinen Appell und keine Fanfaren.

Das gibt der Moskauer Straße (und allen andern in Rußland) einen so eigenartigen und schicksalshaften Ernst, daß ihre Häuser stumm sind und zurückhaltend, eigentlich nur dunkle, hohe, graue Steindämme, zwischen denen die Menschen fluten. Ankündigungen sind selten, selten auch Plakate, und was in roten Schriftzügen breitgerändert über Hallen und Bahnhöfen steht, ruft nicht Raffinements aus, Parfüms und Luxusautomobile, Lebensspielwerk, sondern ist amtliches Aufforderungsplakat der Regierung zur Erhöhung der Produktion, Aufruf, nicht zu Verschwendung, sondern zu Zucht und Zusammenhang. Wieder spürt man hier, wie schon im ersten Augenblick, den entschlossenen Willen, eine Idee zu verteidigen, die ernste, zusammengeballte Energie, streng und stark auch ins Wirtschaftliche gewandt. Sie ist nicht ästhetisch schön, die Straße von Moskau, wie die pointillistisch glitzernden, farbensprühenden, lichtverschwendenden Asphaltbahnen unserer europäischen Städte, aber sie sie ist lebensvoller, dramatischer und irgendwie schicksalshaft.

Moskau: Blick vom Kreml

Tage hat es gebraucht, bis wir die Verstattung bekamen, durch die immer bewachten Tore dieser uralten Burg emporzuschreiten, wo seit einem halben Jahrtausend die Zaren und nun die neuen Machthaber regieren. Man hat zauberische Kirchen gesehen, mit hell und dunklen wunderbaren Fresken von der Schwelle bis zum Dachrand geschmückt, Prunkgemächer und immer wieder Kathedralen, noch eine und noch eine, die hier dicht und gedrängt aneinander stehen. Man ist durch unzählige Säle geschritten, wo sich Kunstschätze ganzer Geschlechter anhäufen, die Waffen und Werke dieser unübersehbaren Nation. Fast ist es zuviel (immer hat man dieses Gefühl in Rußland, es ist zuviel zu sehen, man brauchte ein Leben, um es zu überschauen); so hält man einen Augenblick inne auf dieser erschöpfend-unerschöpflichen Kunstwanderung und blickt von den Mauern des Kreml auf Moskau, die vielleicht wunderlichste und eigenartigste Stadt der Welt.

Möglicherweise ist es die gleiche Stelle, wo Napoleon einst stand, der große Rasende, der mit sechshunderttausend Mann von Spanien und Frankreich durch Deutschland, durch Polen, durch diese endlose, baumlose, wasserlose Steppe dem Irrlicht des Orients hierher nachzog, der sich unnützerweise von Paris die Oper und die Comédie Française fünfzig Tagereisen weit nachkommen ließ, indes er schon ein gewaltigeres Schauspiel erlebte: eine brennende Stadt zu seinen Füßen. Betäubender, verwirrender Anblick muß es damals gewesen sein, und er ist es noch heute. Ein barbarisches Durcheinander, ein planloses Kunterbunt, von der Neuzeit nur noch pittoresker gemacht: grellrot gestrichene Barockkathedralen neben einem Betonwolkenkratzer, weitläufige schloßhafte Paläste neben schlechtgetünchten Holzhäusern mit grindigem Verputz; zwiebeltürmige, halb byzantinische, halb chinesische Kirchen ducken sich unter die riesenhaft technische Eiffelturmsilhouette der Funkstation, schlecht nachgeahmte Renaissancepalais halten sonderbare Nachbarschaft mit Kaschemmenhütten. Und zwischen all dem, rechts und links und vorn und rückwärts, überall Kirchen, Kirchen, Kirchen, mit ihren heraufgeschraubten Türmen, vierzig mal vierzig, wie die Russen sagen, aber jede anders in Farbe und Formen, ein Jahrmarkt aller Stile, eine zusammengequirlt phantastische Ausstellung aller Bauformen und Kolorite. Nichts paßt zueinander in dieser planlosesten, scheinbar improvisiertesten aller Städte, und gerade diese unablässige Kontrasthaftigkeit macht sie so unerhört überraschend. Man geht hundert Schritt eine Straße entlang und meint, in Europa zu sein, und, kaum um die Ecke, so glaubt man sich schon nach Isfahan verschlagen, in einen Basar, ins Tatarische und Mongolische. Man tritt in eine Kirche, rastet jahrhunderteweit in Byzanz, aber hinauskommend und eintretend in das neue Telegraphengebäude, hat man einen Sprung nach Berlin gemacht. Die verschwenderischen Goldkuppeln einer Kathedrale reflektieren ihren Glanz in den zersplitterten Scheiben wackeliger Holzhäuser gegenüber, aus der Hintertür eines solchen schäbigen Wohnstalles, mit schmutzigem Spülicht, gackernden Hühnern und dumpfen Latrinen tritt man in eine Straße, die von elektrischen Bahnen klirrt, und sieht vor sich ein Museum, wo alle Schätze des Abendlandes in verschwenderischer Fülle geordnet ruhen. Nichts paßt zusammen; sie dröhnt und berauscht, diese Stadt, wie eine ungeheure atonale Symphonie, in der sich die verwegensten Dissonanzen, die grellsten Rhythmen gewaltsam mischen. Man wagt nicht, zu behaupten, daß sie einem gefällt, diese sonderbare Stadt, aber sie ist mehr als schön: sie ist unvergeßlich.

Moskau: Der Rote Platz

So hat er immer geheißen, seit tausend Jahren, dieser rechteckige Platz, das Herz der Stadt Moskau, um der roten, kunstvoll gescharteten Kremlmauer willen, an deren Länge er sich lehnt. Zur Linken zackt sich die breite Fassade der Handelshäuser, das alte Emporium der Kaufmannschaft, empor; hier standen einst die zahllosen Buden der Kaufleute, die Moskaus Reichtum und Ruhm gemacht. Zur Rechten schützt ihn ein weites, wölbiges Tor, zur Linken, an seiner Schmalseite, steigt farbig, mit bunten Steinen und glitzernden Tulpendächern, die fünftürmige Wassilij-Blashennig-Kathedrale auf, ein Wunderbau ohnegleichen, morgenländisch phantastisch, abendländisch architektural, die kühnste Vermählung byzantinischer, italienischer, urrussicher und manchmal auch buddhistisch-pagodischer Formen. Sie ist das kostbarste Kleinod der Stadt, und nichts rühmt sie mehr als die finstere Legende, daß Iwan der Schreckliche dem Baumeister zu Dank für seine Meisterschaft die Augen ausstechen ließ, damit er keine zweite ähnliche Kirche in der Welt bauen könnte. Dieser Platz war von jeher das Herz Rußlands. Hier querten die Handelsstraßen von Normannenland und Ingermanland nach Byzanz, hier brachten vom Osten die Händler Pelzwerk und Getier. Hier zäumten Hunnen und Tataren auf der Heerschau die Rosse, hier stiegen in feierlichem Aufzug die ersten Zaren zur Krönung in den Kreml empor. Noch sieht man den runden Steinring, wo die Häupter der aufständischen Strelitzen abgeschlagen wurden und die Leiche des falschen Demetrius blutig lag; und gerade hier, wo das Zarentum aus dem engen Ring einer Stadt, aus dem jämmerlichen Kreis einer Binnenherrschaft sich auswuchs und entspannte zum weitesten Reich, das jemals die Welt gekannt, hier veranstaltet in beabsichtigter und wissender Symbolik die Sowjetregierung ihre Paraden und Aufzüge. Hier stand die Tribüne, wo Trotzki klirrenden Worts die Bauern und Soldaten aufrief zum Verzweiflungskampfe, hier liegen die Führer und Vorkämpfer des Bolschewismus und die Arbeiter, die für ihn gefallen, in den »Brüdergräbern« längs des Kremls, und hier ruht in eigenem Gebäude, dem Herzpunkt dieses Platzes, das Herz der russischen Revolution, die Leiche Lenins.

Bei Tag brandet der Platz von Menschen und Wagen, man steht und kann sich nicht sattsehen an diesem glitzernden, mosaikhaften Bild der Kathedrale, der strengen Mauern des Kreml, sich nicht entziehen der erschütternd eindringlichen Gräberreihe, die hier mitten in der Stadt als Wahrzeichen des Dankes und des Sieges großartig hingestellt ist. Während man in Wien und Berlin zu den Gräbern der Märzgefallenen stundenweit hinauspilgern muß und in Paris vergebens die Grabplätze der Volksführer sucht, sind hier und ebenso in Leningrad statt irgendeines steinernen Baues oder pathetischer Denkmäler die Gräber selbst in die Stadt gestellt: der wuchtigste, großartigste Aufruf und Dank, den man sich erdenken kann. Wie vordem die Basilika und Kathedrale, bilden sie nun das eigentliche religiöse Zentrum der Stadt, aber frei aufgeschlagen unter dem Himmel, ohne jedes Pathos und jeden Prunk. Dieser geniale Sinn für Regie waltet überall in der neuen russischen Revolution. Zwanghaft muß man im Foyer eines Theaters, in jedem Bahnhofe, in jeder Wartehalle in Plastik oder Photographie das eiserne Antlitz Lenins in sich einfühlen; Lenin, wie er spricht, vorstoßend die Hand wie das Wort, zusammengeballte Energie, oder präsidierend in einer entscheidenden Sitzung, oder mit der Bauernkappe im schlichten Rock, heiter und lachend unter den Helfern. Überall, an jeder Stelle und jedem Ort, im roten Stab des Polizisten, in der roten Mütze der Tramwaykondukteure, in dem überall eingemeißelten Zeichen der Sichel wird man erinnert an die neue Zeit, aber nirgends großartiger und überwältigender als an diesem Platze. Denn selbst wenn die Schatten alle Konturen verwischen, das Grab Lenins nur wie ein schwarzer Stein in dem ungeheuren leeren Dunkel einer Septembernacht steht, dann sieht man noch hoch oben auf der einstigen Residenz der Zaren hell und glühend die rote Fahne des Sowjet sich bauschen. Mit einem genialen Kunstgriff ist von unten her dieser purpurn wogende Stoff betrahlt, so daß man inmitten des ungeheuren Nachtdunkels nur die rote Flamme sieht, diese rote Flamme, die leuchtet, hoch über dem leeren Platz, die Gräber, die Burgen und Handelshallen und weithin über Moskau und die ganze russische Welt, ein Regieeinfall scheinbar nur, aber gleichzeitig mehr: ein Fanal in die neue Zeit, ein grandios ersonnenes Symbol.

Das alte und neue Heiligtum

Vierzig Schritte sind sie voneinander entfernt, das alte und das neue Heiligtum Moskaus, das Heiligenbild der iberischen Muttergottes und das Grabmal Lenins. Das alte, rauchgeschwärzte Heiligenbild steht unbekümmert wie seit unzähligen Jahren in einer kleinen Kapelle zwischen den beiden Durchgängen des Tores, das zum Roten Platz führt. Unnennbare Scharen pilgerten früher hieher, um einige Minuten andachtsvoll sich vor dem Bildnis hinzuwerfen, ein paar fromme Kerzen anzustecken, ein Gebet zur Wundertätigen zu sprechen. Nun steht nebenan die warnende Inschrift der neuen Regierung: »Die Religion ist Opium fürs Volk«. Aber deshalb ist das alte Volksheiligtum doch unverletzt geblieben, der Zugang jedermann gestattet, und tatsächlich sieht man auch immer einige alte Weiblein auf den Steinen knien oder im Gebet ausgestreckt, die letzten, die noch alten Herzens und alter Gesinnung der Wundertätigen anhängen.

Einige, aber nicht viele, denn die wahre Menge, die wirkliche Masse pilgert zum neu aufgerichteten Heiligtum, dem Grabmal Lenins. In sechs- oder siebenfacher, gewundener Schlange stehen die Menschen angereiht, Bauern, Soldaten, Volksfrauen, Dorfweiber, ihre Kinder auf dem Arm, Kaufleute, Matrosen – ein ganzes Volk, hergekommen aus der unendlichen russischen Welt, das seinen vom Schicksal gefällten Führer im künstlichen Schein eines Lebens noch einmal sehen will. Geduldig stehen sie, die Hunderte, die Tausende, angereiht vor dem modernen, ein wenig schachtelhaften, sehr einfachen und symmetrischen Bau aus rotem kaukasischem Holz, der selbst völlig schmucklos, nur mit den fünf Buchstaben LENIN bestirnt ist. Und man fühlt, hier wirkt sich dieselbe Frömmigkeit desselben glaubensfanatischen Volkes aus, die sich dort drüben niederwirft vor dem Bildnis der Madonna, nur hat eine geschickte Hand mit energischem Ruck sie vom Religiösen ins Soziale gewandt, Führerverehrung statt des Heiligendienstes. Aber doch im tiefsten ein und dieselbe und bewußt so gewollt, damit die ungebrochene und unzerbrechliche Glaubenskraft des russischen Volkes vollkommen von Symbol zu Symbol übergeleitet werde, von Christus zu Lenin, vom Volksgott zum Mythos des allein gerechten und herrschenden Gottvolkes.

Man zögert einen Augenblick, ob man wirklich die Stufen mit hinabschreiten soll, denn man weiß, dort unten ruht im gläsernen Sarg, durch neuzeitliche technische Kunst balsamiert, koloriert und so in einer furchtbar täuschenden Scheinlebendigkeit erhalten, die Leiche Lenins. Man fürchtet etwas Mittelalterlich-Byzantinisches einerseits und anderseits etwas an Panoptikum Erinnerndes zu sehen: der Gedanke, ich gestehe es, dieser raffiniert chemischen Lebensimitation eines Gestorbenen als Schaubild, war mir gespenstisch. Aber doch, man schließt sich an, tritt schweigend mit Schweigenden die Treppe nieder in die hellerleuchtete, von den Sowjetzeichen überstirnte Krypta, um in langsamem Gang (niemand darf stehen bleiben), den gläsernen, durchsichtigen und wahrscheinlich luftleeren Sarg von drei Seiten zu umschreiten. Und so sehr sich noch immer das Gefühl gegen diese Schaustellung wehrt, als gegen etwas gewaltsam Künstliches, das ebenso wie die Ordnung der menschlichen Bedingungen nun auch die der Natur korrigieren will, wider Willen fast, wird doch der Eindruck, der wirkliche optische Eindruck grandios. Auf einem roten Kissen, die Decke bis zur Brust hinaufgezogen und darüber die Hände flach hingebreitet, ruht, unverändert wie ein Schlafender, Lenin. Die Augen sind geschlossen, diese kleinen graufeurigen, die man von unzähligen Bildern kennt, der Mund liegt in einem ernsten Schweigen, der einst so redemächtige, aber noch in seinem Schlafe hat dies Antlitz Gewalt durch die graniten gewölbte Stirn, durch den gesammelten und gefaßten Energieausdruck dieses urrussischen Gesichts. Gespenstisch drückt geisterhaftes Schweigen im Raum, den die Bauern, die Soldaten mit ihren schweren Stiefeln ganz leise, mit zurückgehaltenem Atem durchschreiten, die Mütze in der Hand, und noch erschütternder ist der Anblick der Frauen, die mit einem scheuen und ehrfurchtsvollen Blick demütig auf diese phantastische Bahre hinschauen, großartig und einzig diese tägliche Parade des Schweigens von Tausenden und aber Tausenden, die stundenlang warten, um nur eine Minute lang die Menschengestalt ihres schon mythisch gewordenen Führers und Befreiers gesehen zu haben. Nicht für uns, in denen sich eine Ästhetik gegen eine solche immer neu polychromierte Totenmaske wehrt, sondern für ein Volk ist diese Schaustellung ersonnen, für ein Volk, das jahrhundertelang glaubte, daß seine Heiligen nicht dem irdischen Gesetz der Verwesung unterliegen und von der Berührung ihres Leibes Wunder und Zeichen ausgingen; auch hier hat mit ihrem unfehlbaren Instinkt für Massenwirkungen die neue Regierung gerade an das Urälteste und darum Wirksamste im russischen Volkstum angeknüpft. Sie hat sehr richtig gefühlt, daß, gerade weil die marxistische Lehre eine in sich sachliche, unmystische, eine logische und durchaus amusische ist, man sie rechtzeitig in Mythos verwandeln und mit aller Inbrunst des Religiösen erfüllen müsse. So haben sie heute, nach zehn Jahren, aus ihren politischen Führern schon Legenden gestaltet, aus ihren Opfern Märtyrer, aus ihrer Ideologie eine Religion, und vielleicht an keiner Stelle fühlt man diese Taktik ihrer Psychologie sinnfälliger und siegreicher als an diesen beiden Pilgerstätten, fünfzig Schritte voneinander entfernt und doch durch Geistunendlichkeiten getrennt: der Kapelle der iberischen Madonna und der Begräbniskrypta Lenins.

Sonderbar, immer wird es die erste Frage an jeden Zurückkehrenden: ob er die neuen Reichen gesehen, die Neppmänner, die Nutznießer der Revolution. Vielleicht habe ich kein Glück gehabt: mir ist keiner begegnet. Die einzigen großen Revolutionsprofiteure, die ich in Rußland sah, waren die Museen: sie hat die konsequente Konfiskation sämtlichen privaten Kunsteigentums wahrhaft zu Fürsten und Magnaten gemacht. Man hat die Palais, die zahllosen Klöster, die Privatwohnungen mit einem Ruck ausgeräumt und die reichsten davon selbst wieder in Museen verwandelt, so daß sich deren Zahl zumindest vervierfacht, wahrscheinlich aber verzehnfacht hat. Die großen Galerien sind durch so unvermuteten Zuwachs über den Rand gequollen, sie fordern ungestüm Platz zu Bauten und Neubauten und wissen heute noch gar nicht wohin mit der plötzlich hereingeströmten Fülle. Überall wird noch gehämmert, gezählt, umgehängt, inventarisiert, überall entschuldigen sich die Direktoren, sie könnten nur einen kleinen Teil erst aufgehängt zeigen, und führen einen in Nebenräume, wo noch unbekannte Schätze der Aufstellung warten; nach zehn Jahren fehlt noch der vollkommene Überblick über die ungeheuren Bestände, die infolge der Kommunisierung so übermächtig in die Säle geströmt sind.

Über diese gewaltsame Requirierung privaten Kunsteigentums zugunsten der ganzen Nation sich zu begeistern oder zu erbittern, bleibt ein Politikum: jedenfalls genießt zurzeit der Fremde und der Kunstfreund das aktuelle Resultat als eine Überwältigung mit beispielloser Vielfalt und Fülle. Aber nicht nur, daß all dieser ungeahnte Reichtum, bisher verschlossen und unsichtbar in fürstlichen Gemächern und Klöstern, sich nun jedem darbietet zu Augenlust und Gewinn, auch die Kunstgeschichte wird dieser gewaltsamen Zusammenfassung noch Anregungen für Jahrzehnte verdanken. Eine ist schon offenkundig: die vollkommene Umwertung in der Betrachtung der Ikone und damit in der Einstellung zur alten russischen Kunst. Denn verstreut in Tausenden unzugänglichen Kirchen und Klöstern, überleuchtet von Edelsteinen, erstickt von Blumenbehängen, verräuchert, verschmutzt und verklebt durch den Ruß der vorgesteckten Kerzen, waren bisher alle diese Ikonen als eine Art Dunkelmalerei erschienen, schwarze Madonnen, finstere Heilige, eine freudefeindliche, beinahe spanisch düstere Kunst. Nun, im historischen Museum vereinigt, werden die Tausende eines um das andere gereinigt, und dabei ergibt sich die Überraschung, daß alle diese Bilder in ihrem Urzustand hellfarbig und heiter waren, bunt wie die Tücher der russischen Dorffrauen und hell wie der Himmel am Bosporus, von dem sie erstmalig ausgegangen. Mit den schwarzen Krusten, die jetzt abgetragen werden, mit dieser jahrhundertalten Verräucherung und Vernachlässigung wird jetzt zugleich eine ganz falsche Anschauung abgewaschen, und wenn nun bald die alten Basiliken (man beginnt schon damit) systematisch aufgehellt werden und den finsteren Fresken ihre Naivheit und Farbenfreudigkeit zurückgegeben wird, so dürfte Europa erstaunt vor einem vollständig neuen Kunstphänomen stehen, ähnlich erstaunt wie damals, als es entdeckte, daß die Plastiken der Griechen ursprünglich polychrom, ihre Tempel nicht marmorweiß und kalt, sondern von grellem Farbentumult erfüllt waren. Solcher Entdeckungen stehen noch mehrere durch die plötzliche Konzentration und geeinte Schaustellung bevor, und ebenso begegnet man in der Tretjakow-Galerie einer völlig unverhofften Heerschau einer bei uns unbekannten und großartigen russischen Malerei. Aber was man nicht vermutete und was die Fremden vielleicht am meisten in Erstaunen setzt, ist, daß man nirgends außer in Paris eine solche Sammlung der französischen Impressionisten sehen kann als in Moskau, dank der Konfiskation der beiden berühmten Sammlungen Morosow und Schutkin, dreißig Van Goghs enthaltend, die prächtigsten Manets, Courbets, Gauguins und anschließend daran die ganze moderne Malerei bis 1914. Um auch nur im Fluge den Reichtum der vierzig oder fünfzig Museen von Moskau allein zu durchmessen, brauchte man Wochen und Monate, so sind sie jetzt angefüllt und beinahe überfüllt; nirgends so deutlich, nirgends so glücklich wie in der Kunst drückt sich so sinnlich der marxistische Gedanke aus, daß alles allen gehören solle.

Und tatsächlich hat diese Gewißheit, daß all diese Schätze einer seelisch fremdartigen und gleichsam unbekannten Oberwelt an sie gefallen sind und ihnen gehören, den Massen hier einen fast religiösen Respekt vor den Museen gegeben. Ununterbrochen sind sie von Besuchern durchflutet, Soldaten, Bauern, Volksfrauen, die vor einem Jahrzehnt noch nicht wußten, was ein Museum war, sie alle durchziehen jetzt in breiten, andächtigen Trupps die Schauräume, und es ist rührend anzusehen, wie vorsichtig, respektvoll sie mit ihren schweren, hochschäftigen Stiefeln über die Parkette schreiten, wie achtungsvoll und lernbegierig sie in Gruppen mit freiwilligen Führern vor den Kunstwerken stehen. Und es ist der größte Stolz der Museumsleiter, der Führer und des ganzen Volkes, daß im Gegensatz zur Französischen Revolution, die kirchenstürmerisch und plündernd ungeheure Werte sich selbst entwendete, die russische (härter sonst und radikaler als die andere) sich und der Welt kein einziges wesentliches Kunstwerk zerstört hat.

Diese Rettung der musealen Werte in den furchtbarsten Tagen des Umsturzes danken Rußland und mit ihm alle Kunstfreunde der rechtzeitigen Energie einiger Führer, Lunatscharskis vor allem, aber nicht minder der stillen, unscheinbaren und heroischen und aufopferungsvollen Arbeit einzelner unbekannter Museumsleiter. Hungernd und frierend, schlecht bezahlt und vergessen, bei zehn Grad unter Null in ungeheizten Räumen, während die Regierung von einer Hand in die andere überging, während die Maschinengewehre auf den Straßen knatterten, haben diese unbekannten Helden diese unermeßlichen Werte gehütet, geschützt, geordnet und der Weltgemeinschaft bewahrt. Niemand kennt, niemand nennt heute die Namen dieser Rührenden und Redlichen, niemand hat noch die Geschichte ihrer Aufopferungen und Entbehrungen erzählt; erst die Zukunft wird ihrer im

Tumult des Umsturzes unscheinbar verborgenen Tat für das große Werk dieser Rettung dankbar sein.

Heroismus der Intellektuellen

Dieser Heroismus der russischen Intellektuellen ist es, was mich am meisten in Rußland bewegt und erschüttert hat. Ein Proletariat, eine geknechtete Bauernschaft von hundertvierzig Millionen ist aufgestiegen zur Macht, hat sich erhöht und befreit. Sie hat Entbehrungen unvergleichlicher Art auf sich genommen, Notdurft und Mühsal ohne Ende, aber selbst, wo es heute noch eingeschränkt ist und entbehrt, stählt dieses leidenswillige und fast leidensfreudige Volk immer doch das Gefühl ihres Aufstieges in höhere Lebenskreise, das triumphale Bewußtsein ihres proletarischen Sieges. Die Intellektuellen aber, sie sind nicht aufgestiegen in ihren Lebensformen und nicht in eine höhere Freiheit hinein, sondern eher zurückgeworfen in dumpfere, drükkendere Daseinsbedingungen, in ein engeres Maß an räumlicher und seelischer Freiheit. Sie zahlen noch immer am vollsten und vielleicht am unbedanktesten den bitteren Zoll dieses Übergangs. Darin liegt an sich keine böswillige Absicht der Regierung, nur ganz naturhaft haben die Verhältnisse sich gegen sie am härtesten gewandt. Sie haben ihnen, die Raum und Ruhe um sich ebenso notwendig wie Nahrung brauchen, eine Geißel erfunden, die wir in den Nachkriegsjahren selber im Fleische gefühlt haben, die Wohnungsnot. Aber hier ist sie nicht Geißel mehr, sondern dreimal geknotete Knute, diese für unsere europäischen Begriffe unerträgliche Wohnungsnot, die den Menscheninhalt eines Waggons in eine mittlere Wohnung hineinpfercht. Fünf Familien an einem Herde und mit einem Klosett sind keine Seltenheit, ein einziges abgesondertes Zimmer und Küche für eine vierköpfige Familie schon ein beneideter Glücksfall. Was Wien in den schweren Jahren schon als Hölle empfand, wäre dort noch Fegefeuer und für manche fast Paradies. Denn dieses Moskau wächst mit diabolischer Geschwindigkeit; zur Hauptstadt des Hundertvierzigmillionenreichs plötzlich ernannt, vollgedrängt mit Ämtern und dabei gehemmt in seinen Bauarbeiten, preßt die überpferchte Hauptstadt (schon vorher unkomfortabel und unhygienisch in ihren Unterkünften) nun ihre Menschen grausam nahe zusammen, und ganz besonders furchtbar lastet natürlich dieser Druck auf jenen, die für ihre geistige Tätigkeit Raum und Absonderung wie Sauerstoff nötig haben: auf den Intellektuellen. Aber bewundernswert der Gleichmut und die Gelassenheit, mit der all diese Menschen dieses Eingekeiltsein ertragen, noch immer nicht genug bewundert diese unbeschreibliche russische Geduld, die von der Scholle des Volkes bis in die feinsten Verästelungen ihrer geistigen Blüte, bis zu den Intellektuellen und Künstlern kraftwaltend emporsteigt. Ich besuchte einen großen Gelehrten im einzigen Zimmer, das, neben einem zweiten winzigen Räumchen ohne Küche, er zu viert bewohnt [!], also Arbeitszimmer, Speisezimmer, Wohnzimmer und Schlafzimmer in einem, und als ich unwillkürlich betroffen mit dem Blick diese Enge nachmaß, lächelte er das alltröstende »Nitschewo«, das »Es macht nichts«, dies sieghafte »Man gewöhnt sich daran«. »Wir sind wenigstens durch einen Holzverschlag von unseren Nachbarn abgesondert.« Schon dies zählt als ein Glück, ein paar Kubikmeter abgesonderter Luft mit den Seinen atmen zu dürfen. Oder ein anderes Beispiel: Ich besuchte Eisenstein, den heute weltberühmten Regisseur des Potemkin-Films, der mir seine neuen (herrlichen!) Arbeiten zeigen wollte. Dieser Meister, der für das russische Können mehr Propaganda geleistet als hundert Bücher, hat ein einziges Zimmer innerhalb einer Gesamtwohnung, Schlafraum, Atelier, Sekretariat, Speisezimmer in einem: ein Tisch, ein Teebrett, zwei Sessel, eine winzige Waschschüssel, ein Bett, eine Bücherkante. Aber auf dem kleinen Tisch liegen ein Dutzend Telegramme, Angebote auf drei Monate nach Hollywood für dreißigtausend Dollar, und doch, sie lassen sich durch Geld nicht von ihrer Aufgabe weglocken, alle halten sie durch, alle kehren sie wieder aufopferungsvoll nach Rußland zurück, in ihre schweren Lebensbedingungen, schlecht bezahlt, gerade nur das Notdürftigste verdienend und schon empfindungslos für alle kleinen Bequemlichkeiten, die uns, ihren europäischen Brüdern, Selbstverständlichkeiten sind. Das ist der großartige Heroismus der russischen Intellektuellen von heute, daß sie, nicht genug gewürdigt, nicht genug gerühmt weder im eigenen Land noch bei uns, ausharren, weil sie es für ehrlos halten, ihren Posten zu verlassen um besserer Verdienstmöglichkeiten in Europa willen, und dies nur aus dem stolzen Gefühl sittlicher Verpflichtung, aus dem Bewußtsein, daß nichts heute Rußland, dem jetzt Helligkeit und Heiterkeit fehlt, so notwendig ist wie gute Universitäten, gute Schulen und Museen, eine vollendete und volksmäßige Kunst. Und wenn dieses ungeheuerste soziale Experiment, das Rußland unternommen hat und zum Staunen der übrigen Welt jetzt schon durch zehn Jahre allein gegen diese andere Welt durchhält, nicht gescheitert ist, so dankt es dies (man begreift es hier) nur dreierlei: der unerhörten, harten fanatischen Energie seine Diktatoren, der unvergleichlichen Willigkeit und Geduldkraft dieses leidensgewohntesten aller Völker und nicht zuletzt dem Idealismus und der Aufopferungsfähigkeit der so oft als bürgerlich geschmähten, als zu lau und zu unpolitisch geringgeschätzten russischen Intellektuellen.

Besuch bei Gorki

Auch Gorki, der sinnlichste Repräsentant des aus der eigenen Volkstiefe emporgestiegenen Rußland, hat es als eine Pflicht empfunden, während einer so welthistorischen Entwicklung nicht dauernd fern vom Vaterland zu sein. Zwar drängten ihn heftig die Ärzte, nicht den heilkräftigen italienischen Süden zu verlassen und seine labile Gesundheit nicht dem nordischen Klima auszusetzen, aber er ist doch in seine Heimat zurückgekehrt, und zwar gleich zu einer Zehntausend-Kilometer-Reise quer durch das ganze Land. Leider hatten die Ärzte recht behalten, denn ein Rückfall warf ihn auf das Krankenlager zurück, und so fehlte er bei der Feier und war unauffindbar, unerreichbar. Schon mußte ich mich mit dem Gedanken vertraut machen, Rußland verlassen zu müssen, ohne seinen großen Dichter gesehen zu haben, ohne dem Menschen danken zu können, dem ich persönlich für manches private und öffentliche Wort verpflichtet bin, als man mir endlich verriet, daß er in Moskau selbst verborgen sei. Und noch am selben Abend durfte ich ihn sehen.

Sein Gesicht überrascht, gerade weil man es von Photographien her zu kennen glaubt. Aber alle, die ich gesehen habe, verschatten es merkwürdig ins Düstere, lassen es hart erscheinen, bitter und vergrämt, indes gerade die Helligkeit der erste Eindruck seines Antlitzes ist. Kurzgeschorenes, strohblondes Haar, blasse Brauen über lichtgrauen Augen, ein gelber buschiger Schnurrbart; das Antlitz eines klugen, slawischen Bauern, eines gescheiten Handwerkers, gut geistig leuchtend und dabei warm und hell wie frischgebackenes Brot. Besonderheit nur darin der stark vorgebaute, hart gemeißelte Stirnbogen; durch diesen vorgetürmten Block bekommt sein Blick Gewalt aus einer Tiefe, eine prachtvolle eindringliche Konzentriertheit. Diese Konzentriertheit, diese sachliche feste Ruhe lebt in jedem seiner mündlichen Worte genau wie in seiner Schreibe: mit ein paar festen Sätzen rückt er jeden Gegenstand fest und klar ins Licht. Er übertreibt nicht, er passioniert sich nicht; darum haben seine Worte genau wie seine Werke den Wert unbedenklicher und unbestechlicher Zeugenschaft. Was ihn am meisten nach seiner Rückkehr nach vier oder fünf Jahren an dem neuen Rußland frappiert, ist das gleiche, was auch uns Fremde so sympathisch bei diesem Volk berührt: die plötzlich aufgebrochene stürmische Gier nach Bildung bis in die untersten Klassen hinein, die Passion für das Schöpferische. Jahrhunderte war hier eines der begabtesten und aufgewecktesten Völker durch den Zarismus und die ihm gefällige Kirche gewaltsam verdumpft und von allen Bildungsmöglichkeiten abgeschnitten worden (das schwerste Verbrechen, das eine Regierung an ihrem Volk begehen kann). Und mit einem bewundernswerten, rapiden Elan hat die ganze Nation, oder haben vielmehr alle jetzt in der Sowjetrepublik vereinigten Republiken die Gelegenheit benutzt, sich vom Analphabetismus zu befreien. Über Nacht sind in den kaukasischen, georgischen, turkestanischen und sibirischen Gebieten Universitäten entstanden, Zeitschriften, Dichterschulen; bis in die winzigsten Dörfer dringen jetzt, dank einer unablässig hämmernden, zwar politisch gemeinten, aber doch bildungswirkenden Organisation, die neugeschaffenen Bauernzeitungen, die vom Volk selbst geschrieben und redigiert werden. »Sie würden nicht glauben«, erzählt mir Gorki, »was für ausgezeichnete Briefe und Schilderungen in diesen populären Zeitschriften, die das Volk selbst schreibt, zutage treten. In ihnen ist oft mehr darstellende Kraft als in allen schulgemäßen Literaturen, und ich bin selbst mit einer ganzen Reihe dieser Schreiber in Korrespondenz geraten, soviel Anregungen und Kenntnisse haben mir ihre urtümlichen Mitteilungen gegeben.« Selbst er, von Jugend auf gläubig an das russische Volksgenie, genau wie Dostojewski und Tolstoi, ist dennoch erstaunt über das Tempo dieses ungeahnten Bildungsaufschwunges, den innerhalb von wenigen Jahren die untersten Schichten des russischen Volkes genommen haben. Und sein neues Buch, an dem er noch arbeitet, wird nicht Dichtung sein, sondern Darstellung seiner Erlebnisse mit dem Volk bei dieser Wiederbegegnung nach Jahr und Jahren. Und ich glaube, gerade dieses Buch wird für Europa von äußerster Wichtigkeit sein, denn das klare Auge Gorkis ist unbestechlich in Urteil und Erkennen, unfähig zu schmeicheln, unwillig zu lügen. Und wenn wahrhaft dann dieser wahrhaftige Bildner, dieser warmherzigste Kenner seines Volkes trotz aller Einschränkungen im wesentlichen der Leistung der letzten Jahre zustimmt, sollten immerhin manche vorsichtiger sein, von ferne her und, bloß zweideutigen Nachrichten folgend, all das, was in Rußland im letzten Jahrzehnte geschehen ist, einzig als ein hoffnungsloses Chaos und eine wütige Verblendung zu betrachten.

Die Regierung hat ihnen ein Haus überlassen, das ehemalige Wohnhaus Alexander Herzens, und sie haben es umgeformt in eine Art Klub, wo sie einander begegnen, Freunde empfangen und bewirten können, lesen und arbeiten. Sie haben daraus gleichzeitig ein kleines Museum gemacht, das alle Bücher der jungen Generation, ihre Manuskripte und Bilder gemeinschaftlich behütet, und ich hatte die Freude, dort ihr gemeinsamer Gast zu sein. Seltsames Gefühl zwischen Vergangenheit und Gegenwart: vor einigen Monaten hatte ich noch in Versailles die achtzigjährige Tochter Alexander Herzens, Madame Monod, besucht und saß nun im staatlich gewordenen Haus ihres Vaters, dessen Standbild längst auf allen Plätzen prangt und Monument einer Vergangenheit geworden ist, neben der Enkelin Tolstois, der jungen zarten und auf anmutigste Weise klugen Sophia Tolstoi-Jessenin, der Witwe des großen lyrischen Dichters Jessenin, der, dreißigjährig vor zwei Jahren auf tragische Art aus dem Leben schied. Ein langer Tisch vereinigt drei Dutzend junger Menschen, keiner über vierzig, die meisten unter dreißig Jahren, und in ihrer Gegenwart fühlt man etwas von der unerhörten Weite und Vielfalt dieses riesigen Reiches. Denn jede Provinz und jedes Volk der Union hat da irgendeinen aus sich herausgeholt. Da ist Boris Pilniak, der berühmte Romanschriftsteller, ein blonder Wolgadeutscher, aber schon so russisch geworden, daß er kein Wort seiner Vorvätersprache mehr versteht, neben ihm Wsjewolod Iwanow, dessen ›Panzerzug‹ als Buch und Drama in Rußland gleich erfolgreich ist, ein heller Sibirier mit rundem Kajakengesicht. Da sitzt Grigol Robadkidse, Priestersohn aus Tiflis, der erste georgische Dichter, von dem in nächster Zeit ein sehr heißes und farbenprächtiges Buch in deutscher Sprache erscheint, da Abraham Effros, schwarzbärtiger orientalischer Moskauer, der trefflichste Kenner europäischer Kunst, da Liddin und Kiriloff und der prächtige Holzschneider Kraftchenko und neben ihm die noch unbekannten Dichter der neuen Kultursphären, Estländer, Eurasier, Armenier, Kaukasier, Ukrainer, ein buntes Gemenge, verbunden durch die gleiche Herzlichkeit der Gastfreundschaft und das unbezwingliche Element der Jugend.

Alle oder fast alle diese neuen jungen Dichter kommen aus dem Volke und fühlen sich ihm näher verwandt, als die unseren; sie lesen in Soldatenschulen ihre Verse vor, sprechen in Volksversammlungen über Literatur, führen die Bauern durch die Museen. Sie gehen in dem einfachen Rock des Arbeiters, in den weißen Blusen der Bauern, keiner besitzt wahrscheinlich einen Smoking oder einen Frack, keiner von ihnen wohnt bequem und hat nur einen Schatten europäischer Honorare: aber sie genießen dafür das Glück eines weiten Publikums, das spontane Verbundensein mit dem letzten Urgrund ihrer Natur, die Kameradschaft mit jedem und allen. Das ist ein Erlebnis. Jeder von ihnen kennt das Volk, seine Bedürfnisse und seine Gedanken aus eigener Anschauung, die meisten von tätiger Mitarbeit, und mit einem urtümlichen Abenteuertrieb rollen und pilgern sie zigeunerhaft frei von einem zum anderen Ende des russischen Landes. Es ist eine Freude, ihre Gesichter zu sehen, frisch und lebendig, eine Freude, ihre Bücher zu lesen, die überquellen von ganz neuen Kräften: die europäische Literatur wird noch manche Überraschung von diesem aufsteigenden Rußland erleben.

Theater

Soll man Eulen nach Athen tragen und Kaviar nach Rußland? Soll man wirklich noch einmal erzählen, was das russische Theater selbst in der schwersten Zeit des Überganges geleistet und geschaffen hat? Das alles hat Joseph Gregor mit René Fülöp in seinem trefflichen Werk über die russische Bühne so ausführlich getan, daß ich mir's erübrigen kann. Und schließlich, man kennt einigermaßen Stanislawski, Tairoff und Meyerhold von ihren deutschen Gastspielen. Da bringen sie alles mit, ihre großen Schauspieler, wie Katschalow, Tschechow, Alice Coonen, sie haben längst unserer Generation die Meisterschaft ihrer Regie, ihre neuen schöpferischen Ideen gezeigt. Nur eines können sie nicht mitbringen, was hier so ungemein den Eindruck verstärkt: das Publikum, das neue russische Publikum der sowjetistischen Zeit. Dichtgedrängte Reihen, kein leerer Platz allabendlich, eine einzige festgefügte, einheitliche Masse. Der Unterschied zwischen Parterre, Logen und höchster Galerie restlos aufgelöst, da und dort Arbeiter, Frauen, Fremde, Soldaten und die spärlichen Reste der Exbürgerschaft, alles farblos und vollkommen durcheinander gemischt. Keine steife Hemdbrust, kein harter Kragen, kein Décolleté, kein Smoking, keine schroff brennenden Farben – alles wie mit Sepia überstrichen oder leicht angeschleiert. Aber was dieses Bild des Zuschauerraumes an Buntheit verliert, gewinnt es an Einheitlichkeit. Nirgends habe ich das Publikum eines Theaters dermaßen als grauen, metallischen Block, als Meer, als Masse zusammengeschmiedet empfunden, wie dort in den Theatern der verlorengegangenen Eleganz. Gewiß: der Zuschauerraum liegt im Schatten der Gleichgültigkeit und Alltäglichkeit, er wirkt unfestlich, bloß als dicht angefüllter Menschenraum, aber eben darum stelle man sich's vor, wie scharf, wie verwirrend, wie zauberhaft dann der Kontrast wird, wenn hinter der Rampe dann die doppelt wirksame Magie, die blendende Vielfalt der Dekorationen auftaucht. Der Luxus, bei uns seßhaft im Parkett und in den Logen, hier ist er hinübergeflüchtet auf die Bühne: da hat er seine letzte Freistatt auf russischer Erde, hier darf er sich – fremd und sagenhaft geworden im wirklichen Leben – als ein Historisches und Kostümhaftes verschwenderisch innerhalb der imaginären Zone entfalten. Hier und hier allein verstattet sich Rußland noch Verschwendung, und nicht Amerika, und nicht die Pariser Singspielhallen zaubern solche koloristische Pracht auf als ein Ballett in der Leningrader Oper, und nirgends wirkt ihre schwelgerische Traumhaftigkeit feenhafter und unwahrscheinlicher als hier, wo diese Phantasmagorie dem Grau des Täglichen traumhaft gegenübersteht. Wirklich wie Niederstieg in verschattete Zonen erlebt man dann die irdisch geschmückte

Gestalt, etwa die neue zauberische Tänzerin, die Rußland geschenkt ist, die Semjonowa (der Name wird noch einmal Europa überstrahlen), zwanzig Jahre alt, gerade aus der Ballettschule in Tiflis gekommen und innerhalb eines Jahres schon Zauberin und Herrin der ganzen Stadt; wenn sie mit ihrem festen, elastischen Schritt, der nicht gelernt ist, sondern natürlich wie Saft aus der Rinde quillt, über die Bühne schreitet und im Wildsein eines Überschwanges sich flügelhaft aufwirbelt, dann bricht plötzlich über diesen armen, gleichfarbigen, verdüsterten Alltag eine Art Licht herein, das diese Menschen taumeln macht. Und an dem Glück, das sie Millionen spenden, spürt und begreift man, warum alle Künstler hier so leidenschaftlich und hingebungsvoll, so aufopfernd und selbstvergessend dem gemeinsamen Werke dienen, denn sie verwalten nach Jahren des Leidens, der Entbehrung und der Ermüdung hier einzig noch die heilige Flamme der Freude. Vielleicht hätte Rußland trotz all seiner Geduld, trotz seiner bewundernswerten Beharrlichkeit diese Epoche der Prüfung auf seiner blutigen und zerschundenen Erde nicht so sieghaft überdauert, hätten nicht seine herrlichen Künstler ihm über seiner allzu normalisierten und mechanisierten Welt die traumhafte und magische der schöpferischen Phantasie für gelöste Stunden aufgebaut.

Tolstoifeier

Das große Theater in Moskau, gewiß das weiteste und außerdem auch eines der schönsten der Welt, riesigen Raum ohne kolossalische Geste bemeisternd, diskret in Tönung, blaßrot mit gespartem Gold – das Ideal einer Festbühne. Im Parkett und auf den Galerien viertausend Personen (Rußland denkt und feiert in anderen Dimensionen als wir) eine geduldig wartende Menge. Um sechs Uhr soll die Feier beginnen, weshalb sie selbstverständlich um sieben Uhr beginnt, ohne daß ein einziges Scharren, eine einzige Unruhe sich regte. Auf der Bühne im runden Oval ein Tisch für das Komitee, in der Mitte Lunatscharski, der Minister und Gebieter der Kunstwelt, straffes energisch geballtes Gesicht über gesunden, grobgehauenen Schultern, neben ihm die Kamenewa, die Schwester Trotzkis, Leiterin der Kulturabteilung, damenhaft und diskret mit einer sehr sanften und ruhigen Stimme, deren Musikalität erst bei der Rede fühlbar wird. Dann der Sohn Tolstois, Sergei, ein stiller grauer Herr, eher Masaryk ähnlich als seinem Vater, dann Delegierte aus allen Reichen und Korporationen des Landes und die ausländischen Gäste.

Als erster tritt Lunatscharski an die Tribüne und spricht (frei wie jeder in Rußland) anderthalb Stunden lang mit der dramatischen Geschultheit eines Agitators. Er trennt wie mit der Messerschneide die Lehre Tolstois vom Dogma des Bolschewismus. Ich kann seiner russischen Rede natürlich nicht folgen, aber ich sehe an seinen harten taktierenden, energisch zustoßenden Fäusten, wie er das Rechts vom Links entschlossen teilt und damit gleich vom Anfang an wie ein Standbild die Stellung der Regierung vor das riesig aufragende Bildnis Tolstois setzt.

Nach ihm spricht Professor Sakulin für die Akademie, ein schöner, würdeeinflößender Graubart, gekleidet in die alte russische Bluse, dann kommt die Reihe an uns – eine schwere Aufgabe, die wir vom Politischen her nicht geschult sind, mit sechs Scheinwerfern in den Pupillen, einem Radioapparat vor der Lippe und einem kurbelnden Kinematographen knapp an der Schulter, vor viertausend Personen zu sprechen. Aber wie hilft einem dieses Publikum mit seiner wunderbar lauschenden, unvergleichlichen Disziplin, mit dieser immer großartig wartenden, ewig neuen russischen Geduld; schon ist es zwölf Uhr, und seit sechs Uhr sitzen diese Menschen da, nur ab und zu zwischen den Reden durch Musik erfrischt, und keiner der Unersättlichen denkt an Fortgehen und rührt sich von der Stelle – Intellektuelle, Arbeiter, Soldaten, eine einzige dankbar horchende, aufnehmende, das Wort ehrfürchtig in sich eintrinkende Masse.

Am nächsten Tag dann Eröffnung des Tolstoi-Museums und des Tolstoi-Hauses, beide das Angedenken dieses Menschen mit fünfzigtausend Bildern und Erinnerungen noch dokumentarischer vergegenwärtigend als Weimar jenes Goethes. Mit tausend kleinen Nägeln wird seine Physiognomie dem Gedächtnis unverrückbar eingehämmert, man sieht Tolstoi zu Pferde, im Bett, bei der Arbeit, mit der Sichel, beim Spiel und am Pfluge, auf Reisen und daheim mit Kindern und Enkeln. Man sieht ihn als Knaben, als jungen Mann, als Soldaten, als Greis und Prophet, und nach zwei Stunden dieses Schauens kennt man keinen seiner persönlichen Bekannten in seiner physischen Form so unvergeßlich wie ihn. Mir persönlich machten zwei Kleinigkeiten den stärksten Eindruck: in einer Glasvitrine ein schlichter grober Strick mit einem Brief dazu, von einer fremden Frau ihm zugeschickt, die das Weltverdüsternde und ewig Klagende seiner Bücher nicht ertragen konnte und ihm russisch konsequent diesen Strick ins Haus sandte, er sollte nicht länger sich selbst und damit die Menschheit mit seiner ewigen Unzufriedenheit und Empörung quälen und lieber rasch mit sich ein Ende machen; und ein zweites solches erschütterndes Lebensdokument, ein gestempeltes amtliches Papier, ein Frachtbrief, peinlich, sorglich ausgefüllt. Adressat: Familie Tolstoi. Beschreibung der Verpackung: Kiste. Inhalt: Eine Leiche. So hat das offizielle Rußland die welthistorische Überführung der Leiche Leo Tolstois von seinem Sterbeort Astapowo zur letzten Heimkehr nach Jasnaja Poljana versteinert. Grausamste Ironie der Nichtigkeit alles Geistes vor dem amtlichen Blick, erschütternd durch seine Stupidität, das phantastischste Denkmal unseres irrsinnig wütenden Bürokratismus, das ich jemals auf Erden gesehen.

Aber all dies ist nur Vorspiel und Vorklang, denn nicht in Rede und Schrift läßt sich die Erinnerung dieses Lebensbildes vollkommen erfassen, nicht in Photographien und Phonographen, nicht in künstlich geräumten und geordneten Museen, sondern erst am wahren Orte, wo er wurzelte, wo er geboren ward, wo er am längsten lebte und am meisten litt: In seinem Hause in Jasnaja Poljana.

Nachtfahrt ins flache Land. Am frühen Morgen Tula und dann mit linden Wiesen, kleinen fülligen Wäldchen dieses eine winzige Dorf, berühmt unter Hunderttausenden Rußlands: Jasnaja Poljana.

Alexandra Lwowna, die jüngste Tochter Tolstois, empfängt uns und führt erklärend zuerst in die Dorfschule, wo heute ein Denkmal Leo Tolstois enthüllt werden soll. Vom Vater hat sie die massive Gesundheit, die breite, wuchtige Vitalität, die beinahe bäuerliche Festigkeit und die ungebändigte Arbeitsenergie; sie hat nicht früher gerastet, als bis diese Schule, die ihr Vater vor sechzig Jahren in einer Dorfscheune begonnen, nun blank und neu aufgebaut ward in steinernen Mauern, das schönste Monument seines pädagogischen Willens, Sammelpunkt seiner Lehre. Das ganze Dorf ist versammelt, uralte Bauern mit langem, glattgestrichenem Haar und vereisten Bärten: wie herausgeschnitten aus Ikonen sehen sie aus, die meisten haben Leo Tolstoi noch selbst gekannt, einige sind darunter, die, weil sie seinen Lehren gehorcht, in den Gefängnissen gesessen haben und nach Sibirien gewandert sind. Neben ihnen junge Schüler in weißen Blusen, mit hellen, neugierigen Augen uns grüßend, junge Mädchen, die ihre Kostüme schon bereithalten, um abends beim Bauerntanz die ländlichen Lieder den Gästen vorzuführen. Bei der Eröffnung gibt es einen schönen, starken Augenblick, wie Alexandra Lwowna sich erhebt und erklärt, in dieser Schule, die ihr Vater gegründet, dürfe niemals Militarismus und Atheismus gelehrt werden; dem widerspricht auch Lunatscharski nicht im Namen der Regierung, obwohl er nochmals mit seiner hämmernden, harten Energie den aktivistischen Standpunkt seiner Anschauung gegenüber dem passiv christlichen Tolstois energisch betont.

Dann zu Fuß, bis an die Knöchel einsinkend, nein, bis an die Knie, durch den fetten Lehm einer unergründlichen russischen Dorfstraße hin zum Schloß. Aber ist es wirklich ein Schloß? Beinahe lächelt man, wenn man sich der selbstanklägerischen Übertreibungen Tolstois erinnert, der in seiner Bußhypertrophie immer ausschrie, er lebe »im Luxus«, er bewohne ein fürstliches Haus. Denn wie unschloßhaft ist dieser niedere, weißgetünchte Ziegelbau mit seinem kleinen Gärtchen, mitten im Walde, wie einfach und primitiv die Einrichtung. Der Frankfurter Kaufmannssohn Goethe, der schuldengehetzte Schreiber Balzac, sie haben in Weimar und Passy wie die Fürsten gewohnt im Vergleich zu diesen niederen, kahlen, mit billigem und oft zufälligem Kram gefüllten Gelassen. Knarrende Holzstiegen führen hinauf zu den Zimmern mit ihren schlecht gebohnten Weißholzdielen, der Schlafraum zeigt schmale, fast militärische Eisenbetten mit einfachsten Leinendecken, das Speisezimmer billige Thonet-Möbel oder dorfgezimmerte Ware, abends nur von Petroleumlampen mühselig erhellt. Kein einziger Gegenstand von wirklicher Kostbarkeit und Wert; an den Wänden verblaßte, schlecht gerahmte Photographien, auf den Gestellen Broschüren und kaum geordnete Bücher, kunterbunt auf dem Schreibtisch eine Grammophonwalze, die ihm Edison schickte, und ein gehämmerter Stein, den die Fabrikarbeiter ihm schenkten am Tage, als er aus der russischen Kirche austrat – eine wahrhaft spartanische Einfachheit, ohne das geringste Bemühen nach Bequemlichkeit und Fülle des Daseins. Eine Wachstuchottomane in seinem Arbeitszimmer als einzige Stelle der Rast, sie ist gleichzeitig das Bett, auf dem Tolstoi selbst und alle seine Kinder geboren wurden, dann ein Schachbrett und ein Klavier als einzige Zeichen der Ablenkung und geistiger Entlastung. Drückend und grau, wie sein eigenes Werk, und doch erschütternd durch seinen heroischen Ernst mutet es an, dieses triste, einstöckige Haus, nur die Fülle der Erinnerungen belebt es, einzig nur das Erinnern an seine fortgegangene Gestalt. Denn jedes winzige Ding hat noch seelisches Gewicht von seiner Legende. Hier vor dem Hause steht noch riesenhaft gewölbt, mit der kleinen Klingel daran, der »Baum der Armen«, wo alltäglich die Pilger und Bauern nachmittags den großen Dichter erwarteten. Hier im Arbeitsgemach unten im Kellerraum (in dem kein europäischer Schriftsteller heute seine Dienstboten wohnen ließe) steckt noch der Nagel in der Wand, an dem Tolstoi sich im Jahre der Krise erhängen wollte. Und mit unendlicher Ehrfurcht betrachtet man die nun welthistorisch gewordene Treppe vor dem engen Schlafraum, die der Dreiundachtzigjährige um vier Uhr morgens, plötzlich aufgerissen von seinem übermächtigen Gewissen, hinablief in den Stall, um seiner Heimat, seiner Familie zu entflüchten in seinen einzig heroischen Tod: hier atmet man Geschichte eines Gewaltigen in der Luft seines Lebens, und das Unvergängliche seines Werkes macht all die kleinen Vergänglichkeiten seines Heimes und seiner Hausung der aufgerüttelten Seele erschütternd und groß.

Das schönste Grab der Welt

Aber das Großartigste, das Ergreifendste von Jasnaja Poljana ist Tolstois Grab. Abseits und allein liegt dieser erlauchte Pilgerort kommender ehrfürchtiger Geschlechter eingeschattet im Wald. Ein schmaler Fußpfad, scheinbar planlos hinstreifend durch Lichtung und Gebüsch, führt hin zu diesem Grab, das nichts ist als ein kleines gehäuftes Rechteck aus Erde, von niemandem bewacht, von niemandem gehütet, nur von ein paar Bäumen beschattet. Und diese hochragenden, sanft vom Frühherbstwind gewiegten Bäume hat Leo Tolstoi, so erzählt mir seine Enkelin, selber gepflanzt. Sein Bruder Nikolai und er hatten als Knaben von irgendeiner Amme oder Dorffrau die alte Sage gehört, wo man Bäume pflanze, da werde ein Ort des Glückes sein. So hatten sie spielhaft ein paar Schößlinge irgendwo auf ihrem Gute eingesenkt in die Erde und dieses Kinderspiel bald vergessen. Erst später entsann sich Tolstoi dieses Kindheitsbegebnisses und der sonderbaren Verheißung von Glück, die dem Lebensmüden plötzlich eine neue und schönere Bedeutung bekam. Und er äußerte sofort den Wunsch, unter jenen selbstgepflanzten Bäumen begraben zu sein.

Das ist geschehen, ganz nach dem Willen Tolstois, und es ward das schönste, eindrucksvollste, bezwingendste Grab der Welt. Ein kleiner rechteckiger Hügel im Wald, von Blumen übergrünt – nulla crux, nulla corona – kein Kreuz, kein Grabstein, keine Inschrift, nicht einmal der Name Tolstoi. Namenlos ist der große Mann begraben, der wie keiner unter seinem Namen und Ruhm litt, genau wie irgendein zufällig aufgefundener Landstreicher, ein unbekannter Soldat. Niemand ist es verwehrt, an seine letzte Ruhestätte zu treten, der dünne Bretterzaun ringsum ist nicht verschlossen – nichts behütet Leo Tolstois Ruhe als die Ehrfurcht der Menschen, die sonst so gern mit ihrer Neugier die Gräber der Großen verstört. Hier aber bannt gerade die zwingende Einfachheit jede lose Schaulust und verbietet lautes Wort. Wind rauscht in den Bäumen über dem Grab des Namenlosen, Sonne spielt warm drüber hin, Schnee legt sich winters zärtlich weiß um die dunkle Erde, man könnte Sommer und Winter hier vorübergehen, ahnungslos, daß dieses kleine emporgeschichtete Rechteck das Irdische eines der gewaltigsten Menschen unserer Welt in sich genommen hat. Aber gerade diese Anonymität wirkt erschütternder als aller erdenkliche Marmor und Prunk: von den Hunderten von Menschen, die heute dieser Ausnahmstag hieher an seine Ruhestätte führte, hatte nicht ein einziger den Mut, auch nur eine Blume zum Andenken von dem dunklen Hügel zu nehmen. Nichts wirkt in dieser Welt, man fühlt es wiederum, so monumental wie die letzte Einfachheit. Nicht Napoleons Krypta unter dem Marmorbogen des Invalidendoms, nicht Goethes Sarg in der Fürstengruft zu Weimar, nicht Shakespeares Sarkophag in der Westminsterabtei erschüttern durch ihren Anblick so um und um das Menschlichste in jedem Menschen als dieses herrlich schweigende, rührend namenlose Grab irgendwo im Walde, nur vom Wind überflüstert und selbst ohne Botschaft und Wort.

Diese zweite Hauptstadt Rußlands bedeutet nicht Ergänzung Moskaus, sondern ihr Widerspiel. So willkürlich entstanden aus Zufall und Volksansammlung Moskau, so zielhaft und willensmächtig, so planhaft und kategorisch gestaltet wirkt die alte Zarenstadt, jene aus eigenem Antrieb gewachsen, diese von einem plötzlichen despotischen Willen diktiert, jene nach Asien blikkend bis in die fernen Horizonte der Tatarei und Chinas, diese nach Europa. Nichts hier von dem architektonischen Durcheinander, das in Moskau alle Stile und Kostüme der Baukunst in einen steineren Maskenball zusammengedrängt, nein, man spürt es sofort, hier hat ein einziger autokratischer Wille eine Stadt plötzlich gewollt und genau in die Vision seines Willens gestaltet, ihr Herr und Ahnherr, Peter der Große. Sein Vorbild war Amsterdam. Aber mit dem Vorgefühl der russischen Weltweite hat er vor dreihundert Jahren schon die Dimensionen ins Amerikanische gesteigert; wo dort schmale Straßen, spannen sich hier prunkvolle Boulevards und riesenhafte radiale Plätze. Die russische Raumverschwendung, hier hat sie sich im harten Stein einmal sinnlich ausleben können, und nach drei Jahrhunderten erschienen unserem durch New York und das napoleonische Paris doch schon ans Kolossalische gewohnten Blick diese Marmorbauten und Fronten, diese platzbreiten Avenuen noch immer monumental. Kein europäischer Herrscher hat sich ein solches Haus gebaut wie das Winterpalais, rechts flankiert von der stumm strömenden Newa, links großartig isoliert durch den runden Kolonnadenplatz, dessen Maße dem mächtigsten Gebäude dieser Erde, der Peterskirche, entnommen scheinen; und wie bedauert man, es nicht zur Zarenzeit noch gesehen zu haben, wenn tausend Karossen mit bepelzten Dienern sich hier aneinanderreihten, klirrende Regimenter mit dem Farbenspiel der Uniformen ihre Paraden entfalteten! Aber gleich phantastisch auch der Tag, wo die bewaffnete Arbeiterschaft, aus den Elendsquartieren zusammengerottet, trotz Maschinengewehrfeuer in diese

Kolonnaden einbrach, während gleichzeitig das aufrührerische Kriegsschiff ›Aurora‹ mit gebleckten Kanonen die Fenster des Winterpalais visierte, wo, von beiden Seiten mit eherner Zange gepackt, das tausendjährige Zarentum wie eine Nuß zerknackte. Gerade hier, an jener bildhaften Stelle, wo der Zar Peter das eherne Petschaft seines Herrscherwillens in den weichen, sumpfigen Lehm des Landes drückte, ist das alte Rußland zerbrochen worden, und dieses Petersburg, dann Petrograd und nun triumphierend Leningrad benannt, ist heute bloß ein historisches Denkmal seiner verschollenen Schicksalsmacht.

Keine Stadt ist von dem Zarentum so kraftvoll emporgetragen worden, keine hat unter dem neuen Rußland stärker gelitten. Denn diese Stadt war für Prunk und Luxus bestimmt, für Fürsten und Großfürsten, für die Eleganz der Garderegimenter und die Verschwendung des russischen Reichtums; darum wirkt Leningrad jetzt doppelt verarmt, widersinnig und tragisch. Nicht nur sein Reichtum ist ihm genommen, seine Gesellschaft, seine Schiffahrt, sondern auch die Ministerien, Bureaux und vor allem sein Blut, seine Menschen. Denn so überlebendig, so zukunftsfreudig Moskau jetzt anmutet, so ausgelaugt, so abgeklungen, so petrifiziert das alte Petersburg. Theatralisch, ja majestätisch, hebt sich noch immer die großartige Kulisse aus Stein, aber das Licht ist verloschen, die Schauspieler abgetreten. Unverändert breit und mächtig strömen die asphaltierten Boulevards durch die Stadt, der Newskiprospekt vor allem, sieben Kilometer lang und so breit wie die Champs-Élysées, aber man könnte abends beruhigt dort Tennis spielen auf dem verlassenen Asphalt, denn ganz selten nur kreuzt ein Wagen oder ein holperndes Automobil seine leere Bahn. Mit der Verlegung der Hauptstadt, mit der Wegnahme der Ministerien und Bureaux ist die Bevölkerung von drei Millionen auf siebenhunderttausend gesunken und füllt sich jetzt langsam wieder auf eine und eine halbe Million empor. Aber wieviel Jahre werden vergehen, ehe wieder diese Esplanaden hell leuchtend aufwachen, ehe diese breiten herrlichen Paläste wieder in sich Glanz aufsaugen; für Jahrzehnte ist dieser Stadt ihr

Schicksal gesprochen. Ein Wille hat sie geschaffen, und sie ist groß geworden, solange dieser Wille, dieser Absolutismus noch mächtig und schöpferisch war: die beiden einzigen genialen Zaren, Peter und Katharina, haben sie in die Welt diktiert und einheitlich durch die Hand zweier italienischer Meister, Rossi und Rastrelli, zu einem der mächtigsten Monumente der Erde gemacht. Dann kamen die müden Zaren, die schwachen, die kunstfremden, die lebensfremden. Sie konnten nur erhalten, ängstlich bewahren und kleinmütig fortsetzen, und mit ihrem Sturz hat diese Stadt ihren lebendigen Sinn verloren. Aber gerade im sinnlichen Anschauen erkennen wir am besten das Historische; und nirgends begreift man besser, als in dieser tragischen Stadt, grandeur et décadence des russischen Zarentums, seine Größe und seinen Untergang. Und man geht beinahe wie durch die hallenden Tempeltrümmer von Luxor durch diese vor einem Jahrzehnt noch prunkenden Kolonnaden, die nun sinnlos ragen inmitten nivellierter Welt, gerade noch bewohnt, aber nicht wahrhaft belebt, ein stummes Gehäuse, brausend bloß von Vergangenheiten, großartig als Geschichte, tragisch als Gegenwart.

Schatzkammer der Eremitage

Daß ich die Eremitage wirklich gesehen habe, werde ich nie den Mut haben, zu behaupten: ich bin nur in allen ihren Sälen gewesen. Denn sie wirklich sehen, forschend sehen, eindringlich betrachten, wer vermag das in einem Tage, wer vermag das in einer Woche? Vergessen wir's nicht über dem gleichgebliebenen Namen: die Eremitage, schon vor dem Kriege ein Museum, hat seit der Revolution sich zum Kubus ihrer selbst entfaltet durch die Expropriation des ganzen russischen Kunsteigentums. Man denke sich einmal vergleichweise aus, die Wiener Galerie hätte mit einem Happ die Liechtensteinische, die Harrachsche, die Czernin-Galerie, alle privaten Wiener Sammlungen und dazu noch alles, was an Kostbarkeiten und Kunstgegenständen sich in den tausend Kirchen und Klöstern Altösterreichs einzeln aufbewahrte, in sich hineingeschluckt – dann ungefähr hätte man eine vage Vorstellung von der phantastischen Erweiterung, die die Eremitage während dieser Zeit dank der kommunistischen Privatenteignung erfahren. Selbstverständlich hat sie ihre Räume gesprengt, sie ist durchgebrochen ins nachbarliche, tausendfenstrige Winterpalais und füllt nun alle Wohnräume, Prunkräume und Empfangssäle der Zarendynastie: man kann, ohne zu übertreiben, ihre Ausdehnung nach Kilometern berechnen, und schon das bloße Durchwandern (geschweige das wirkliche Schauen) bedeutet eine physische Arbeitsleistung.

So habe ich den gütigen Direktor, der mich begleitete, ersucht, mir nur das Allerwichtigste zu zeigen, ich bin bewußt durch vierzig und fünfzig Säle mit geschlossenen Augen gegangen, nur um bei den Rembrandts zu verweilen, denen vielleicht einzig jene vom Haag und von Kassel ebenbürtig sind, und bei den Watteaus und Fragonards, diesen außerhalb von Paris sonst fast Unauffindbaren. Nur Wesentlichstes, bat ich, von dieser Fülle betäubt, wollte ich sehen, nur etwas, das nur hier und nirgends anders zu finden wäre. Und so zeigte man mir das Unvergleichlichste dieser Sammlung, gerade das, was sonst nicht gezeigt wird: die Schatzkammer.

In einem ebenerdigen Saal, unscheinbar seitlich versteckt, eine schwer gepanzerte Tür. Sie ist versiegelt, wir müssen warten, bis einige andere Beamte zur Stelle sind als protokollierende Zeugen, dann erst löst man den magischen Verschluß. Geräuschlos dreht sich eine schwere Tresortür und verschließt sofort wieder den engen Raum. Ein Druck jetzt auf verborgenen Schalter, grell schießt Licht in Glühbirnen, und Gold funkelt einem in die Augen. Gold, pures, reines Gold, kunstvoll geschmiedete Wucht, jahrhundertealt, jahrtausendealt, aus mythischen Gräbern geholt, aus den Siedlungen der Griechen in der Krim, von den Lagerstätten der Skythen gewonnen, eine Urkunst, deren Zeit und Ursprung man kaum ahnt, nirgends zu sehen als hier in gleicher Fülle und Vollendung. Skythen, Barbaren haben vor mehr als zweitausend Jahren diese Herrlichkeiten gefertigt, und mit leisem Mißtrauen, plump Verzerrtes, ungelenk Barbarisches zu sehen, tritt man an die Schränke und erstaunt: denn hier sind Werke feinsten Filigrans, vielleicht mit glühenden Nadeln in jahrelanger Arbeit gebosselt, Jagddarstellungen von zauberischer dekorativer Kraft, magische Amulette und goldene Totenmasken, geformt über den Antlitzen verstorbener Könige, feinste Proportionen irdischer Gesichter, eine Barbarenkunst, aber nicht minder kunstreich, raffiniert und werktüchtig als die des frühen Mittelalters und nur vielleicht noch den deutschen Goldschmieden, den italienischen Kleinskulptoren der Renaissance vergleichbar. Dazwischen massige Gefäße aus wuchtigem Gold, kaum aufzuheben, so schwer. Sie wurden in der Krim, dem alten Pontus, entdeckt, ohne daß man heute noch den Ursprung der Gruben ahnt, aus denen jene Völker die kostbaren Metalle geholt. Daneben edelsteinbesetzte Kronen, Wehrgehenke, Kämme und Ringe, der phantastischste Reichtum von Völkern, die hordenhaft auf Pferden lebten, in rauchigen Hütten kauerten, aber doch durch alle Dumpfheit der Existenz schon magische Formen der Schönheit erahnten und gestalteten.

Und im Nebenraum, kaum daß das Licht aufbrennt, blitzen hunderttausend Steine mit: die Juwelenkammer. Türkische Säbel, von der Schneidespitze bis zum Griff überpflastert mit Diamanten, Smaragden, Rubinen, Chrysopasen, die Diademe Katharinas mit gelben Diamanten und riesengroßen weißen, aber die meisten leise farbig unterlegt, so daß, wenn man sie seitlich betrachtet, ein rosa oder blauer oder grüner Glanz wie Schmetterlingsschatten über ihnen schwebt; Pferdeschabracken aus kostbaren Stoffen, ganz durchsternt von Juwelen; Dosen, Uhren, Zepter, alle Arten von Spielzeug und Kleinodien und alle, alle, alle märchenhaft übersät von diesen Tausenden unschätzbaren Steinen, für deren jeden einzelnen man ein ganzes russisches Dorf kaufen konnte mit all seinen Bauern als Leibeigenen, all seinen »Seelen«, und genug, in ihrer Gesamtheit noch heute notfalls dieses Riesenreich für Jahre zu ernähren. Und hier, in dieser

Schatzkammer, in diesem fürstlichen, überkaiserlichen, also zarischen Palast, in dieser ganzen, aus rasendem Reichtum und wahnsinniger Verschwendung gebauten Stadt begreift man erst die für europäische Begriffe niemals faßbare Gespanntheit zwischen dem einstigen übergangslosen Oben und Unten in Rußland, zwischen der irrwitzigen und gotteslästerlichen Verschwendung der Zaren und jener abgründigen, fast teuflischen Armut der moskowitischen Hungerdörfer. Mit einem Herzriß fühlt man die weltweite Spannung zwischen Reich und Arm, die hier innerhalb von zwei Jahrhunderten sich ins Titanische gereckt. Und man begreift, warum sie so gewaltsam und mit einem so ungeheuren Ruck endlich einmal zerreißen mußte. Immer versteht man die Geschichte eines Volkes wahrhaft nur an Gestalten seines Blutes und in seiner unmittelbaren Gegenwart: und nirgends darum das Organische der russischen Revolution besser als in den Schatzkammern und Prunkpalästen der Zaren, in Zarskoje Selo und im Winterpalast.

Epilog

Von der Unendlichkeit, die Rußland darstellt, hat man in knapp zwei Wochen gerade nur einen Blitz und Schimmer gefühlt. Als entscheidender Eindruck bleibt: wir haben alle unbewußt oder bewußt an Rußland ein Unrecht getan und tun es noch heute. Ein Unrecht durch Nichtgenugwissen, Nichtgenuggerechtsein. Denn wie es erklären, daß wir alle unserer Generation zehnmal in Paris, zehnmal in Italien, Belgien, Holland, daß wir in Spanien und Nordland überall gewesen sind und aus einem törichten läßlichen Hochmut nie einen Blick ins Russische getan? War es gestern bei den einen Vorurteil gegen den Zarismus, so heute bei den anderen Widerstand gegen den Bolschewismus: aber jedenfalls haben wir allzulange die ungeheure Vielfalt der russischen Leistung nachlässig aus unserem Blickfeld gelassen –, eines der genialsten und interessantesten Völker dieser Erde, zwei Eisenbahnnächte und zwei Eisenbahntage von unserem eigenen Lebensraum und doch in all seinen Werken und Wohnstätten den meisten Europäern unbekannt. Wieviel hat uns dieser westliche Hochmut gekostet, denn wie wenige sind heute unter uns im geistigen Europa, die aus eigener Anschauung und Erfahrung dieses neue Rußland mit dem alten gerecht zu vergleichen wissen, wie wenige darum auch, die ein Anrecht haben, jetzt autoritativ ein Urteil über dieses kühnste soziale Experiment zu wagen, das je ein Volk mit sich selbst versucht. Die Hälfte aller Urteile über das gegenwärtige Rußland sind leider heute Vorurteile, das heißt, vor das eigene Blickfeld geschobene starre Standpunkte, die andere Hälfte Nachurteile, das will sagen, anderen nachgeredete Meinungen. Und erfahrungsgemäß ändern solche persönliche Prophezeiungen so wenig wie Zimmerprognosen das wirkliche Wetter, den unerschütterlichen Gang der Geschichte. Ich habe bewußt in diesen Notizen nichts dergleichen versucht und dies nicht aus Feigheit der Meinung, sondern aus bewußter Überzeugung von unser aller Unzuständigkeit. Wo ein ganzes Volk seit anderthalb Jahrzehnten so großartig geduldet und mit heroischer Leidenschaft um einer Idee willen unzählige Opfer auf sich nimmt, scheint es mir wichtiger, zur Bewunderung des Menschlichen als zu politischer Einstellung aufzurufen, und angesichts eines so ungeheuren geistigen Lebensprozesses der bescheidene Platz des Zeugen redlicher als der verwegene des Richters.

»Weltverstörung«

Unrast und Heimatverlust in den Jahren des Exils (1934–1940)

Heimatverlust

Meine Absicht war gewesen, den Januar und Februar arbeitend in Frankreich zu verbringen. Ich liebte dieses schöne geistige Land als eine zweite Heimat und fühlte mich dort nicht als Ausländer. Valéry, Romain Rolland, Jules Romains, André Gide, Roger Martin du Gard, Duhamel, Vildrac, Jean Richard Bloch, die Führer der Literatur, waren alte Freunde. Meine Bücher hatten beinahe so viele Leser wie in Deutschland, niemand nahm mich als ausländischen Schriftsteller, als Fremden. Ich liebte das Volk, ich liebte das Land, ich liebte die Stadt Paris und fühlte mich dort dermaßen zu Hause, daß jedesmal, wenn der Zug in die Gare du Nord einrollte, ich das Gefühl hatte, ich käme ›zurück‹. Aber diesmal war ich durch die besonderen Umstände früher abgereist als sonst und wollte erst nach Weihnachten in Paris sein. Wohin inzwischen? Da erinnerte ich mich, daß ich eigentlich seit mehr als einem Vierteljahrhundert, seit meiner Studentenzeit, nicht wieder in England gewesen war. Warum nur immer Paris, sagte ich mir. Warum nicht auch einmal zehn oder vierzehn Tage in London, nach Jahren und Jahren wieder die Museen sehen mit anderem Blick, wieder das Land und die Stadt? So nahm ich statt des Expreßzugs nach Paris jenen nach Calais und stieg im vorschriftsmäßigen Nebel eines Novembertags nach dreißig Jahren wieder an der Victoria-Station aus und wunderte mich bei der Ankunft nur, daß ich nicht wie damals im Cab zu meinem Hotel fuhr, sondern in einem Auto. Der Nebel, das kühle, weiche Grau, war wie damals. Noch hatte ich keinen Blick auf die Stadt getan, aber mein Geruchssinn hatte, über drei Jahrzehnte hinweg, diese sonderbar herbe, dichte, feuchte, einen von nah umhüllende Luft wiedererkannt.

Das Gepäck, das ich mitbrachte, war gering, und ebenso meine Erwartungen. Freundschaftliche Bindungen besaß ich in London so gut wie keine; auch literarisch bestand zwischen uns kontinentalen und den englischen Schriftstellern wenig Kontakt.

Sie hatten eine Art eigenen, abgegrenzten Lebens mit eigenem Wirkungskreis innerhalb ihrer uns nicht ganz zugänglichen Tradition: ich kann mich nicht erinnern, unter den vielen Büchern, die aus aller Welt in mein Haus auf meinen Tisch kamen, je das eines englischen Autors als kollegiale Gabe gefunden zu haben. Shaw war ich einmal in Hellerau begegnet, Wells war einmal zu Besuch nach Salzburg in mein Haus gekommen, meine eigenen Bücher wiederum waren zwar alle übersetzt, aber wenig bekannt; immer war England das Land gewesen, wo sie die geringste Wirkung geübt. Auch hatte ich, während ich mit meinem amerikanischen, meinem französischen, meinem italienischen, meinem russischen Verleger persönlich befreundet war, nie einen Herrn der Firma gesehen, die meine Bücher in England veröffentlichte. Ich war also darauf vorbereitet, mich dort ebenso fremd zu fühlen wie vor dreißig Jahren.

Aber es kam anders. Nach einigen Tagen fühlte ich mich in London unbeschreiblich wohl. Nicht daß sich London wesentlich geändert hätte. Aber ich selbst hatte mich verändert. Ich war dreißig Jahre älter geworden und nach den Kriegs- und Nachkriegsjahren der Spannung und Überspannung voll Sehnsucht, einmal wieder ganz still zu leben und nichts Politisches zu hören. Selbstverständlich gab es auch in England Parteien, Whigs und Torys, eine konservative und liberale und Labour Partei, aber deren Diskussionen gingen mich nichts an. Es gab zweifellos auch in der Literatur Parteiungen und Strömungen, Streit und verborgene Rivalitäten, aber ich stand hier völlig außerhalb. Jedoch die eigentliche Wohltat war, daß ich endlich wieder eine zivile, höfliche, unerregte, haßlose Atmosphäre um mich fühlte. Nichts hatte mir das Leben in den letzten Jahren dermaßen vergiftet, als immer Haß und Spannung im Lande, in der Stadt um mich zu fühlen, immer mich wehren zu müssen, in diese Diskussionen hineingezerrt zu werden. Hier war die Bevölkerung nicht in gleicher Weise verstört, ein höheres Maß von Rechtlichkeit und Anständigkeit herrschte hier im öffentlichen Leben als in unseren durch den großen Betrug der Inflation selbst unmoralisch gewordenen Ländern. Die Menschen lebten ruhiger, zufriedener und blickten mehr auf ihren Garten und ihre kleinen Liebhabereien als auf ihren Nachbarn. Hier konnte man atmen, denken und überlegen. Aber das Eigentliche, was mich hielt, war eine neue Arbeit.

Das kam so. Es war soeben meine ›Marie Antoinette‹ erschienen, und ich las die Korrekturbogen meines Erasmusbuches, in dem ich ein geistiges Porträt des Humanisten versuchte, der, obwohl klarer den Widersinn der Zeit verstehend als die professionellen Weltverbesserer, tragischerweise doch nicht imstande war, mit all seiner Vernunft ihm in den Weg zu treten. Nach Vollendung dieser verschleierten Selbstdarstellung war es meine Absicht, einen langgeplanten Roman zu schreiben. Ich hatte genug von Biographien. Aber da geschah mir gleich am dritten Tage, daß ich im Britischen Museum, angezogen von meiner alten Leidenschaft für Autographen, die im öffentlichen Raum ausgestellten Stücke musterte. Darunter war der handschriftliche Bericht über die Hinrichtung Maria Stuarts. Unwillkürlich fragte ich mich: wie war das eigentlich mit Maria Stuart? War sie wirklich am Mord ihres zweiten Gatten beteiligt, war sie es nicht? Da ich abends nichts zu lesen hatte, kaufte ich ein Buch über sie. Es war ein Hymnus, der sie wie eine Heilige verteidigte, ein Buch, flach und töricht. In meiner unheilbaren Neugier schaffte ich mir am nächsten Tage ein anderes an, das ungefähr genau das Gegenteil behauptete. Nun begann mich der Fall zu interessieren. Ich fragte nach einem wirklich verläßlichen Buch. Niemand konnte mir eines nennen, und so suchend und mich erkundigend geriet ich unwillkürlich hinein ins Vergleichen und hatte, ohne es recht zu wissen, ein Buch über Maria Stuart begonnen, das mich dann Wochen in den Bibliotheken festhielt. Als ich Anfang 1934 wieder nach Österreich fuhr, war ich entschlossen, nach dem mir liebgewordenen London zurückzukehren, um dieses Buch dort in Stille zu vollenden.

Ich brauchte nicht mehr als zwei oder drei Tage in Österreich, um zu sehen, wie sich die Situation in diesen wenigen Monaten verschlimmert hatte. Aus der stillen und sicheren Atmosphäre Englands in dies von Fiebern und Kämpfen geschüttelte Österreich zu kommen, war, wie wenn man an einem heißen New Yorker Julitag aus einem luftgekühlten, einem air-conditioned Raum plötzlich auf die glühende Straße tritt. Die nationalsozialistische Pression begann den klerikalen und bürgerlichen Kreisen allmählich die Nerven zu zerstören; immer härter fühlten sie die wirtschaftlichen Daumschrauben, den subversiven Druck des ungeduldigen Deutschlands. Die Regierung Dollfuß, die Österreich unabhängig halten und vor Hitler bewahren wollte, suchte immer verzweifelter nach einer letzten Stütze. Frankreich und England waren zu abgelegen und auch innerlich zu gleichgültig, die Tschechoslowakei noch von alter Rankünе und Rivalität gegen Wien erfüllt – so blieb nur Italien, das damals ein wirtschaftliches und politisches Protektorat über Österreich anstrebte, um sich die Alpenpässe und Triest zu schützen. Für diesen Schutz verlangte Mussolini allerdings einen harten Preis. Österreich sollte den faschistischen Tendenzen angepaßt, das Parlament und damit die Demokratie erledigt werden. Dies war nun nicht möglich ohne die Beseitigung oder Entrechtung der sozialdemokratischen Partei, der stärksten und bestorganisierten Österreichs. Sie zu brechen gab es keinen anderen Weg als den brutaler Gewalt.

Für diese terroristische Aktion hatte schon der Vorgänger von Dollfuß, Ignaz Seipel, eine Organisation geschaffen, die sogenannte ›Heimwehr‹. Äußerlich gesehen, stellte sie so ziemlich die ärmlichste Angelegenheit dar, die man sich denken konnte, kleine Provinzadvokaten, entlassene Offiziere, dunkle Existenzen, unbeschäftigte Ingenieure, jeder eine enttäuschte Mittelmäßigkeit, die alle einander auf das grimmigste haßten. Schließlich fand man in dem jungen Fürsten Starhemberg einen sogenannten Führer, der einst zu Füßen Hitlers gesessen und gegen die Republik und die Demokratie gewettert hatte und jetzt mit seinen gemieteten Soldaten als Hitlers Antagonist herumzog und versprach, ›Köpfe rollen zu lassen‹. Was die Heimwehrleute positiv wollten, war völlig unklar. Die Heimwehr hatte in Wirklichkeit kein anderes Ziel, als auf irgendeine Weise an die Krippe zu kommen, und ihre ganze Kraft war die Faust Mussolinis, der sie vorwärtsstieß. Daß diese angeblich patriotischen Österreicher mit ihren von Italien gelieferten Bajonetten den Ast absägten, auf dem sie saßen, merkten sie nicht.

Die sozialdemokratische Partei begriff besser, wo die eigentliche Gefahr lag. An sich brauchte sie den offenen Kampf nicht zu scheuen. Sie hatte ihre Waffen und konnte durch einen Generalstreik alle Bahnen, alle Wasserwerke, alle Elektrizitätswerke lahmlegen. Aber sie wußte auch, daß Hitler nur auf eine solche sogenannte ›rote Revolution‹ wartete, um einen Vorwand zu haben, als ›Retter‹ in Österreich einzurücken. So schien es ihr besser, ein Großteil ihrer Rechte und sogar das Parlament zu opfern, um zu einem erträglichen Kompromiß zu gelangen. Alle Vernünftigen befürworteten einen solchen Ausgleich angesichts der Zwangslage, in der sich Österreich im drohenden Schatten des Hitlerismus befand. Sogar Dollfuß selbst, ein geschmeidiger, ehrgeiziger, aber durchaus realistischer Mann, schien zu einer Einigung geneigt. Aber der junge Starhemberg und sein Kumpan, Major Fey, der dann bei der Ermordung von Dollfuß eine merkwürdige Rolle spielte, verlangten, daß der Schutzbund seine Waffen ausliefere und daß jede Spur demokratischer und bürgerlicher Freiheit vernichtet werde. Gegen diese Forderung wehrten sich die Sozialdemokraten, Drohungen wechselten herüber und hinüber in den Lagern. Eine Entscheidung, das spürte man, lag jetzt in der Luft, und ich mußte im Gefühl der allgemeinen Spannung ahnungsvoll an Shakespeares Worte denken: »So foul a sky clears not without a storm.«

Ich war nur einige Tage in Salzburg gewesen und bald nach Wien weitergefahren. Und gerade in diesen ersten Februartagen brach das Gewitter los. Die Heimwehr hatte in Linz das Haus der Arbeiterschaft überfallen, um die Waffendepots, die sie dort vermutete, wegzunehmen. Die Arbeiter hatten mit dem Generalstreik geantwortet, Dollfuß wiederum mit dem Befehl, mit Waffen diese künstlich erzwungene ›Revolution‹ niederzuschlagen. So rückte die reguläre Wehrmacht mit Maschinengewehren und Kanonen gegen die Wiener Arbeiterhäuser an. Drei Tage wurde erbittert gekämpft von Haus zu Haus; es war das letztemal in Spanien, daß sich in Europa die Demokratie gegen den Faschismus wehrte. Drei Tage hielten die Arbeiter stand, ehe sie der technischen Übermacht erlagen.

Ich war in diesen drei Tagen in Wien und somit Zeuge dieses Entscheidungskampfes und damit des Selbstmords der österreichischen Unabhängigkeit. Aber da ich ehrlicher Zeuge sein will, muß ich das zunächst paradox scheinende Faktum bekennen, daß ich von dieser Revolution selbst nicht das mindeste gesehen habe. Wer sich vorgesetzt hat, ein möglichst ehrliches und anschauliches Bild seiner Zeit zu geben, muß auch den Mut haben, romantische Vorstellungen zu enttäuschen. Und nichts scheint mir charakteristischer für die Technik und Eigenart moderner Revolutionen, als daß sie sich im Riesenraum einer modernen Großstadt eigentlich nur an ganz wenigen Stellen abspielen und darum für die meisten Einwohner völlig unsichtbar bleiben. So sonderbar es scheinen mag: ich war an diesen historischen Februartagen 1934 in Wien und habe nichts gesehen von diesen entscheidenden Ereignissen, die sich in Wien abspielten, und nichts, auch nicht das mindeste davon gewußt, während sie geschahen. Es wurde mit Kanonen geschossen, es wurden Häuser besetzt, es wurden Hunderte von Leichen weggetragen – ich habe nicht eine einzige gesehen. Jeder Leser der Zeitung in New York, in London, in Paris hatte bessere Kenntnis von dem, was wirklich vor sich ging, als wir, die wir doch scheinbar Zeugen waren. Und dieses erstaunliche Phänomen, daß man in unserer Zeit zehn Straßen weit von Entscheidungen weniger weiß als die Menschen in einer Entfernung von Tausenden Kilometern, habe ich dann später immer und immer wieder bestätigt gefunden. Als Dollfuß einige Monate später mittags in Wien ermordet wurde, sah ich um halb sechs Uhr nachmittags in London die Plakate auf den Straßen. Ich versuchte sofort, nach Wien zu telephonieren; zu meinem Erstaunen erhielt ich sofort Verbindung und erfuhr zu meinem noch größeren Erstaunen, daß man in Wien, fünf Straßen vom Auswärtigen Amt, viel weniger wußte als in London an jeder Straßenecke. Ich kann also an meinem Wiener Revolutionserlebnis beispielhaft nur das Negative darstellen: wie wenig heutzutage ein Zeitgenosse, wenn er nicht zufällig an der entscheidenden Stelle steht, von den Ereignissen sieht, welche das Antlitz der Welt und sein eigenes Leben verändern. Alles, was ich erlebte, war: ich hatte abends eine Verabredung mit der Ballettregisseurin der Oper, Margarete Wallmann, in einem Ringstraßencafé. Ich ging also zu Fuß zur Ringstraße und wollte sie gedankenlos überschreiten. Da traten plötzlich ein paar Leute in alten, rasch zusammengerafften Uniformen mit Gewehren auf mich zu und fragten, wohin ich wollte. Als ich ihnen erklärte, ich wollte in jenes Chafe J., ließen sie mich ruhig durch. Ich wußte weder, warum plötzlich solche Gardisten auf der Straße standen, noch was sie eigentlich bezweckten. In Wirklichkeit wurde damals schon seit mehreren Stunden erbittert in den Vorstädten geschossen und gekämpft, aber in der inneren Stadt hatte niemand eine Ahnung. Erst als ich abends ins Hotel kam und meine Rechnung bezahlen wollte, weil es meine Absicht war, am nächsten Morgen nach Salzburg zurückzureisen, sagte mir der Portier, er fürchte, das werde nicht möglich sein, die Bahnen verkehrten nicht. Es sei Eisenbahnerstreik, und außerdem gehe in den Vorstädten etwas vor.

Am nächsten Tage brachten die Zeitungen ziemlich undeutliche Mitteilungen über einen Aufstand der Sozialdemokraten, der aber schon mehr oder minder niedergeschlagen sei. In Wirklichkeit hatte der Kampf an diesem Tage erst seine volle Kraft erreicht, und die Regierung entschloß sich, nach den Maschinengewehren auch Kanonen gegen die Arbeiterhäuser einzusetzen. Aber auch die Kanonen vernahm ich nicht. Wäre damals ganz

Österreich besetzt worden, sei es von den Sozialisten oder Nationalsozialisten oder Kommunisten, ich hätte es ebensowenig gewußt wie seinerzeit die Leute in München, die am Morgen aufwachten und erst aus den ›Münchener Neuesten Nachrichten‹ erfuhren, daß ihre Stadt in den Händen Hitlers war. Alles ging im inneren Kreise der Stadt ebenso ruhig und regelmäßig weiter wie sonst, während in den Vorstädten der Kampf wütete, und wir glaubten töricht den offiziellen Mitteilungen, daß alles schon beigelegt und erledigt sei. In der Nationalbibliothek, wo ich etwas nachzusehen hatte, saßen die Studenten und lasen und studierten wie immer, alle Geschäfte waren offen, die Menschen gar nicht erregt. Erst am dritten Tag, als alles vorüber war, erfuhr man stückweise die Wahrheit. Kaum daß die Bahnen wieder verkehrten, am vierten Tag, fuhr ich morgens nach Salzburg zurück, wo mich zwei, drei Bekannte, die ich auf der Straße traf, sofort mit Fragen bestürmten, was eigentlich in Wien geschehen sei. Und ich, der ich doch der ›Augenzeuge‹ der Revolution gewesen, mußte ihnen ehrlich sagen: »Ich weiß es nicht. Am besten, ihr kauft eine ausländische Zeitung.«

Sonderbarerweise fiel am nächsten Tag im Zusammenhang mit diesen Ereignissen eine Entscheidung in meinem eigenen Leben. Ich war nachmittags von Wien in mein Haus nach Salzburg zurückgekommen, hatte dort Stöße von Korrekturen und Briefen vorgefunden und bis tief in die Nacht gearbeitet, um alle Rückstände zu beseitigen. Am nächsten Morgen, ich lag noch im Bett, klopfte es an die Tür; unser braver alter Diener, der mich sonst nie weckte, wenn ich nicht ausdrücklich eine Stunde bestimmt hatte, erschien mit bestürztem Gesicht. Ich möchte hinunterkommen, es seien Herren von der Polizei da und wünschten mich zu sprechen. Ich war etwas verwundert, nahm den Schlafrock und ging in das untere Stockwerk. Dort standen vier Polizisten in Zivil und eröffneten mir, sie hätten Auftrag, das Haus zu durchsuchen; ich solle sofort alles abliefern, was an Waffen des Republikanischen Schutzbundes im Hause verborgen sei.

Ich muß gestehen, daß ich im ersten Augenblick zu verblüfft war, um irgend etwas zu antworten. Waffen des Republikanischen Schutzbundes in meinem Hause? Die Sache war zu absurd. Ich hatte nie einer Partei angehört, mich nie um Politik gekümmert. Ich war viele Monate nicht in Salzburg gewesen, und abgesehen von all dem wäre es das lächerlichste Ding von der Welt gewesen, ein Waffendepot gerade in diesem Hause anzulegen, das außerhalb der Stadt auf einem Berge lag, so daß man jeden, der ein Gewehr oder eine Waffe trug, unterwegs beobachten konnte. Ich antwortete also nichts als ein kühles: »Bitte, sehen Sie nach.« Die vier Detektive gingen durch das Haus, öffneten einige Kästen, klopften an ein paar Wände, aber es war mir sofort klar an der lässigen Art, wie sie es taten, daß diese Nachschau pro forma geschah und keiner von ihnen ernstlich an ein Waffendepot in diesem Hause glaubte. Nach einer halben Stunde erklärten sie die Untersuchung für beendet und verschwanden.

Warum mich diese Farce damals so sehr erbitterte, bedarf leider bereits einer aufklärenden historischen Anmerkung. Denn in den letzten Jahrzehnten hat Europa und die Welt beinahe schon vergessen, welch heilige Sache vordem persönliches Recht und staatsbürgerliche Freiheit gewesen. Seit 1933 sind Durchsuchungen, willkürliche Verhaftungen, Vermögenskonfiskationen, Austreibungen von Heim und Land, Deportationen und jede andere denkbare Form der Erniedrigung beinahe selbstverständliche Angelegenheiten geworden; ich kenne kaum einen meiner europäischen Freunde, der nicht derlei erfahren. Aber damals, zu Beginn von 1934, war eine Hausdurchsuchung in Österreich noch ein ungeheurer Affront. Daß jemand, der wie ich vollkommen jeder Politik fernstand und seit Jahren nicht einmal sein Wahlrecht ausgeübt hatte, ausgesucht worden war, mußte einen besonderen Grund haben, und in der Tat war es eine typisch österreichische Angelegenheit. Der Polizeipräsident von Salzburg war genötigt gewesen, scharf gegen die Nationalsozialisten vorzugehen, die mit Bomben und Explosivstoffen Nacht für Nacht die Bevölkerung beunruhigten, und diese Überwachung war eine bedenkliche Mutleistung, denn schon damals setzte die Partei ihre Technik des Terrors ein. Jeden Tag erhielten die Amtsstellen Drohbriefe, sie würden dafür zu bezahlen haben, wenn sie weiterhin die Nationalsozialisten ›verfolgten‹, und in der Tat – wenn es Rache galt, haben die Nationalsozialisten ihr Wort immer hundertprozentig gehalten – sind die getreuesten österreichischen Beamten gleich am ersten Tage nach Hitlers Einmarsch ins Konzentrationslager geschleppt worden. So lag der Gedanke nahe, durch eine Haussuchung bei mir demonstrativ kundzutun, daß man vor niemandem mit solchen Sicherungsmaßnahmen zurückscheue. Ich aber spürte hinter dieser an sich unbeträchtlichen Episode, wie ernst die Sachlage in Österreich schon geworden war, wie übermächtig der Druck von Deutschland her. Mein Haus gefiel mir nicht mehr seit jenem amtlichen Besuch, und ein bestimmtes Gefühl sagte mir, daß solche Episoden nur schüchternes Vorspiel viel weiterreichender Eingriffe waren. Am selben Abend begann ich meine wichtigsten Papiere zu packen, entschlossen, nun immer im Ausland zu leben, und diese Loslösung bedeutete mehr als eine von Haus und Land, denn meine Familie hing an diesem Haus als ihrer Heimat, sie liebte das Land. Mir aber war persönliche Freiheit die wichtigste Sache auf Erden. Ohne irgend jemanden meiner Freunde und Bekannten von meiner Absicht zu verständigen, reiste ich zwei Tage später nach London zurück; mein erstes dort war, der Behörde in Salzburg die Mitteilung zu machen, daß ich meinen Wohnsitz definitiv aufgegeben hätte. Es war der erste Schritt, der mich von meiner Heimat loslöste. Aber ich wußte, seit jenen Tagen in Wien, daß Österreich verloren war – freilich ahnte ich noch nicht, wieviel ich damit verlor.

An Hermann Hesse

30. Jan. 1935
United States Lines
On Board S. S. Manhattan

Lieber Hermann Hesse, ich habe mich ein wenig in Amerika herumgetrieben; nun da die Welt wacklig wird, tut man gut, sie sich noch einmal von allen Seiten zu betrachten. Es war großartig und ermüdend und tröstlich sogar, aber wunderbarerweise hat man auf dem Schiff dann Ruhe und Zeit. Da gedenke ich nun einer moralischen Schuld. Denn selten hat mich etwas Dichterisch-Denkerisches so berührt wie Ihr Glasperlenspiel und ich wollte es Ihnen sagen, aber die Zeit strömte über mich her. Nichts ist wichtiger als der Gedanke, wie das Individuelle sich gegenüber der Mechanisierung (wie sie America schon optisch zeigt) entfalten wird und daß Sie dieses Problem im bejahenden Sinne lösen und nicht in der üblichen Form des flachen Resignierens hat mir wohl getan. Lieber Hermann Hesse, wie schön ist Ihr Weg, wie wissen Sie immer nach einer inneren Phase eine neue, höhere anzufangen im Sinne von Goethes Spirale: Wi[e]derkehr zum Ausgangspunkt auf erhobener Fläche! Wie weit ist es vom Camenzind zu dem Manne in Ihnen und wie sicher stehen sie [!] dadurch in diesen Zeitlaüften [!]. Ich achte und liebe sehr Ihre Haltung, die innerlich entschieden, nicht auf die peripherischen Bewegungen reagiert; ich habe gelernt die Politik, die immer überdimensionieren muß, das Wort an das Schlagwort verraten, das Dogma an seine Übertreibung, redlich zu hassen als den Widerpol der Gerechtigkeit. Ich habe sie jetzt in zu vielen Ländern gesehen, um zu wissen, daß sie nicht wie Napoleon meinte, das moderne Schicksal ist sondern nur der unsichere Schatten von Bewegungen, die zu erkennen uns selbst nicht gegeben ist, aber wirklich nur ein Spiel und umso zufälliger, je gesetzmäßiger und theoretischer es sich nach außen geberdet [!]. Ich glaube fest, daß gerade diese Veraüßerlichung [!] bei den Besten eine Verinnerlichung erzwingen muß, je mehr sich die andern zusammenrotten, umso hartnäckiger werden die Einzelgänger ihr Recht behaupten.

Ich hoffe sehr, Sie wieder einmal zu sehen. Ich hänge ziemlich unsicher an einem schwanken Ast; mein Haus in Salzburg, (von den Fenstern sehe ich nach Bayern hinein) ist mir nicht recht Heimat mehr, zum Emigranten habe ich kein Talent, so lebe ich jetzt beinahe studentisch, bald da, bald dort und spüre es beinahe als ein Glück, aus diesem sichern Behagen herausgestoßen zu sein. Ich habe viel gelernt in dem Londoner Jahr und nun in Amerika. Hoffentlich kommt es zu Tage, denn das biographische Intermezzo ist vorbei und ich will versuchen, wieder das zu sagen, und zu gestalten, was mir von innen her wichtig ist.

Nehmen Sie diesen kleinen Silberling als Anzahlung einer stattlichen inneren Schuld und als Zeichen meiner Anhänglichkeit: lächeln Sie nicht, aber es ist fünfunddreißig Jahre her, daß wir zum erstenmal einander geschrieben haben!

Herzlichst Ihr

Stefan Zweig

Bilder aus Amerika

Detroit

Ankunft Detroit morgens. Erster Blick auf die Stadt wenig erfreulich und deshalb später überrascht, zu hören, daß es zwei Millionen Einwohner hat. Vorlesung im bezaubernd schönen Fischer-Theater, das schönste Kino, das ich außer Radio-City bisher in Amerika gesehen, und besonders wohltuend dabei, was ich mir für alle Vorlesungen wünschte: starke Abdunkelung, die einem erspart, die andächtigen Gesichter der Zuhörer zu sehen – überhaupt starke Abdunkelung in allen Lokalen, Restaurants, Tanzsälen, Bars hier in Amerika die Mode.

Mittags großer Lunch, wenig Essen, viele Frauen, und bezahlt mit einer Rede, die ich schwingen mußte. Mir gegenüber der Rabbi, modern, bartlos, reformiert, der mir erzählte, daß er den Kindern in der Schule schon den ›Begrabenen Leuchter‹ als Legende erzählt und über ›Jeremias‹ wiederholt gepredigt habe. Wie überall ein paar versprengte Österreicher, dabei Baron Hatvany, und sehr nett die Tochter von Mark Twain, Mrs. Gabrilowitsch. Obligates Buchunterschreiben und nachher zur Fordfabrik auf breiter Landstraße, auf der ich nur eine Merkwürdigkeit entdecke – ein Wagen mit einem Pferd, das hier in Automobilstädten schon wie eine Kuriosität anmutet.

Die Fordfabrik keine Fabrik, sondern eine kleine Welt, eine Stadt für sich, mit eigenem Eisenbahnnetz (zwanzig Lokomotiven), einer Flotte von großen Schiffen, die direkt durch den Michigansee und die Kanäle die Ware transportieren. Eigene Kurzwellenstation, die zum Beispiel mit den brasilianischen Gummiplantagen in täglicher direkter Verbindung ist. Man geht nicht durch die Fabrik, sondern fährt – wir wurden in einem sehr schönen Auto, keinem Ford, durch einen der Leiter befördert – durch die Anlagen durch und sogar in die Fabriken hinein. Selbstverständlich ist nicht daran zu denken, in der verhältnismäßig kurzen Zeit von zwei bis drei Stunden auch nur einen Bruchteil der Produktion, Versendung und Organisation zu sehen. Man gewinnt nur einige Stichproben, allerdings solche interessantester Art.

Zunächst der Pavillon, der früher in der Weltausstellung war, rund und mit Photographien und Panoramen, heute als Empfangssaal dienend und Ausgang für die Führungen. Dann vorbei an den Fabriken in das Stahlwerk, wo man von Galerien aus den ganzen Prozeß beobachten kann. Erst wie der Stahl oder vielmehr noch das Eisen in riesigen Hochöfen, deren Hitze man nur ahnen kann aus der Grelle des Lichts aus den Luken, gekocht und geschmolzen wird. Immer ein Stück dieser glühenden Masse wird in riesige Zylinder gegossen. Man läßt sie erkalten, erhitzt sie wieder, nachdem sie schon starre Masse geworden sind. Diese riesigen Blöcke heben Krane mit gigantischen Zangenfingern aus Behältern heraus und legen sie auf das rollende Band. Nun beginnt der eigentliche Prozeß. Zwischen riesigen Pressen wird der ursprünglich viereckige Block rechteckig gepreßt und dann mit immer weiterem Vorstoß und Rückstoß auf den rollenden Bändern zischend ausgewalzt, bis er das Dreißig- oder Vierzigfache seiner ursprünglichen Ausdehnung erhält. Selbst von der Galerie oben spürt man jedesmal, wenn der glühende Stahl vorbeigleitet, einen Hieb Hitze im Gesicht und kann daraus ermessen, in welchen Temperaturen sich dieser Prozeß abspielt. Alles das beinahe völlig lautlos; die zwei oder drei Arbeiter, die das Vor und Zurück dirigieren, sitzen oben in einer schwebenden Kabine hinter Glas. Kein einziger Hammerschlag, nur das regelmäßige Sausen der rollenden Bänder. In dieser einen Abteilung Arbeit bei Tag und Nacht in verschiedenen Schichten, um die Hochöfen nicht auskühlen zu lassen.

Das Auto führt uns wieder aus dem Walzwerk heraus, vorbei an den riesigen Schiffen, welche die Frachten durch die großen Seen und die Kanäle bis ans Meer befördern, und an den verschiedensten Fabriken vorbei, die zu besichtigen wir keine Zeit haben, in die eigentliche ungeheure Halle, wo der Produktionsprozeß der Automobile beendigt wird. Ein riesiges laufendes Band, das sich ruckweise vorwärts bewegt, neben dem laufenden Band bewegt sich der Fußboden als zweites Band etwas langsamer mit, damit die Arbeiter, die dort stehen, leichter das werdende Automobil für das ihnen zugewiesene Stück begleiten können.

Als erstes kommt, von oben heruntergelassen, das fertige Innengerüst, sozusagen das stählerne Skelett, herab und wird auf das laufende Band gelegt. Von Schritt zu Schritt passen die Arbeiter mit Gebläsen und Schrauben ihm die einzelnen Stücke an, die in den entsprechenden Zeiträumen von oben herabgelassen werden. Erst die Räder, dann die Trittbretter, die Hörner, dann die eigentliche Maschine und die Schutzbleche und Rückenteile, die elektrischen Zündungen, die Lampen und schließlich auf einen Ruck das eigentliche Coupé. All das wird von vier oder fünf Arbeitern zugleich mit kleinen, kurzen, technisch geschickten Griffen vernietet und festgelegt. Jeder Arbeiter etwa zwei bis drei Minuten daran beschäftigt, wie überhaupt der ganze Prozeß vom Augenblick an, wo das Skelett herabgelassen wird, bis zur Fertigstellung des Wagens knapp eine Stunde dauert.

Das Merkwürdigste dabei, daß es den Eindruck macht, als ob diese kurzen Verschraubungen und Zusammenstellungen nur provisorisch wären und man einem wie bei einem Experiment bloß erläutern wollte, aus welchen einzelnen Stücken und mit welchen Griffen ein Auto zusammengesetzt wird. Und in der Tat glaubte ich, daß all diese so rapid zusammengeschachtelten Automobile nun wochenlang in jedem einzelnen Detail durchgeprüft, ausgeprobt und überholt würden, ehe sie zum Verkauf gestellt werden. Die erstaunliche Überraschung besteht nun darin, daß dieses selbe Auto, das man eben noch als Skelett gesehen, und an dem die Arbeiter scheinbar nur flüchtig herumbosselten, plötzlich mit einem Arbeiter, der rasch hineinspringt, das rollende Band verlassen und gleich munter losfahren [*sic*]. Jedes dieser Autos ist wirklich total fertig in diesen fünfundfünfzig Minuten, und wie unser Begleiter uns erzählt, bereits verkauft. Es fährt gerade noch eine Viertelstunde mit dem Arbeiter auf den eigens dazu bestimmten Feldern herum – morgen ist es schon mit Nummer und Garantieschein bei dem Besitzer und saust munter durch die Stadt.

Nur dieser letzte Moment ist darum der eigentlich überraschende. Alles andere wirkt etwa so, wie man ein Gewehr auseinandernimmt und wieder zusammensetzt. Und man muß sich, um das als Gesamtbild zu den richtigen Dimensionen zu steigern, vorstellen, daß jeden Tag, jede zwei Minuten ein neugeborenes Automobil aus dieser einen Tür hinaussteuert, um dann sofort in die Welt zu fahren.

Selbstverständlich hat man damit nicht die Herstellung der Einzelteile gesehen, sondern nur die Zusammenstellung. Aber es wird jetzt in der Fabrik von Gummireifen bis zur Uhr und dem Zähler jedes einzelne Stück, das sich im Automobil befindet, autonom erzeugt, und wahrscheinlich ist es dieser Prozeß der Zusammenlegung, welcher die Einheitlichkeit der Produktion so leicht und verhältnismäßig billig macht.

Von der Fordfabrik hinüber nach Greenwich Village, eigentlich mit sehr gemischten Gefühlen, weil man uns eine Schlittenfahrt in einer Postkutsche versprochen hat und erzählt, daß hier Mr. Ford, ganz nahe seinem Geburtsort, alle historisch interessanten Häuser Amerikas aufstellen will, soweit sie erreichbar sind, eine Idee, die bedenklich erinnert an die französischen Kirchen und englischen Schlösser, die sich amerikanische Millionäre Stein für Stein, womöglich noch mit dem ghost des Hauses, herübertransportieren ließen. Zur Überraschung erweist sich die Idee aber als äußerst hübsch und das Ensemble als sehr reizvoll. Man gewinnt einen unmittelbaren Eindruck des historischen Amerika, dessen eigentliche Historie doch nur hundert Jahre alt ist. Im kleinen Flüßchen liegt ein alter Raddampfer, der einen erinnert an die Schilderungen Gerstäckers und an die Stahlstiche aus unseren Kinderbüchern. Die einzelnen Häuser sind eine alte Schule, dieselbe, in die Ford ging, Lincolns Advokatenbüro, das er irgendwo in Illinois zusammengekauft hat, ein alter Krämerladen, ein Postamt, zu dem auch unser Schlitten gehört, und eine Blechschmiede, eine alte Mühle, alles in der ursprünglichen Erhaltung, ein Krämerladen, ein Gasthaus; primitiv alles und doch von einem starken persönlichen Stil. Ein bischen griechisch, ein bischen puritanisch, ein charmantes Gemenge – im Frühjahr muß das Ganze bezaubernd anmuten, umsomehr als täglich tausende Besucher kommen, und so ist wirklich etwas erstanden wie ein Freiluftmuseum des alten Amerika, das von Jahr zu Jahr mehr an Reiz gewinnen wird.

Ich erspare mir die Beschreibung der einzelnen Häuser und kleinen Sehenswürdigkeiten, weil sie ja in dem Büchlein über Greenwich Village ausführlich verzeichnet sind, und beschränke mich auf die größte Sehenswürdigkeit, die auf mich besonderen Eindruck macht, das Laboratorium Edisons aus seiner produktivsten Erfinderzeit, etwa 76–82, das Ford aus Newark (bei New York) tel quel herübertransportieren ließ. Ford war mit Edison persönlich befreundet. Der alte Mann hatte reges Interesse genommen, als der junge Ford ihm zum erstenmal die Idee seines Autos entwickelte, sich mit der Übertragung des Laboratoriums einverstanden erklärt.

Es ist ein zweistöckiger Holzbau, primitiv eingerichtet, mit tausenden von Glasfläschchen, Retorten, Chemikalien, die an den Wänden aufgereiht sind, gewöhnliche Tische, auf denen sich Apparate befinden, die uns heute lächerlich primitiv anmuten, die aber die wichtigsten Anfangsdokumente der großen Erfindungen der Neuzeit sind. Man sieht deutlich, daß in dieser ersten Epoche Edison individuell gearbeitet hat und nicht wie heute fast jede Erfindung ein Kollektivprodukt einer geschlossenen Organisation darstellt. Auf einem der Tische der Phonograph, eine Staniolwalze, die wie der Versuch aber zeigt, noch immer ziemlich deutlich den Schall aufnimmt und wiedergibt. Erste Ansätze für den Hörer am Telephon. Auf einem anderen Tisch – eines der größten Dokumente der Menschheit – die kleine Lampe, die nach dreijährigen Versuchen zum erstenmal elektrisches Licht gab (und die Edison übrigens bei seinem letzten Besuch noch einmal in Funktion setzte) und zahllose andere Objekte (Vervielfältigungsapparate etcetera) zeigen in wirklich sinnlicher Weise, daß Edison der geborene Erfinder war, nicht auf einer Linie sich konzentrierend, nicht bloß einer Idee nachfolgend, sondern mit allen Möglichkeiten spielend und sie immer dank seines besonderen Genies von der richtigen, entscheidenden Seite anfassend. Aus diesem Holzhaus sind die entscheidenden Taten ausgegangen, die unserer Welt von heute einen anderen Rhythmus und die größte Erweiterung des Weltgefühls gegeben haben.

Unter diesen Merkwürdigkeiten die merkwürdigste: zwischen vergangenen, abgestorbenen, rein dokumentarischen und längst überholten Dingen ein lebendiges Zeugnis, Francis Jehl, der letzte lebende Mitarbeiter jener schöpferischen Zeit, der (alles Nähere in seinen Erinnerungen) als zwanzigjähriger Bursche zu Edison gekommen war und manche dieser welthistorischen Augenblicke wie den ersten Kohlenfaden in der Glasbirne aufleuchten sah. Heute achtzigjährig, ist er nicht nur voll bei Verstand, sondern auch bei gutem Humor und bietet einen uns etwas possierlichen Eindruck durch das Deutsch, das er leidenschaftlich spricht, ein nicht wiederzugebendes Melange aus ostjüdisch, wienerisch, ungarisch, wie er ja auch durch einen dreißigjährigen Aufenthalt in Budapest, wo er die Edisongesellschaft vertrat, ein magyarisches Aussehen bekommen hat. Man könnte ihn gut für einen pensionierten Gendarmeriewachtmeister aus Debreczin halten. Sehr herzlich, sehr nett, und wie er uns die ursprünglichen Versuche erneuert und mit Anekdoten belebt, hat man wirklich das Gefühl des Dabeiseins und Dabeigewesenseins. Im Ganzen einer der stärksten Eindrücke, den ich von einer historischen Stätte empfangen habe und wo das Technische dank seiner Primitivität einem noch verständlich ist und sinnlich wahrnehmbar.

Nachher nur noch rasch in dem Empfangshause, das Ford für die Schüler jener halben Hochschule gebaut hat, für die er sich jetzt besonders interessiert, wie ja überhaupt, seit das Automobil in gewissem Sinne »fertig« ist, dieser merkwürdige Mensch sich immer mehr abstrakten Theorien und Projekten hingibt. Immerhin dies beides, die Fordfabrik und dieser Park, zwei Leistungen eines einzelnen Mannes, der doch vor fünfzig Jahren als armer Farmersohn mit nackten Beinen in die kleine Landschule gegangen, und Sinnbild einer der größten amerikanischen Industriekarrieren, vielleicht der letzten.

Dann zurück nach Detroit, wohl zufrieden mit diesem vollen Tag und nach Toledo, wo ich gleichfalls mir wenig erwartete und gleichfalls auf das Freudigste enttäuscht wurde.

Negerfrage

In Kansas City zum erstenmal an der Negergrenze. Da die eine Hälfte der Stadt in Missouri liegt, die andere in Kansas, eine völlig verschiedene Behandlung der Neger, ähnlich etwa beim Überschreiten von der holländischen oder schweizerischen zur deutschen Grenze. Hier beginnt die farbige Linie, und schon bei der ersten Station wird man dieser Vorkehrungen gewahr. Abgesonderte Warteräume für colored und white, in Eisenbahnwagen und Straßenbahnwagen die strengste Absonderung. Ich weiß nicht, ob man schon früher mit ähnlicher Vehemenz diese Maßregeln empfunden hätte oder nur erst jetzt, seit sie die eigene Herabsetzung stärker fühlbar macht. In New Orleans bekommt man durch den Augenschein und aus den Erzählungen von Bekannten näheren Einblick in die Verhältnisse. Die Lage ist natürlich völlig verschieden von der der Juden, weil die Neger hier wirklich nur eine völlig verarmte und beinahe sklavenhafte Unterschicht darstellen, deren Vermengung wirklich schwer denkbar ist. Der Unterschied ist, daß die Tragik hier im Gegensatz zu den Juden eigentlich gerade bei den Schichten beginnt, die sich entweder materiell oder geistig heraufgearbeitet haben. Während der reiche Jude oder der aktiv Intellektuelle immerhin sich durchzusetzen weiß, ist gerade jener Neger oder Halbneger, der studiert hat und die sogenannte Kultur aufgenommen hat, stärker betroffen. Denn für ihn ist es natürlich furchtbar, in den Negerhotels zu wohnen, die wahrscheinlich einen gräßlichen Tiefstand aufweisen, und er fühlt sich in seiner Lebenshaltung vermutlich den Weißen viel näher als seinen eigenen Landsleuten. Interessant und nachdenkenswert (vielleicht auch gültig für die Juden), daß sich bis zu einem gewissen Grade hier im Süden, wo die Abgrenzung eine totale ist, die Farbigen sicherer fühlen, weil sie wissen, was ihnen erlaubt ist und was nicht. Hier weiß jeder, daß er dieses Theater, dieses Kino, dieses Restaurant, diesen barbershop nicht betreten darf, während in den Nordstaaten und wohl auch England er sich in einer ewigen Unsicherheit befindet, ob er aus einem Restaurant, einem Hotel nicht jeden Augenblick ausgewiesen werden kann und er nie gewiß ist bei den einzelnen Weißen, ob er [von] ihnen als Mitmensch akzeptiert ist oder nicht. Sehr interessant darum der Besuch in einem Negerhospital und der Negeruniversität, den wir gemeinsam mit Edman machten. Das Negerhospital – zum größten Teil aus jüdischem Geld gegründet – (die Juden haben selbstverständlich besondere Sympathie für das Negerschicksal, dürfen es aber nur auf philanthropischem Wege zeigen, um sich nicht selbst im Süden unbeliebt zu machen) – ist geleitet von einem Mann, dem man den farbigen Ursprung kaum anmerkt und der in seinem Gehaben, seiner Intelligenz sicherlich neunundneunzig Hundertstel der weißen Bewohner von New Orleans überlegen ist. Dennoch ein gewisses Zögern, wie wir ihn dann in unserem Taxi mitnehmen wollen. Offenbar ist er nicht ganz sicher, ob der Chauffeur des Taxis nicht Protest erheben wird, und wie er dann allein zurückfahren soll, bezahlt Edman (ich verstand es nicht sofort) im vorhinein die Rückfahrt, um sich zu sichern, daß nicht etwa der Chauffeur sich weigern könnte, ihn allein heimzubringen. Unser Besuch und die Art unseres Umgangs ist sicherlich ein außerordentlicher Akt, der ihnen selten geschieht. In der Universität, die ganz noch in den Anfängen ist, ziemlich kläglich und ein wirkliches Niveau wohl kaum erreichend, geraten wir gerade in eine Theaterprobe hinein, die Edmonds, ein riesiger

Buschneger, pechschwarz, mit sehr viel Leidenschaft und auch anscheinend guten Kenntnissen leitet. Er war in England, Irland, und weiß gut Bescheid. Aber wie soll er Schüler heranbilden können im Dramatischen, wenn ihnen nie erlaubt ist, ein wirkliches Theater zu sehen oder je hier im Süden einem wirklichen Konzert oder Gastspiel beizuwohnen? Sehr charakteristisch, wie er eine Schülerin dann hereinruft, weil ich sagte, daß ich gern mit einem der Studenten mich unterhalten wollte. Sie ist vollkommen befangen und man sieht ihr an, daß sie nur rasch auf und davon möchte, weil sie das Gefühl hat, als Schaustück oder Kuriosität von irgendeinem gnädigen Weißen ausgefragt zu werden. Und man legt sich selbst die Frage vor, ob ein solcher Aufstieg der Neger, wie er hier und überhaupt jetzt im ganzen Lande versucht und gefördert wird, nicht unvermeidlich ins Tragische führen muß, zum mindesten noch für die nächste und übernächste Generation. Denn eine Gleichberechtigung ist schon durch die Kraßheit des ethnologischen Unterschieds auf Jahrhunderte nicht zu erwarten, und man hat selbst beim allerbesten Willen eine gewisse Repulsion zu überwinden bei dem Gedanken, man sollte in einem Hotel mit diesen schmutzigbraunen, dickwulstigen, wollhaarigen und im Typus oft gorillamäßigen Wesen schlafen oder auch nur im barbershop mit demselben Pinsel eingeseift werden. Wenn man sich auch mit dem Verstand die Ungerechtigkeit klarmacht, so ist ein Instinkt hier schwer zu überwinden, und das Problem bleibt sicherlich in Amerika noch viel unlösbarer als das jüdische in der Welt. Ja, ich glaube, daß es sich in Hinkunft sogar noch stärker akzentuieren wird. Ein Zusammenleben und eine Vermischung mit den Farbigen dieser Art war natürlich viel leichter möglich vor zweihundert und hundert Jahren, solange die Einwanderer und meist doch Verbrecher und outcasts auf einer gleich niederen Stufe lebten. Je größer das kulturelle Niveau, desto schärfer und sichtbarer muß der Unterschied werden. Und dabei die Flucht aus diesem Fluch so viel schwieriger als bei den Juden, weil hier jeder als Farbiger gilt, der auch nur eine Spur afrikanischen Bluts in sich hat, sogar eine

Vermischung von Jahrhunderten ausschließlich auf der weißen Linie vielleicht noch nicht ausreichen würde, um die Spuren zu verwischen, die ja merkwürdigerweise noch nach vielen Generationen plötzlich auftauchen – der Fall Puschkin, in dem der negroide Typus nach zweihundert Jahren plötzlich mit ungeheurer Stärke wieder zutage trat. Vielleicht wird das Projekt der Rückwanderung nach Afrika einmal tatsächlich aktuell werden. Die brasilianische Lösung, wo die Mischung eine viel buntere war, die merkwürdigsten Kreuzungen entstanden und die ersten Portugiesen viel gründlicher durchgemischt hatten, ist hier immer weniger denkbar. Ich muß zu meiner eigenen Beschämung gestehen, daß diese simple idealistische Lösung, wie sie unsere Leute von Europa her fordern, daß man die Neger in Amerika absolut gleichstellen und gleich behandeln solle, in dieser simplen Form wahrscheinlich nicht durchzuführen ist. Das amerikanische Gesetz ignoriert zwar total jeden Unterschied zwischen schwarz und weiß, Juden und Christen, und zum Beispiel in den Staatsgefängnissen gibt es keine Absonderung, und de jure könnte auch ein Neger Präsident der Vereinigten Staaten werden. Aber in der Praxis haben alle die Südstaaten die Grenze scharf gezogen und in den Nordstaaten besteht sie gleichfalls, wenn auch in etwas verschwommener Form. Im allgemeinen aber macht es nicht den Eindruck, als ob sich die Neger infolge ihres kulturellen und geistigen Tiefstandes dabei unglücklich fühlen würden. Wie man ja auch kein Gefühl einer absoluten Negersolidarität hat. Der Unterschied gegen die Juden ist doch ein unermeßlicher, die doch auch im Tiefstand ein geistiges Niveau oder zum mindesten den Willen zu einem kulturellen Aufstieg mit ungeheurer Kraft entäußern und schließlich doch eben einem Volk angehören, das vor zweitausend Jahren das weiseste und dichterischeste Buch der Welt geschaffen hat, während bei allen diesen Negern keine Geschichte, kein Zusammenhang, keine geistige Erinnerung besteht und sie nichts gemeinsam haben als eben die schwarze Farbe und die typischen Rassenmerkmale. Sozial scheint die Armut außerordentlich, aber eine Armut, an die die Menschen von allem Anfang an gewöhnt sind (ihre Urgroßväter waren Sklaven) und es scheint ja auch, daß ihnen der Sinn für einen Aufstieg völlig fehlt. Übereinstimmend berichten alle, daß sie nicht fähig sind zu sparen oder Vorkehrungen für die Zukunft zu treffen und alles erworbene Geld sofort ausgeben. Im ganzen ein Eindruck, daß die tragische Zeit für die Farbigen erst kommen wird, sobald sie vom Baum der Erkenntnis etwas mehr genascht haben werden, und daß gerade die Intellektuellen unter ihnen die Märtyrer sind, die das Armselige, im Schatten der weißen Kultur zu leben, mit den schmerzlichsten Erniedrigungen erkaufen.

Die Eisenbahnen

A. Negatives

Kein Fahrplan, der wirklich übersichtlich ist, weil die einzelnen Compagnien gegeneinander und nicht zusammen arbeiten. Wenig Orientierung auf den Bahnhöfen, auch auf den Zügen keine Aufschriften, im allgemeinen nicht für den Fremden gedacht. Nur sehr praktisch, daß ehe man den Nachtzug besteigt, nicht ein Angestellter stumpfsinnig die Karten abzwickt, sondern die Kondukteure des Zugs in freundlichster Weise kontrollieren. Allerdings, ohne Englisch wäre man verloren. Eine gewisse Enttäuschung über die Geschwindigkeit, die unter der europäischen liegt. Auch das Material der Durchschnittswagen dasselbe wie vor dreißig Jahren, der Unterbau mäßig, und schlechte Bremsen, die bei jedem Anziehen oder Haltmachen einen furchtbaren Ruck geben. Auch die große Neueinführung, die im Sommer wunderbar sein muß, nämlich daß der ganze Zug air-conditioned ist und man dadurch von der Außentemperatur völlig unabhängig ist, seelisch der Nachteil, daß man sich, ähnlich wie in einem Flugzeug, eingesperrt fühlt und keine Gelegenheit hat, ein einzigesmal während der Fahrt ein Fenster aufzumachen. In einigen Zügen, zum Beispiel in unserem, ähnlich wie im Flugzeug, kleine

Öffnungen, durch die man sich frische Luft oder wenigstens die air-conditionierte heranlassen kann.

B. Positives

Die Breite und Bequemlichkeit, äußerste Reinlichkeit, bei Tag die Klubwagen, eine wandernde Bar, bequeme Fauteuils, Zeitungen, Magazine, Schreibtisch mit Briefpapier, Getränke, die das Gefühl des Eingesperrtseins wieder aufheben, in einigen Zügen sogar barbershop, Bad, Radio. Hervorragend die Bedienung durch die Neger. Man fühlt sich geborgen und hat ständig jemanden zur Hand, und für Leute, die Geselligkeit im Zuge suchen, ist durch die Klubwagen besondere Gelegenheit gegeben. Die Überlegenheit der amerikanischen Wagen wird erst fühlbar bei Nacht, denn schon der einfache Pullmansleeper ist breit und bequem wie nur irgendein Bett. Zum Beispiel ist bei den neuen Typen auch dafür gesorgt, daß man das Bett halb aufklappen kann und damit einen eigenen Ankleide- und Auskleideraum gewinnt, ohne zu turnerischen Exzessen genötigt zu sein. Noch bequemer natürlich die Kompartments, die einem Hotelzimmer in keiner Weise nachstehen, eigene Toilette, eingebaute Kästen, Bügel, einer Vorkehrung, daß man die Schuhe zum Putzen hinausstellen kann. Während man in Europa gut angezogen und rein den Zug besteigt, um ihn zerknittert, berußt und abgespannt zu verlassen, kann man hier seine Kleider nachts bügeln und herrichten lassen. Kein Stäubchen Schmutz am Kragen, frisch und ausgebügelt und besser, als man gekommen ist, steigt man aus diesem wandernden Serviceflat. Ein weiterer Vorteil dieser Schlafwagen, daß man, wenn sie um elf Uhr abgehen, schon um neun Uhr sein »Zimmer« oder seinen Bettraum bewohnen kann und auch morgens nicht genötigt ist, vor acht Uhr aufzustehen, selbst wenn der Zug früher eintrifft.

Von Zug zu Zug immer andere neue kleine Erfindungen und Bequemlichkeiten, an denen sich der Nachteil der verschiedenen Eisenbahngesellschaften zum Vorteil auswirkt, weil sie genötigt sind, durch erhöhte Bequemlichkeit den Reisenden zu sich herüberzulocken. Überhaupt dies zu vermerken, daß nicht, wie man im allgemeinen in Europa die Vorstellung hat, der Sinn hier sosehr darauf gerichtet ist, die Geschwindigkeit zu erhöhen und Zeit zu ersparen, sondern ebenso wie in den Hotels alles so bequem wie möglich zu machen und jede überflüssige Anstrengung oder Strapaze auszuschalten.

Hotels

Meist überdimensional für unsere Begriffe. Zwei- bis dreitausend Zimmer, so daß, wie mir Herr Eifel vorrechnete, man acht Jahre brauchte, wenn man in jedem Zimmer eine Nacht schlafen wollte. Die Organisation außerordentlich, zum großen Teil dank der Fernschreiber, die jeden innerhalb des Stockwerks gegebenen Auftrag sofort schriftlich nach unten übermitteln. Absolute Konzentration aller Bedürfnisse dadurch, daß alle Arten Geschäfte sich im Hause befinden und ebenso Arzt und Schreibbüros. Preise für unsere Begriffe kräftig, aber doch durch die besondere Bequemlichkeit begründet. Der normale Reisende braucht hier das Hotel nicht zu verlassen und bekommt alles, was er innerhalb dieser Stadt braucht oder brauchen könnte, in der denkbar kürzesten Frist in sein Zimmer. Vorbildlich zum Beispiel die Wäsche, von morgens bis abends oder sogar in einigen Hotels von abends bis morgens blendend geliefert oder einem sogar nachgeschickt (im Zimmer fertig vorbereitete Adresszettel), so daß man mit einem Minimum von Wäsche auskommen kann, ebenso auch von Anzügen, weil sie entweder direkt oder durch den sogenannten »Servidor« dem Valet übergeben, in einer Stunde frisch gebügelt und tadellos gemacht sind. Dieser Gedanke hervorragend, die Reise als einen besonderen und außergewöhnlichen Zustand aufzuheben und in Zug oder Hotel das absolute Gefühl des Überall-zu-Hause-Seins, den Normalzustand, herzustellen. Überraschend da die einzelnen Komforterfindungen.

Eiswasserhahn im Zimmer
Fernschreiber für Hotel-Innendienst
im Bad:
Schlitz in der Wand zum Wegwerfen der Rasierklingen
Abschminktuch (im sleeper Kleenex)
Waschlappen
massenhaft Handtücher
Badesalz (Netherland Plaza)
Gläser in Zellophan, Toiletten desinfiziert und mit Papierstreifen
im Zimmer:
Nadelkissen mit assortierten Knöpfen, Nadeln und Garn
Papplöffel in Cellophan
Radio in einem Tisch, Heizung oder in der Wand
Nadelbrief (Houston und Los Angeles)
Notizblock beim Telephon
Beim Briefpapier paper-clips und Gummibänder
Schilder zum Heraushängen »Nicht stören«, »Gleich aufräumen«
Servidor
Wäsche:
Laundry bag und Liste
gewaschen von morgens bis abends, in Detroit sogar von abends bis morgens
free repair when pressing suits
vorgedruckte Adresszettel zum Nachsenden d. Wäsche
Aufräumewagen mit allen Sachen für Zimmermädchen
bookends (Statler, Detroit)
Lichtsignal, wenn unten Post (Bismarck); wird gebracht, wenn man auf daneben angebrachten Knopf drückt
am Telephon: good morning, und immer Name
checkrooms fast in jedem Hotel
mail forwarding cards

Einzige Schwierigkeit, wenn man, wie es uns zweimal auf der Reise passierte, in ein solches Hotel gerät, wenn es bis zum

Rande gefüllt ist, wenn also wirklich zwei- bis dreitausend Personen die Warteräume, die Kasse, die Auskunft bestürmen. Aber dieser Zustand wird ja wohl auch in europäischen Hotels vorkommen, und ist nur, wie alle Naturkatastrophen, überdimensional. Im ganzen verständlich, daß in New York und anderen Städten viele Leute, insbesondere junge Ehepaare, ständig im Hotel wohnen, weil es so erstaunliche Vereinfachung des Lebens und eine Konzentration aller Bedürfnisse auf eine einzige Stelle bedeutet, die mit erstaunlicher Präzision funktioniert; während der ganzen Reise eigentlich kein einziger Irrtum in einer Rechnung, in einer Bestellung, in einer Nachsendung und dadurch das Gefühl der Verläßlichkeit, daß einen Gepäck und alle anderen Dinge auch im Zuge begleiten, während man in Europa immer mit einem halben Auge bei jeder Fahrtunterbrechung nach seinen Koffern schielt, bei jedem nachzusendenden Paket oder Brief ununterbrochen beschäftigt ist mit dem Gedanken, ob es richtig ankommt oder nicht. Das Gefühl der Ermüdung und Unsicherheit und des Abenteuerlichen, das sonst im Reisen liegt, ist hier in Amerika auf ein Minimum zurückgeschaltet und wirklich weder im Zug noch im Hotel eine einzige schlechte Erfahrung.

An Hermann Hesse

Hotel Regina/Wien
Wien, den 4. Mai 1935.

Lieber, verehrter Hermann Hesse,

[...] Ich vermute, daß ich jetzt selber für zwei, drei Wochen in der Nähe von Zürich die zwei Elemente angenehm verbinden werde, die einen Wandernden beglücken, eine schöne Landschaft mit einer guten Bibliothek. Meine eigene steht recht verlassen in Salzburg und ich habe das Gefühl, sie ausgelesen zu haben, selbstverständlich ein trügerisches Gefühl, aber jedesfalls bin ich meiner eigenen Zimmer müde und genieße das Nomadische mit studentischer Muße. Ich glaube, Sie hatten genau in meinen jetzigen Jahren eine ähnliche Ausbruchsneigung und sie scheint wohl zu einem richtigen Leben zu gehören, organisch zu sein für einen normalen Organismus und keine Abnormität. Jedesfalls lasse ich mich laufen, so lange ich inneren Auslauf habe, und frage nicht lang, wohin. Ich weiß, so wild auch der Kreisel tanzt, einmal fällt er doch hin.

Tagebuchblatt vom 27. September 1935

(Reise von Paris nach London)

Reisetag wie so viele andere in den letzten Jahren. Ist es, weil die Welt so unruhig hin- und herschwankt, daß man sich gewöhnt hat, im Gleitenden zu leben? Ist es Vorgefühl, daß wieder Jahre kommen könnten, wo die Länder sich ganz gegeneinander sperren und man noch rasch einmal Weltluft atmen möchte? Jedesfalls, Reisen ist mir kein fremder Zustand mehr, sondern beinahe ein natürlicher. Man hat sich stärker losgelöst von den Bindungen und Gewohnheiten, von Haus und Besitz – beides fragwürdig geworden und kaum mehr entbehrt. Zwei Koffer, in dem einen die Garderobe, die irdische Notwendigkeit, in dem anderen Manuskripte, die geistige Bereitschaft und man ist überall zu Hause. Und wenn es Sinn ist eines Lebens, sich im Zeitlichen und im Geistigen immer wieder eine neue Form der Freiheit zu entdecken, so ist es vielleicht das Beste, mit möglichst wenig Last zu leben, die Kunst, ohne Sentimentalität viel Vergangenheit hinter sich zu lassen.

Morgens in Paris zum Bahnhof. Immer dies ein wunderbarer Anblick, wenn eine Stadt erwacht, dieser Aufbruch von hunderttausenden Menschen aus ihren unsichtbaren Schlafhöhlen in die Straßen. Herrlich, wenn eine Stadt in Bewegung gerät, so wie eine Lokomotive sich in Gang setzt, die erste Drehung des Rades noch langsam und schwer und stöhnend, dann rascher und rascher und plötzlich ist die normale Geschwindigkeit erreicht, der Rhythmus des Laufes so voll und hitzig, daß man ihn innerlich nicht mehr spürt. Wunderbar immer wieder dieser Sturz von Menschen in die frisch ausgewaschenen Straßen wie von einem Wirbelwind zusammengetrieben und doch jeder in diesem scheinbaren Tumult seinen zubestimmten Platz suchend; nichts großartiger als ein Chaos, das eine durchdachte Ordnung ist, so wie auf dem Theater eine durcheinander stürmende Volksszene, wo jede Bewegung und jede Geste von dem unsichtbaren Regisseurkünstler auf das sinnvollste errechnet ist.

Am Bahnhof erster Griff nach der Zeitung. Ist es schon Krieg in Abessinien, ist es noch nicht Krieg? Denkwürdig für spätere Geschlechter; so haben wir gelebt in all diesen Jahren nach dem Kriege, jeden Tag vorbereitet auf einen neuen Erdstoß, immer dieses dumpfe unterirdische Grollen bis ins Herz hinein spürend, bald von Osten, bald von Westen, von Norden und Süden. Immer seit 1914 haben wir morgens die Zeitung geöffnet mit einem leicht gruseligen Gefühl, immer war unser privates Schicksal (mehr als je in früheren Zeiten) an die Politik und ihre zufälligen Herren gebunden. Aber nein – erleichterter Atemzug – es ist heute noch nicht Krieg, es wird noch verhandelt. In Flugzeugen sausen wie trunkene Vögel Staatslenker hin und her zu Besprechungen und geheimnisvollen Pakten, der eigentliche Irrsinn und Widersinn dieses verbrecherischen Diplomatisierens ist noch vertagt.

Also entlastet in den Waggon! Rollen ist Ruhe, Reisen ist Rast in der Unruhe der Welt. Indem man seinen Körper in Unruhe setzt, paßt man seinen Geist unwillkürlich ihrem Rhythmus an. Man hat wieder gelernt zu lesen, zu denken, beinahe zu arbeiten in einem rollenden Zug, und mittags in Boulogne aussteigend, an der Küste des Kanals fühlt man sich eher ausgeruht als angestrengt, eher erfrischt als ermüdet. Nur noch rasch gleich hinüber auf das Schiff, den ersten Blick auf das geliebte Meer tun, einen Atemzug der Luft, die gesättigt ist von Salz und Duft, und Ferne in sich trinken. Aber nein, Mensch des 20. Jahrhunderts, vergiß nicht, daß Du auch Bürger bist, Staatsbürger und schon mehr Staatseigentum als Dein eigenes! Entsinne dich demütig der Zeremonien, die in unserem kleinen Europa ersonnen sind, wenn man das heilige Nichts einer Grenze überschreitet. Anstellen in Reihen vor dem Paßamt! Geduldig stellt man sich hin und doch irgendwie demütig und erbittert. Verflogen ist die Freude, die Frische des rein animalischen, Empfindens, das Lustgefühl der Freiheit! Man fühlt sich geduckt, fühlt sich nicht mehr Mensch, frei und unbefangen, sondern Untertan, und sofort regt sich ein Gefühl der Revolte. Mag sein, es regt sich nur in uns, den

Vorkriegsmenschen, die damals ohne Paß, ohne Papier von Land zu Land unbekümmert gegangen – die andern von heute empfinden es als selbstverständlich –, und dieses Anstellen und in Reih und Glied stellen, obwohl doch eine bloße Formalität, erinnert uns aus der Kriegsgeneration jedesmal an all die moralische Entrechtung, die wir seit dem Kriege erfahren. Anstellen, das bedeutet für uns immer noch Not, Erinnerung an Hungerszeiten, Erinnerung an Kriegskonskription. Wenn wir vor dem Kriege uns anstellten, galt es einer Freude, einem künstlerischen Genuß. Man stellte sich an vor der Oper, vor einem Theater, ungeduldig und heiter zugleich, brennend vor Erwartung, ja noch gesteigert durch diesen Vorgenuß, begeistert standen wir jungen Leute, Freunde, Kameraden, Fremde in heiterem Gedrängtsein. Es war kein Zwang und keine Not, die uns trieb und deshalb war dieses Warten ohne Beschämung. Erst im Krieg und im Nachkrieg hat die Welt diese Demütigung kennen gelernt, dieses andere Warten wie auf ein Verhör, wie auf ein Urteil, dieses Warten aus Zwang und Not und Angst und jedesmal darum, wenn auch nur ein paar Minuten solchen Anstellens uns verhängt ist, regt sich bei mir innen Revolte und Zorn.

Aber es sind wirklich nur Minuten. Ein Blick, ein Stempel in den Paß. Jedes Land in Europa ist ja heute froh, einen Fremden zu verabschieden. Jetzt also rasch auf das Schiff, den ersehnten Blick auf das Meer tun, die Luft zu atmen von Himmel und Welt. Aber nein, aber nein, noch einmal Paßkontrolle, die englische nach der französischen, und noch strenger für die Einreise nach dem milderen für die Ausreise. Abermals anstellen, und jetzt sieht man wie in Kriegszeiten bei seinen Nachbarn eine gewisse Unruhe und Unsicherheit auf den Gesichtern. Wird es erlaubt sein, die britannische Insel zu betreten – vor dem Krieg der gastlichste und freieste Ort der Erde – und für wie lange wird es erlaubt sein, für Tage, für Wochen, für einen Monat? Warten und Warten und Warten, endlich die kurze Inquisition und endlich das Erlaubnisblatt und innerlich doch eine Scham: so hat Europa 1935 gelebt, so voll Mißtrauen ein Land gegen das andere! So war unsere herrliche Welt Europa abgeteilt und verriegelt und vergittert mit Grenzen für den frei geborenen Menschen. War jemals dieser Widersinn größer, dieses Absurde absurder? Ich glaube niemals. Denn immer paradoxer wird jetzt bei einer Reise die Relation zwischen der Zeit, die auf die eigentliche Reise, die Raumüberwindung verbraucht wird und jener, die man von Staat zu Staat mit solchen Kontrollen vergeudet. Vor hundert Jahren reiste man von Paris nach London drei Tage und von denen gehörte vielleicht eine halbe Stunde diesem Untersuchen und Inquirieren. Heute, da das Flugzeug in einer Stunde den Raum überschwingt, wird noch immer eine Stunde und mehr vertan, und bald werden wir so weit sein, daß die Kontrollen länger dauern werden als die eigentliche Fahrt, so wie ja auch die meisten Staaten heute mehr ihrer inneren Kraft auf Verteidigung vergeuden als für humane Gestaltung und innern Aufbau. Ich glaube, an alles kann und könnte ich mich gewöhnen, nur an das eine nicht, an den Widersinn, an die Anti-Vernunft und in diesem Sinne quält und reizt einen der gegenwärtige Zustand Europas unablässig. Ständig sehen wir das Gerade krumm, das Einfache schwierig gemacht, und manchmal wird man das Gefühl nicht los, als hätte ein Irrwitziger sich des Steuerrads bemächtigt und triebe in einem betrunkenen Zickzack sinnlos die Welt in das Unbekannte.

Ich weiß, es ist töricht, gegen scheinbare Kleinigkeiten zu revoltieren, aber gerade in den Nichtigkeiten spürt man sinnlicher die großen Erscheinungen, so wie der Jäger, der Bauer, der Fischer an dem tiefen und zackigen Fluge der Vögel das nahende Gewitter erkennt. Warum muß ich plötzlich an Vögel denken? Weil – noch ist man nicht gelandet, schon, die Zeitungen wie weiße Flügel mit den Armen wirbelnd, die Verkäufer auf einen zustoßen. Wieder greift man nach einer. Ist es schon Krieg in Abessinien? Ist es noch nicht Krieg? Und so werden wir morgen und übermorgen und Wochen und Monate jetzt wieder bedruckte Blätter erwarten, wir Menschen von 1935, denen einmal schon 1914 der Kriegsstoß mitten in die Seele gegangen, und die davon eine Art Empfindlichkeit bewahrt haben, die das Nachkriegsgeschlecht teils nicht mehr versteht, teils bewußt als Wehleidigkeit des Herzens verhöhnt. Aber weg die Gedanken! Lieber hinaus von der Bahn einen Blick in das englische Land, anders das Grün unter dem grau-nassen Himmel, anders die Häuser, die Menschen, die Sitten, anders die Luft auch, dichter und dicker und voller, nicht mehr ganz so beschwingt und weich und leicht wie im französischen Land. Und dann endlich London, nach diesen unsagbar häßlichen, grauen und verrußten Vorstädten einem doch gnädig ab und zu einen Blick Grün hinhaltend und jetzt von den Dächern und Läden das Feuerspiel der Worte in allen Beleuchtungen, gelb und grün und rot und blau, blitzende Lichtschreie inmitten der sinkenden Dämmerung, Namen und Waren und zum Kauf aneifernde Worte, aus allen Stockwerken springen sie auf einen los in den Straßen: Kaufe! Kaufe! Kaufe! ein gräßlich monotoner Imperativ. Aber großartig stetig zwischen den Signallampen der endlose Strom der Automobile. Hier zeigt die Welt ihr anderes Gesicht, das sinnvolle, das technische, hier im Praktischen zeigt unsere europäische Gegenwart, die im Geistigen so völlig versagt, verschwenderisch alle ihre Künste und Kräfte. Und man fühlt das Ungeheure dieser Stadt von Neuem, die wie ein Polyp mit tausend Fühlern über die fünf Erdteile greift, um ihre Kraft, ihren Reichtum, ihre Energie in sich zu saugen, die eine unsichtbare Arbeit von unsichtbaren Millionen in Licht und Luxus und Reichtum und Bewegung verwandelt dank des gefährlichen Wunders unserer Welt, der Organisation.

Ein paar Augenblicke noch ins Haus, den Koffer abstellen, den Ruß von sich waschen. Aber nie hält es mich die ersten Stunden in einer fremden Stadt zuhause und wenn ich auch hunderte Male schon in ihr gewesen bin. Ich muß sie erst angefühlt, angerührt, angeschmeckt haben, eher ist keine Arbeit denkbar, eher auch nicht die Rast in einem Buch, ehe diese Art Neugierde nicht befriedigt ist. Immer drängt es mich in einer fremden Stadt, zuerst den Turm zu besteigen oder die Höhe, von der man sie ganz übersieht oder dorthin zu gehen, wo ihr Rhythmus am stärksten ist, der Herzschlag ganz unmittelbar im Herzen. Hinab also zu Piccadilly Circus, diesem runden Platz, dem eigentlichen Nordpol oder Südpol unserer Welt, um den (wenigstens heute noch) der Erdkreis schwingt. Es ist schwer, dort stehen zu bleiben, so stark vibriert hier die Bewegung, man wird geschoben, gestoßen von dem Schwarm, man wird blind vom Geschiebe der Wagen, man ertaubt von dem Gedröhne, aber doch, man bleibt, gerade um diese dynamische Gewalt zu genießen. Äußerlich hat sich nichts verändert; noch immer bis in die Türme hinauf, bis in die höchsten Stockwerke die feurig rollenden Namen des beliebtesten Whisky und der gerade beliebtesten Filmschauspieler: mit Freude erinnere ich mich, daß ich all die Namen vergessen habe, die voriges Jahr hier monatelang in meterhohen Lettern flammten und glühten. Denn der innere Sinn läßt sich nicht täuschen durch Reklame und Propaganda. Immer bleibt das Gedächtnis nur dort stark, wo auch Gefühl berührt ist. Rennt nur weiter, Ihr Namen, und so sehr Ihr rennt und so viel Ihr rennt, Ihr erreicht doch nicht die Unsterblichkeit! Fünf Zeilen eines vollkommenen Gedichts, namenlos geschaffen, können und werden Euch alle überleben, denn alles, was hier vorbeiströmt in dicken Menschenschwaden, will gar nichts behalten. Es will nur nehmen, schmecken, den Gaumen gekitzelt haben und dann verdauen und vergessen, um morgen wieder zu schlingen. Täglich wollen sie genießen, so wie sie täglich arbeiten und essen und schlafen, statt sich den Genuß zu sparen als das Seltene und Erlauchte. Rührend und erschreckend zu sehen, wie sie sich drängen in die Lichtbuden, die Mord und Liebe mit faustdicken Worten versprechen, zuverlässige Erregung und garantierte Rührung. Jedem Einzelnen mag man sie gönnen, diese Entlastung, aber wieder fällt es einem aufs Herz, ob diese gräßliche Erniedrigung des Geschmacksniveaus, wie sie in diesen Massenabspeisungen geübt wird, nicht mithilft an der Verdummung unserer europäischen Welt, die heute von keinem großen Gedanken beseelt ist, ob sie nicht diese Menschen wehrloser macht, die Zeit zu begreifen, sie zu bessern und zu verändern, ob diese ewige Fütterung mit ordinärem Vergnügen sie nicht hindert, der Zukunft einen Sinn und einen Plan und eine Deutung zu geben.

Je länger ich hier stehe, desto mehr spüre ich diese wirbelnde Gewalt. Es ist Abend geworden. Jetzt stürzen sich aus dieser Sechsmillionenstadt alle Autos und Omnibusse und Untergrundbahnen auf dieses kleine Stück in Soho, das neun Zehntel aller Theater und Schaubuden und Vergnügungen von London umschließt. Mit einem Ruck, um halb neun werden sie alle beginnen, um eine Stunde, um elf, alle zu Ende sein. Gleichzeitig singen und tanzen und spielen jetzt die Schauspieler, rennen die Gestalten über die Kinoleinwand, eine Menschenarmee, drei Armeekorps oder sechs oder zehn, ich weiß es nicht, exerzieren jetzt gemeinsam ihr Gefühl. Und dazwischen geht man allein, mitgerissen und widerstrebend, dem Zauber dieser Gleichzeitigkeit verfallend und ihn doch verfluchend, vom Polypenarm der Großstadt selbst gefaßt und sich gegen ihn wehrend; aber ohne daß man es weiß, nach einer Stunde oder zwei hat man sich eingelebt in ihren Rhythmus. Und er begleitet einen bis in den Schlaf. Am nächsten Morgen, ich weiß es, bin ich hier nicht mehr fremd und kann wieder ganz gesammelt und erfrischt an meine Arbeit gehen, kann versuchen, mit meiner kleinen Kraft dieser Zerrissenheit einen Sinn entgegenzustellen. Aber doch, der erste Griff wird morgen 28. September nach der Zeitung sein und die Schicksalfrage unserer Generation: ist es schon Krieg, ist es noch nicht Krieg! Schande über Europa, Schande über unser ganzes Geschlecht, daß wir so demütig warten und fragen, statt selbst mit der Waffe der Vernunft der Menschheit ein besseres Schicksal zu gestalten!

»Es gab kein Entfliehen«

Aber nur räumlich und nicht mit meiner ganzen Seele lebte ich in jenen Jahren in England. Und es war gerade die Sorge um Europa, diese schmerzhaft auf unsere Nerven drückende Sorge, die mich in diesen Jahren zwischen Hitlers Machtergreifung und dem Ausbruch des zweiten Weltkrieges viel reisen und sogar zweimal über den Ozean fahren ließ. Vielleicht drängte mich das Vorgefühl, daß man sich, solange die Welt offenstand und Schiffe friedlich ihre Bahn über die Meere ziehen durften, für dunklere Zeiten an Eindrücken und Erfahrungen aufspeichern sollte, soviel das Herz zu fassen vermochte, vielleicht auch die Sehnsucht, zu wissen, daß, während unsere Welt sich durch Mißtrauen und Zwietracht zerstörte, eine andere sich aufbaute, vielleicht sogar eine noch ganz dämmerhafte Ahnung, daß unsere und selbst meine persönliche Zukunft jenseits von Europa läge. Eine Vortragsreise quer durch die Vereinigten Staaten bot mir willkommene Gelegenheit, dieses mächtige Land in all seiner Vielfalt und doch inneren Geschlossenheit von Osten nach Westen, von Norden nach Süden zu sehen. Aber noch stärker wurde vielleicht der Eindruck Südamerikas, wohin ich gerne einer Einladung zum Kongreß des Internationalen Penklubs folgte; nie schien es mir wichtiger als in jenem Augenblick, den Gedanken der geistigen Solidarität über Länder und Sprachen hin zu bekräftigen. Die letzten Stunden in Europa vor dieser Reise gaben noch bedenkliche Mahnung auf den Weg mit. In jenem Sommer 1936 hatte der spanische Bürgerkrieg begonnen, der oberflächlich gesehen nur ein innerer Zwist dieses schönen und tragischen Landes, in Wirklichkeit aber schon das vorbereitende Manöver der beiden ideologischen Machtgruppen für ihren künftigen Zusammenstoß war. Ich war von Southhampton mit einem englischen Schiff abgefahren und eigentlich der Meinung, der Dampfer werde, um dem Kriegsgebiet auszuweichen, die sonst übliche erste Station Vigo vermeiden. Zu meiner Überraschung fuhren wir dennoch in den Hafen ein, und es wurde uns Passagieren sogar gestattet, für einige Stunden an Land zu gehen. Vigo befand sich damals in den Händen der Franco-Leute und lag weit ab von dem eigentlichen Kriegsschauplatz. Dennoch bekam ich in diesen wenigen Stunden einiges zu sehen, was berechtigten Anlaß zu bedrückenden Gedanken geben konnte. Vor dem Rathaus, von dem die Flagge Francos wehte, standen, meist von Priestern geführt, junge Burschen in ihren bäuerlichen Gewändern aufgereiht, offenbar aus den nachbarlichen Dörfern herangeholt. Ich verstand im ersten Augenblick nicht, was man mit ihnen vorhatte. Waren es Arbeiter, die man anwarb für irgendeinen Notdienst? Waren es Arbeitslose, die dort verköstigt werden sollten? Aber nach einer Viertelstunde sah ich dieselben jungen Burschen verwandelt aus dem Rathaus herauskommen. Sie trugen blitzblanke, neue Uniformen, Gewehre und Bajonette; unter der Aufsicht von Offizieren wurden sie auf ebenfalls ganz neue und blitzblanke Automobile verladen und sausten durch die Straßen aus der Stadt hinaus. Ich erschrak. Wo hatte ich das schon einmal gesehen? In Italien zuerst und dann in Deutschland! Da und dort waren plötzlich diese tadellosen neuen Uniformen dagewesen und die neuen Automobile und Maschinengewehre. Und wieder fragte ich mich: wer liefert, wer bezahlt diese neuen Uniformen, wer organisiert diese jungen blutarmen Menschen, wer treibt sie gegen die bestehende Macht, gegen das gewählte Parlament, gegen ihre eigene legale Volksvertretung? Der Staatsschatz befand sich, wie ich wußte, in den Händen der legalen Regierung, und ebenso die Waffendepots. Es mußten also diese Automobile, diese Waffen aus dem Ausland geliefert worden sein, und sie waren zweifellos aus dem nahen Portugal über die Grenze gekommen. Aber wer hatte sie geliefert, wer sie bezahlt? Es war eine neue Macht, die zur Herrschaft kommen wollte, ein und dieselbe Macht, die da und dort am Werke war, eine Macht, die Gewalt liebte, Gewalt benötigte, und der all die Ideen, denen wir anhingen und für die wir lebten, Friede, Humanität, Konzilianz als antiquierte Schwächlichkeiten galten. Es waren geheimnisvolle Gruppen, verborgen in ihren Büros und Konzernen, die sich des naiven Idealismus der Jugend zynisch bedienten für ihren Machtwillen und ihre Geschäfte. Es war der Wille zur Gewalt, der mit einer neuen, subtileren Technik die alte Barbarei des Krieges über unser unseliges Europa bringen wollte. Immer hat ein einziger optischer, sinnlicher Eindruck mehr Macht über die Seele als tausend Zeitungsartikel und Broschüren. Und nie stärker als in dieser Stunde, da ich sah, wie diese jungen, unschuldigen Burschen von geheimnisvollen Drahtziehern im Hintergrunde mit Waffen versehen wurden, die sie gegen ebenso unschuldige junge Burschen ihres eigenen Vaterlandes wenden sollten, überkam mich eine Ahnung dessen, was uns, was Europa bevorstand. Als dann das Schiff nach einigen Stunden Aufenthalts wieder abstieß, ging ich rasch hinab in die Kabine. Es war mir zu schmerzlich, noch einen Blick auf dieses schöne Land zu tun, das durch fremde Schuld grauenhafter Verwüstung anheimgefallen war; todgeweiht schien mir Europa durch seinen eigenen Wahn, Europa, unsere heilige Heimat, die Wiege und das Parthenon unserer abendländischen Zivilisation.

Um so beglückender bot sich dann der Blick auf Argentinien. Da war Spanien noch einmal, seine alte Kultur, behütet und bewahrt in einer neuen, weiteren, noch nicht mit Blut gedüngten, noch nicht mit Haß vergifteten Erde. Da war Fülle der Nahrung, Reichtum und Überschuß, da war unendlicher Raum und damit künftige Nahrung. Unermeßliche Beglückung und eine Art neuer Zuversicht kamen über mich. Waren nicht seit Tausenden Jahren die Kulturen gewandert von einem Land zum andern, waren nicht immer, wenn der Baum auch der Axt verfallen, die Samen gerettet worden und damit neue Blüten, neue Frucht? Was Generationen vor uns und um uns geschaffen, es ging doch niemals ganz verloren. Man mußte nur lernen, in größeren Dimensionen zu denken, mit weiteren Zeiträumen zu rechnen. Man sollte beginnen, sagte ich mir, nicht mehr bloß europäisch zu denken, sondern über Europa hinaus, nicht sich selbst in einer absterbenden Vergangenheit begraben, sondern teilhaben an ihrer Wiedergeburt. Denn an der Herzlichkeit, mit der die ganze Bevölkerung dieser neuen Millionenstadt an unserem Kongreß teilnahm, erkannte ich, daß wir hier nicht fremd waren, und daß hier der Glaube an die geistige Einheit, dem wir das Beste unseres Lebens zugewendet, noch lebte und galt und wirkte, daß also in unserer Zeit der neuen Geschwindigkeiten auch der Ozean nicht mehr trennte. Eine neue Aufgabe war da statt der alten: die Gemeinsamkeit, die wir erträumten, in weiterem Maß und in kühneren Zusammenfassungen aufzubauen. Hatte ich Europa verlorengegeben seit jenem letzten Blick auf den kommenden Krieg, so begann ich unter dem Kreuz des Südens wieder zu hoffen und zu glauben.

Ein nicht weniger mächtiger Eindruck, eine nicht geringere Verheißung ward mir Brasilien, dieses von der Natur verschwenderisch beschenkte Land mit der schönsten Stadt auf Erden, dieses Land, dessen riesigen Raum noch heute nicht die Bahnen, nicht die Straßen und kaum das Flugzeug ganz zu durchmessen vermögen. Hier war die Vergangenheit sorgsamer bewahrt als in Europa selbst, hier war noch nicht die Verrohung, die der erste Weltkrieg mit sich gebracht, in die Sitten, in den Geist der Nationen eingedrungen. Friedlicher lebten hier die Menschen zusammen, höflicher, nicht so feindselig wie bei uns war der Verkehr selbst zwischen den verschiedensten Rassen. Hier war nicht durch absurde Theorien von Blut und Stamm und Herkunft der Mensch abgeteilt vom Menschen, hier konnte man, so fühlte man mit merkwürdiger Ahnung voraus, noch friedlich leben, hier war der Raum, um dessen ärmste Quentchen in Europa die Staaten kämpften und die Politiker quengelten, in ungemessener Fülle der Zukunft bereit. Hier wartete das Land noch auf den Menschen, daß er es nutze und mit seiner Gegenwart erfülle. Hier konnte, was Europa an Zivilisation geschaffen, in neuen und anderen Formen sich großartig fortsetzen und entwickeln. Ich hatte, das Auge beglückt durch die tausendfältige Schönheit dieser neuen Natur, einen Blick in die Zukunft getan.

Aber reisen und selbst weithin reisen bis unter andere Sterne und in andere Welten hieß nicht Europa und der Sorge um Europa entfliehen. Fast scheint es boshafte Rache der Natur an dem Menschen, daß alle die Errungenschaften der Technik, dank derer er die geheimnisvollsten ihrer Gewalten in seine Hände gerafft, ihm gleichzeitig die Seele verstören. Keinen schlimmeren Fluch hat die Technik über uns gebracht, als daß sie uns verhindert, auch nur für einen Augenblick der Gegenwart zu entfliehen. Frühere Geschlechter konnten sich in Katastrophenzeiten zurückflüchten in Einsamkeit und Abseitigkeit; uns erst war es vorbehalten, alles in der gleichen Stunde und Sekunde wissen und empfinden zu müssen, was irgendwo Schlimmes auf unserem Erdball geschieht. Wie weit ich mich auch entfernte von Europa, sein Schicksal ging mit mir. In Pernambuco landend des Nachts, das Kreuz des Südens über dem Haupt, dunkelfarbige Menschen um mich in den Straßen, sah ich angeschlagen auf einem Blatt die Nachricht über das Bombardement von Barcelona und die Erschießung eines spanischen Freundes, mit dem ich vor einigen Monaten gemeinsame gute Stunden verbracht. In Texas, zwischen Houston und einer anderen Petroleumstadt im Pullman-Wagen hinsausend, hörte ich plötzlich jemanden heftig deutsch schreien und toben: ein ahnungsloser Mitreisender hatte das Radio des Zuges auf die Welle Deutschland gestellt, und so mußte ich, hinrollend im Zug durch die Ebene von Texas, einer Brandrede Hitlers lauschen. Es gab kein Entfliehen, nicht tags und nicht nachts; immer mußte ich mit quälender Sorge an Europa denken und innerhalb Europas immer an Österreich. Vielleicht scheint es kleinlicher Patriotismus, daß in dem ungeheuren Komplex der Gefahr, der von China bis hinüber an den Ebro und Manzanares reicht, mich gerade das Schicksal Österreichs besonders beschäftigte. Aber ich wußte, daß das Schicksal ganz Europas an dieses kleine Land – zufällig mein Heimatland – gebunden war.

Rio de Janeiro

20. August [1936] Einen Tag vor Rio. Das Schiff wird allmählich langweilig. Acht Tage sind die richtige Taxe für eine Seefahrt, es sei denn man hätte einen state room in dem man wie zuhause arbeiten kann. Das Wetter wunderbar gleichmäßig, man kann von früh bis abends im Freien sein und man beneidet die Leute, die das ungehemmt tun, drei Viertel des Tages in das offene Bassin und heraus, dann fancy balls und Wettrennen, alle diese kindischen Affairen, welche die Engländer heilig ernst nehmen. Die Neptunstaufe bei dem Passieren des Aequators wird mit großem Pomp insceniert, aber wie witzlos doch und derb, ein Schema, seit vierzig Jahren einstudiert. Die menschliche Atmosphäre recht angenehm, obzwar ich wenig Positives gelernt habe, der gute Mr Mandsley ist von einer Trockenheit, die einen erschreckt und man zweifelte, daß sie fleisch und Bein haben, hätten die beiden alten Damen im Champagnerrausch nicht gestern ein so monströses Schauspiel von losgelassenen Instincten gegeben. Ich beginne mich jetzt vor dem Öffentlichen und Unvermeidlichen zu fürchten, hoffe nur daß ich dort in Rio wenigstens weiterarbeiten kann – jene Novelle an der ich arbeite, kommt mir problematisch vor und ich bin selbst neugierig, ob ich aus ihr auf schöne Weise heraus finde: für den Schluß ist mir gottlob ein Clou eingefallen aber dazwischen fehlt ein Mittelstück: es handelt sich um die Schwierigkeit, die Reinheit nicht nur zu schildern, sondern zu zeigen. Von Büchern ist kaum etwas Lesbares an Bord. Ich versuche es mit den berühmten Wuthering Heights finde es einfach unlesbar, wogegen mir Fieldings »Andrews« Spaß macht (allerdings wer ein Buch liest, hat alle gelesen) und mir Jane Austens »Pride and Prejudice« doch sehr imponiert. Wie gut componiert rein aus dem chara[k]termäßigen heraus und welcher Reichtum der Figuren, welche Einsicht in das Menschliche und welch ein hintergründiger Humor. Immerhin forstet man auf solchen Reisen seine Kenntnisse auf. Die nächsten Notizen werden schon am Festland beginnen: heute nachts hoffe ich noch das Kreuz des Südens zu sehen.

In der Nacht wird es plötzlich kalt. Wir passieren das Cab[o] Frio[.] Morgen Rio de Janeiro! Früh aufstehen

21. *Aug.* Werde ich alles von Rio aufzeichnen können und nicht zuviel vergessen! Morgen[s] die Einfahrt: eine Herrlichkeit. Zuerst die Inseln, grün oder steinig auftauchend aus dem Meer, dann im leichten Morgennebel der Corcovado [–] mit dem Kreuz [–], der Bucklige und die Pao d'Azucar, beide wie Monolithen aufsteigend und daran, in wunderbar geschwungenen Buchten die Stadt, immer von neuen beginnend, immer wieder unter brochen von den Vorgebirgen, die wie die Finger einer Hand hinabgreifen, um sie zusammenzuhalten. Etwas Schöneres läßt sich nicht erdenken als diese[s] liebliche Auffächern einer Stadt, dazwischen am Meer die eilfertigen Ferryboote: schon mischt sich in den Arom des Meers ein weicher parfümierter Duft vom Land, man ist weich umfangen und die Einfahrt wirklich wie ein südlich warmer Empfang, während Newyork ähnlich großartig mit steinernen Eisbergen grüßt und seinen Lärm einem triumpfierend entgegendröhnt. Newyork ruft, Rio erwartet, männlich das eine, weiblich das Andere und diese ondulierenden Linien haben etwas von der Gestalt einer Frau die den Wellen entsteigt, Venus Anadyomene[.] Unvergeßlich ist dieser erste Anblick, man wird ihn ewig in den Augen behalten und bei jedem Blick verändert sich das Bild, bei jedem Blick bleibt es im andern Sinne schön – Rio hat nicht einen Blickpunkt wie Neapel[,] es ist herrlich von überall, von den Bergen hinabgesehen zum Meere, vom Meere hinauf zu den Bergen und vom Strand und jedem Durchblick. Dazu diese Farben, weich und gleichsam tönend. Diese Stadt hat wirklich Magie

Während man noch warten muß auf die Ausbootung kommen schon drei Herren vom Ministerium, mich zu empfangen, auch der österreichische Geschäftsträger ist da und eine Horde Journalisten und Photografen[.] Ich werde ins Corcovado Palace gebracht, wo ich eine Flucht von Zimmer[n] bewohne, den Blick auf den Strand, der herrlicher ist als alle Badeplätze Europas, weich und sandig tief und ganz unter dem grünen Leuchten des Meers. Am liebsten möchte ich stundenlang auf der Terrasse stehen, daber dazu ist keine Zeit. Schon muß ich in die Stadt und sie ist herrlich, weil sie alles auf[s] glückli[ch]ste mischt, Madrid und Lissabon und Newyork und Paris auf dem großen Boulevard der avenida Rio Branca, die durchaus Format hat, noch unfertig zwar im Stil, aber von äußerster Lebendigkeit[.] Es zeigt sich darin die gleiche ausgezeichnete Durchmischung, die mir ja in all diesen Tagen als das Unwahrscheinlichste unserer Zeit erscheinen wird, die absolute Vorurteilslosigkeit zwischen den Rassen – dies schon eine Beobachtung auf den ersten Blick. Besuch im Ministerium des Äußeren, – ursprünglich Haus eines reichen Privaten, so daß man einen Einblick in den früheren Stil bekommt, ein gemäßigtes Barock mit sehr starken Farben, intensives Rot und jenes ganz eisenharte Holz Ahajanda, das wir Palisander nennen und das in seinen stärksten Exemplaren so fest ist, daß man es eigentlich in der gleichen Weise bearbeitet wie Stein. Der Minister sehr nett und weltmännisch[,] natürlich wird man nach Nöten photografiert, es ist hier mit dem Spiel (juego de bicho) das Nationallaster) das Nationallaster: eine kindliche Freude daran geht durch alle Bevölkerungsclassen. Ich bin dann eingespannt mit Photografen und Interviewern, unmöglich zu erzählen, wieviel ich an Büchern zu unterschreiben hatte und welche Fülle von Bedrängungen [ich] erlitt – meine Stellung in diesem Land ist ja tatsächlich unwahrscheinlich, sie reicht von den obersten Kreisen bis zu den untersten herab und gründet sich nicht auf ein Buch oder das andere, sondern gleichmäßig auf alle. Ich sehe das bei Koogan, der sehr nett ist. Sehr angenehm[,] ein wirklicher Glücksfall Jaime Chermont, der mir als Begleiter zugeteilt ist – aus einer der ältesten Familien, vermögend, ungemein cultiviert, ganz aristocratische Atmosphäre – ein Typus, den ich in ähnlich angenehmen Formen kaum kenne. Abends mit Koogan noch durch die Stadt in einer Art Ahnung, daß mir viel dieses angenehmen Schlenderns nicht gewährt sein wird. Auf den Pao d'Azucar, diesen zuckerhutförmigen Berg (der Corcovado wiederholt[),] diese merkwürdigen Formen. Die Auffahrt durch starken Wind beeinträchtigt, aber herrlich der Ausblick. Die Nacht sinkt hier rasch und ohne Übergang, plötzlich man weiß nicht wie vergeht das Licht aber auf eine weiche und unmerkliche Weise. Sie sinkt herab mit einer kaum vorstellbaren Schwärze, das Meer wird starr wie schwarzes Metall. Und plötzlich erhellt sich, grandioses Schauspiel[,] die Stadt. Wie eine gekrümmte Schlange läuft die ununterbrochene Lichterkette alle die Buchten, die Urca, die Flamenga, die Buttafoga entlang dieser riesigen Bucht von Guenabara, die so groß ist, daß man errechnet hat, alle Kriegsflotten der Erde könnten darin bequem Platz finden. Gleichzeitig beginnt der Kern der Stadt, die amerikanische[n] Hochbauten zu strahlen, ein herrliches Fanal und all dies in einer Luft, die klar ist und weich zugleich – man fühlt den Arom der nahen Wälder darin. Eine herrliche Urnatur, in die Civilisation ihr Licht getan hat, – mit Erschütterung genießt man diese unvorstellbare Schönheit und möchte gar nicht fort: gewiß keine Stadt der Erde hat einen ähnlichen Anblick zu verschenken Nach dem Abendessen mit Koogan in die Mange[,] die Frauenstraßen. Ein unglaublicher Anblick, dieses Joshiwara von Rio. In erhellten Läden, gelb und grün ausgeschlagen sitzen wie in Schaukästen die Frauen, jede ihren Nom de Guerre angebracht, Coonne, Leonie, Gaucha, Pasquita – es ist ein Gemisch wie ich es nie so bunt gesehen. Pechschwarze Negerinnen mit wulstigem Haar und offenen Brüsten starren stumpf und gleichgiltig wie hölzerne Statuen, Französinnen geschminkt und in grellen Hemdchen oder provocanten Shorts trällern und rufen, Jüdinnen aus dem Osten versprechen die tollsten Perversitäten, dazwischen Mulattinnen in allen Mischungen von Café und Milch, blutjunge und aufgeschwemmte, zarte und derbe, fünfhundert vielleicht, Tür an Tür, ein Bilderbuch aller Rassen und Classen und dahinter unverweigerlich das Bett. Manche räkeln sich faul, manche locken mit tänzerisch[en] Bewegungen, manche starren müde und orientalisch gleichgiltig; das Erstaunlichste für uns, die völlige Durchmischung, die Abwesenheit jener Rassengedanken, die ja für dieses Land so einzig characteristisch ist. Neger gehen zu Weißen, Weiß[e] zu Negern, die Straße schwirrt von Bewegung, aber es herrscht strengste Disciplin, ein Trupp Polizisten bewacht das Viertel und um 12 Uhr nachts löscht alles dann plötzlich aus; die Wohnungen sind nur gemietet als Arbeitsstätten, das riesige Warenhaus menschlichen Fleisches wird mit einem Rolladen geschlossen. Was für Schicksale nebeneinander – wie weit der Weg dieser Französinnen und Jüdinnen, ehe sie hier bei einer Taxe von 3 Milreis (ca. 3 französischen Francs!) endeten! Welche Scenerie um das banalste und viehischeste des kurzen Vergnügens – ich habe selten in meinem Leben etwas so Fascinierendes gesehen, wie diese funkeln[d]en vier Straßen, die in den verwirrenden Mauern einem Zwecke dienen und nur ihm allein. Es sind noch sehr hübsche Mädchen darunter, besonders die indianischen Mischlinge mit ihren zarten Körpern und dem glatten, metallschwarzen Haar: eine leise Melancholie liegt über allen und so wirkt selbst ihre Erniedrigung[,] dieses im Schaufenstersitzens gar nicht vulgär, es erschüttert mehr als es reizt. Ein unvergeßlicher Anblick

Staatenlos

Der Fall Österreichs brachte in meiner privaten Existenz eine Veränderung mit sich, die ich zuerst als eine gänzlich belanglose und bloß formelle ansah; ich verlor damit meinen österreichischen Paß und mußte von den englischen Behörden ein weißes Ersatzpapier, einen Staatenlosenpaß erbitten. Oft hatte ich in meinen kosmopolitischen Träumereien mir heimlich ausgemalt, wie herrlich es sein müsse, wie eigentlich gemäß meinem inneren Empfinden, staatenlos zu sein, keinem Lande verpflichtet und darum allen unterschiedslos zugehörig. Aber wieder einmal mußte ich erkennen, wie unzulänglich unsere irdische Phantasie ist, und daß man gerade die wichtigsten Empfindungen erst versteht, sobald man sie selbst durchlitten hat. Zehn Jahre früher, als ich Dimitri Mereschkowskij einmal in Paris begegnete und er mir klagte, daß seine Bücher in Rußland verboten seien, hatte ich Unerfahrener noch ziemlich gedankenlos ihn zu trösten versucht, das besage doch nicht viel gegenüber internationaler Weltverbreitung. Aber wie deutlich begriff ich, als dann meine eigenen Bücher aus der deutschen Sprache verschwanden, seine Klage, nur in Übertragungen, in verdünntem, verändertem Medium das geschaffene Wort zur Erscheinung bringen zu können! Ebenso verstand ich erst in der Minute, da ich nach längerem Warten auf der Bittstellerbank des Vorraums in die englische Amtsstube eingelassen wurde, was dieser Umtausch meines Passes gegen ein Fremdenpapier bedeutete. Denn auf meinen österreichischen Paß hatte ich ein Anrecht gehabt. Jeder österreichische Konsulatsbeamte oder Polizeioffizier war verpflichtet gewesen, ihn mir als vollberechtigtem Bürger auszustellen. Das englische Fremdenpapier dagegen, das ich erhielt, mußte ich erbitten. Es war eine erbetene Gefälligkeit und eine Gefälligkeit überdies, die mir jeden Augenblick entzogen werden konnte. Über Nacht war ich abermals eine Stufe hinuntergeglitten. Gestern noch ausländischer Gast und gewissermaßen Gentleman, der hier sein internationales Einkommen verausgabte und seine Steuern bezahlte, war ich Emigrant geworden, ein ›Refugee‹. Ich war in eine mindere, wenn auch nicht unehrenhafte Kategorie hinabgedrückt. Außerdem mußte jedes ausländische Visum auf diesem weißen Blatt Papier von nun an besonders erbeten werden, denn man war mißtrauisch in allen Ländern gegen die ›Sorte‹ Mensch, zu der ich plötzlich gehörte, gegen den Rechtlosen, den Vaterlandslosen, den man nicht notfalls abschieben und zurückspedieren konnte in seine Heimat wie die andern, wenn er lästig wurde und zu lange blieb. Und ich mußte immer an das Wort denken, das mir vor Jahren ein exilierter Russe gesagt: »Früher hatte der Mensch nur einen Körper und eine Seele. Heute braucht er noch einen Paß dazu, sonst wird er nicht wie ein Mensch behandelt.«

In der Tat: nichts vielleicht macht den ungeheuren Rückfall sinnlicher, in den die Welt seit dem ersten Weltkrieg geraten ist, als die Einschränkung der persönlichen Bewegungsfreiheit des Menschen und die Verminderung seiner Freiheitsrechte. Vor 1914 hatte die Erde allen Menschen gehört. Jeder ging, wohin er wollte und blieb, solange er wollte. Es gab keine Erlaubnisse, keine Verstattungen, und ich ergötze mich immer wieder neu an dem Staunen junger Menschen, sobald ich ihnen erzähle, daß ich vor 1914 nach Indien und Amerika reiste, ohne einen Paß zu besitzen oder überhaupt je gesehen zu haben. Man stieg ein und stieg aus, ohne zu fragen und gefragt zu werden, man hatte nicht ein einziges von den hundert Papieren auszufüllen, die heute abgefordert werden. Es gab keine Permits, keine Visen, keine Belästigungen; dieselben Grenzen, die heute von Zollbeamten, Polizei, Gendarmerieposten dank des pathologischen Mißtrauens aller gegen alle in einen Drahtverhau verwandelt sind, bedeuteten nichts als symbolische Linien, die man ebenso sorglos überschritt wie den Meridian in Greenwich. Erst nach dem Kriege begann die Weltverstörung durch den Nationalsozialismus, und als erstes sichtbares Phänomen zeitigte diese geistige Epidemie unseres Jahrhunderts die Xenophobie: den Fremdenhaß oder zumindest die Fremdenangst. Überall verteidigte man sich gegen den Ausländer, überall schaltete man ihn aus. All die Erniedrigungen, die man früher ausschließlich für Verbrecher erfunden hatte, wurden jetzt vor und während einer Reise jedem Reisenden auferlegt. Man mußte sich photographieren lassen von rechts und links, im Profil und en face, das Haar so kurz geschnitten, daß man das Ohr sehen konnte, man mußte Fingerabdrücke geben, erst nur den Daumen, dann alle zehn Finger, mußte überdies Zeugnisse, Gesundheitszeugnisse, Impfzeugnisse, polizeiliche Führungszeugnisse, Empfehlungen vorweisen, mußte Einladungen präsentieren können und Adressen von Verwandten, mußte moralische und finanzielle Garantien beibringen, Formulare ausfüllen und unterschreiben in dreifacher, vierfacher Ausfertigung, und wenn nur eines aus diesem Schock Blätter fehlte, war man verloren.

Das scheinen Kleinigkeiten. Und auf den ersten Blick mag es meinerseits kleinlich erscheinen, sie überhaupt zu erwähnen. Aber mit diesen sinnlosen ›Kleinigkeiten‹ hat unsere Generation unwiederbringlich kostbare Zeit sinnlos vertan. Wenn ich zusammenrechne, wie viele Formulare ich ausgefüllt habe in diesen Jahren, Erklärungen bei jeder Reise, Steuererklärungen, Devisenbescheinigungen, Grenzüberschreitungen, Aufenthaltsbewilligungen, Ausreisebewilligungen, Anmeldungen und Abmeldungen, wie viele Stunden ich gestanden in Vorzimmern von Konsulaten und Behörden, vor wie vielen Beamten ich gesessen habe, freundlichen und unfreundlichen, gelangweilten und überhetzten, wie viele Durchsuchungen an Grenzen und Befragungen ich mitgemacht, dann empfinde ich erst, wieviel von der Menschenwürde verlorengegangen ist in diesem Jahrhundert, das wir als junge Menschen gläubig geträumt als eines der Freiheit, als die kommende Ära des Weltbürgertums. Wieviel ist unserer Produktion, unserem Schaffen, unserem Denken durch diese unproduktive und gleichzeitig die Seele erniedrigende Quengelei genommen worden! Denn jeder von uns hat in diesen Jahren mehr amtliche Verordnungen studiert als geistige Bücher, der erste Weg in einer fremden Stadt, in einem fremden Land ging nicht mehr wie einstens zu den Museen, zu den Landschaften, sondern auf ein Konsulat, eine Polizeistube, sich eine ›Erlaubnis‹ zu holen. Wenn wir beisammensaßen, dieselben, die früher Gedichte Baudelaires gesprochen und mit geistiger Leidenschaft Probleme erörtert, ertappten wir uns, daß wir über Affidavits und Permits redeten, und ob man ein Dauervisum beantragen solle oder ein Touristenvisum; eine kleine Beamtin bei einem Konsulat zu kennen, die einem das Warten abkürzte, war im letzten Jahrzehnt lebenswichtiger als die Freundschaft eines Toscanini oder eines Rolland. Ständig sollte man fühlen, mit freigeborener Seele, daß man Objekt und nicht Subjekt, nichts unser Recht und alles nur behördliche Gnade war. Ständig wurde man vernommen, registriert, numeriert, perlustriert, gestempelt, und noch heute empfinde ich als unbelehrbarer Mensch einer freieren Zeit und Bürger einer geträumten Weltrepublik jeden dieser Stempel in meinem Paß wie eine Brandmarkung, jede dieser Fragen und Durchsuchungen wie eine Erniedrigung. Es sind Kleinigkeiten, immer nur Kleinigkeiten, ich weiß es, Kleinigkeiten in einer Zeit, wo der Wert des Menschenlebens noch rapider gestürzt ist als jener der Währungen. Aber nur, wenn man diese kleinen Symptome festhält, wird eine spätere Zeit den richtigen klinischen Befund der geistigen Verhältnisse und der geistigen Verstörung aufzeichnen können, die unsere Welt zwischen den beiden Weltkriegen ergriffen hat.

Vielleicht war ich von vordem zu sehr verwöhnt gewesen. Vielleicht wurde auch meine Empfindlichkeit durch die schroffen Umschaltungen der letzten Jahre allmählich überreizt. Jede Form von Emigration verursacht an sich schon unvermeidlicherweise eine Art von Gleichgewichtsstörung. Man verliert – auch dies muß erlebt sein, um verstanden zu werden – von seiner geraden Haltung, wenn man nicht die eigene Erde unter sich hat, man wird unsicherer, gegen sich selbst mißtrauischer. Und ich zögere nicht zu bekennen, daß seit dem Tage, da ich mit eigentlich fremden Papieren oder Pässen leben mußte, ich mich nie mehr ganz als mit mir zusammengehörig empfand. Etwas von der natürlichen Identität mit meinem ursprünglichen und eigentlichen Ich blieb für immer zerstört. Ich bin zurückhaltender geworden, als meiner Natur eigentlich gemäß wäre und habe – ich, der einstige Kosmopolit – heute unablässig das Gefühl, als müßte ich jetzt für jeden Atemzug Luft besonders danken, den ich einem fremden Volke wegtrinke. Mit klarem Denken weiß ich natürlich um die Absurdität dieser Schrullen, aber wann vermag Vernunft etwas wider das eigene Gefühl! Es hat mir nicht geholfen, daß ich fast durch ein halbes Jahrhundert mein Herz erzogen, weltbürgerlich als das eines ›citoyen du monde‹ zu schlagen. Nein, am Tage, da ich meinen Paß verlor, entdeckte ich mit achtundfünfzig Jahren, daß man mit seiner Heimat mehr verliert als einen Fleck umgrenzter Erde.

*

Nichts Gespenstischeres, als wenn im Leben das, was man längst abgestorben und eingesargt vermeint, plötzlich in gleicher Form und Gestalt wieder an einen herantritt. Der Sommer 1939 war gekommen, München längst vorüber mit seinem kurzatmigen Wahn ›peace for our time‹; schon hatte Hitler die verstümmelte Tschechoslowakei gegen Eid und Gelöbnis überfallen und an sich gerissen, schon war Memel besetzt, Danzig mit dem polnischen Korridor von der künstlich auf Tobsucht angekurbelten deutschen Presse gefordert. Ein bitteres Erwachen aus seiner loyalen Gutgläubigkeit war über England hereingebrochen. Selbst die einfachen, unbelehrten Leute, die nur instinktiv den Krieg verabscheuten, begannen heftigen Unmut zu äußern. Jeder der sonst so zurückhaltenden Engländer sprach einen an, der Portier, der unser weiträumiges Flat-House behütete, der Liftboy im Aufzug, das Stubenmädchen, während sie das Zimmer aufräumte. Keiner von ihnen verstand deutlich, was geschah, aber jeder erinnerte sich an das Eine, das unleugbar Offenbare, daß Chamberlain, der Premierminister Englands, dreimal nach

Deutschland geflogen war, um den Frieden zu retten, und daß kein noch so herzliches Entgegenkommen Hitler genug getan. Im englischen Parlament hörte man mit einemmal harte Stimmen: ›Stop aggression!‹, überall spürte man die Vorbereitungen für (oder eigentlich gegen) den kommenden Krieg. Abermals begannen die hellen Abwehrballons – noch sahen sie unschuldig aus wie graue Spielelefanten von Kindern – über London zu schweben, abermals wurden Luftschutzunterstände aufgeworfen und die verteilten Gasmasken sorgfältig überprüft. Genau so gespannt war die Situation geworden wie vor einem Jahre und vielleicht noch gespannter, weil diesmal nicht mehr eine naive und arglose Bevölkerung, sondern eine schon entschlossene und erbitterte hinter der Regierung stand.

Ich hatte in jenen Monaten London verlassen und mich auf das Land nach Bath zurückgezogen. Nie in meinem Leben hatte ich die Ohnmacht des Menschen gegen das Weltgeschehen grausamer empfunden. Da war man, ein wacher, denkender, abseits von allem Politischen wirkender Mensch, seiner Arbeit verschworen, und baute still und beharrlich daran, seine Jahre in Werk zu verwandeln. Und da waren irgendwo im Unsichtbaren ein Dutzend anderer Menschen, die man nicht kannte, die man nie gesehen, ein paar Leute in der Wilhelmstraße in Berlin, am Quai d'Orsay in Paris, im Palazzo Venezia in Rom und in der Downing Street in London, und diese zehn oder zwanzig Menschen, von denen die wenigsten bisher besondere Klugheit oder Geschicklichkeit bewiesen, sprachen und schrieben und telephonierten und paktierten über Dinge, die man nicht wußte. Sie faßten Entschlüsse, an denen man nicht teilhatte, und die man im einzelnen nicht erfuhr, und bestimmten damit doch endgültig über mein eigenes Leben und das jedes anderen in Europa. In ihren Händen und nicht in meinen eigenen lag jetzt mein Geschick. Sie zerstörten oder schonten uns Machtlose, sie ließen Freiheit oder zwangen in Knechtschaft, sie bestimmten für Millionen Krieg oder Frieden. Und da saß, ich wie alle die andern in meinem Zimmer, wehrlos wie eine Fliege, machtlos wie eine

Schnecke, indes es auf Tod und Leben ging, um mein innerstes Ich und meine Zukunft, um die in meinem Gehirn werdenden Gedanken, die geborenen und ungeborenen Pläne, mein Wachen und meinen Schlaf, meinen Willen, meinen Besitz, mein ganzes Sein. Da saß man und harrte und starrte ins Leere wie ein Verurteilter in seiner Zelle, eingemauert, eingekettet in dieses sinnlose, kraftlose Warten und Warten, und die Mitgefangenen rechts und links fragten und rieten und schwätzten, als ob irgendeiner von uns wüßte oder wissen könnte, wie und was man über uns verfügte. Da ging das Telephon, und ein Freund fragte, was ich dächte. Da war die Zeitung, und sie verwirrte einen nur noch mehr. Da sprach das Radio, und eine Sprache widersprach der andern. Da ging man auf die Gasse, und der erste Begegnende forderte von mir, dem gleich Unwissenden, meine Meinung, ob es Krieg geben werde oder nicht. Und man fragte selbst zurück in seiner Unruhe und redete und schwätzte und diskutierte, obwohl man doch genau wußte, daß alle Kenntnis, alle Erfahrung, alle Voraussicht, die man in Jahren gesammelt und sich anerzogen, wertlos war gegenüber der Entschließung dieses Dutzends fremder Leute, daß man zum zweitenmal innerhalb von fünfundzwanzig Jahren wieder machtlos und willenlos vor dem Schicksal stand und die Gedanken ohne Sinn an die schmerzenden Schläfen pochten. Schließlich ertrug ich die Großstadt nicht mehr, weil an jeder Straßenecke die posters, die angeschlagenen Plakate einen mit grellen Worten ansprangen wie gehässige Hunde, weil ich unwillkürlich jedem der Tausenden Menschen, die vorüberfluteten, von der Stirn ablesen wollte, was er dachte. Und wir dachten doch alle dasselbe, dachten einzig an das Ja oder Nein, an das Schwarz oder Rot in dem entscheidenden Spiel, in dem mein ganzes Leben mit als Einsatz stand, meine letzten aufgesparten Jahre, meine ungeschriebenen Bücher, alles, worin ich bisher meine Aufgabe, meinen Lebenssinn gefühlt.

Aber mit nervenzerrüttender Langsamkeit rollte die Kugel unentschlossen auf der Roulettescheibe der Diplomatie hin und her. Hin und her, her und hin, schwarz und rot und rot und schwarz, Hoffnung und Enttäuschung, gute Nachrichten und schlechte Nachrichten und immer noch nicht die entscheidende, die letzte. Vergiß! sagte ich mir. Flüchte dich, flüchte dich in dein innerstes Dickicht, in deine Arbeit, in das, wo du nur dein atmendes Ich bist, nicht Staatsbürger, nicht Objekt dieses infernalischen Spiels, wo einzig dein bißchen Verstand noch vernünftig wirken kann in einer wahnsinnig gewordenen Welt.

An einer Aufgabe fehlte es mir nicht. Seit Jahren hatte ich die vorbereitenden Arbeiten unablässig gehäuft für eine große zweibändige Darstellung Balzacs und seines Werks, aber nie den Mut gehabt, ein so weiträumiges, auf lange Frist hin angelegtes Werk zu beginnen. Gerade der Unmut gab mir nun dazu den Mut. Ich zog mich nach Bath zurück und gerade nach Bath, weil diese Stadt, wo viele der Besten von Englands glorreicher Literatur, Fielding vor allem, geschrieben, getreulicher und eindringlicher, als jede sonstige Stadt Englands ein anderes, friedlicheres Jahrhundert, das achtzehnte, dem beruhigten Blicke vorspiegelt. Aber wie schmerzlich kontrastierte diese linde, mit einer milden Schönheit gesegnete Landschaft nun mit der wachsenden Unruhe der Welt und meiner Gedanken! So wie 1914 der schönste Juli war, dessen ich mich in Österreich erinnern kann, so herausfordernd herrlich war dieser August 1939 in England. Abermals der weiche, seidigblaue Himmel wie ein Friedenszelt Gottes, abermals dies gute Leuchten der Sonne über den Wiesen und Wäldern, dazu eine unbeschreibliche Blumenpracht – der gleiche große Friede über der Erde, während ihre Menschen rüsteten zum Kriege. Unglaubwürdig wie damals schien der Wahnsinn angesichts dieses stillen, beharrlichen, üppigen Blühens, dieser atmend sich selbst genießenden Ruhe in den Tälern von Bath, die mich in ihrer Lieblichkeit an jene Badener Landschaft von 1914 geheimnisvoll erinnerten.

Und wieder wollte ich es nicht glauben. Wieder rüstete ich wie damals zu einer sommerlichen Fahrt. Für die erste Septemberwoche 1939 war der Kongreß des Penklubs in Stockholm angesetzt, und die schwedischen Kameraden hatten mich, da ich amphibisches Wesen doch keine Nation mehr repräsentierte, als Ehrengast geladen; für Mittag, für Abend war in jenen kommenden Wochen jede Stunde schon im voraus von den freundlichen Gastgebern bestimmt. Längst hatte ich meinen Schiffsplatz bestellt, da jagten und überjagten sich die drohenden Meldungen von der bevorstehenden Mobilisation. Nach allen Gesetzen der Vernunft hätte ich jetzt rasch meine Bücher, meine Manuskripte zusammenpacken und die britische Insel als ein mögliches Kriegsland verlassen sollen, denn in England war ich Ausländer und im Falle des Krieges sofort feindlicher Ausländer, dem jede denkbare Freiheitsbeschränkung drohte. Aber etwas Unerklärbares widersetzte sich in mir, mich wegzuretten. Halb war es Trotz, nicht nochmals und nochmals fliehen zu wollen, da das Schicksal mir doch überallhin nachsetzte, halb auch schon Müdigkeit. »Begegnen wir der Zeit, wie sie uns sucht«, sagte ich mir mit Shakespeare. Will sie dich, so wehre dich, nahe dem sechzigsten Jahre, nicht länger gegen sie! Dein Bestes, dein gelebtes Leben, erfaßt sie doch nicht mehr. So blieb ich. Immerhin wollte ich meine äußere bürgerliche Existenz zuvor noch möglichst in Ordnung bringen, und da ich die Absicht hatte, eine zweite Ehe zu schließen, keinen Augenblick verlieren, um von meiner zukünftigen Lebensgefährtin nicht durch Internierung oder andere unberechenbare Maßnahmen für lange getrennt zu werden. So ging ich jenes Morgens – es war der 1. September, ein Feiertag – zum Standesamt in Bath, um meine Heirat anzumelden. Der Beamte nahm unsere Papiere, zeigte sich ungemein freundlich und eifrig. Er verstand wie jeder in dieser Zeit unseren Wunsch nach äußerster Beschleunigung. Für den nächsten Tag sollte die Trauung angesetzt werden; er nahm seine Feder und begann mit schönen runden Lettern unsere Namen in sein Buch zu schreiben.

In diesem Augenblick – es muß etwa elf Uhr gewesen sein – wurde die Tür des Nebenzimmers aufgerissen. Ein junger Beamter stürmte herein und zog sich im Gehen den Rock an. »Die Deutschen sind in Polen eingefallen. Das ist der Krieg!« rief er laut in den stillen Raum. Das Wort fiel mir wie ein Hammerschlag auf das Herz. Aber das Herz unserer Generation ist an allerhand harte Schläge schon gewöhnt. »Das muß noch nicht der Krieg sein«, sagte ich in ehrlicher Überzeugung. Aber der Beamte war beinahe erbittert. »Nein«, schrie er heftig, »wir haben genug! Man kann das nicht alle sechs Monate neu beginnen lassen! Jetzt muß ein Ende gemacht werden!«

Unterdessen hatte der andere Beamte, der unseren Heiratsschein bereits auszuschreiben begonnen hatte, nachdenklich die Feder hingelegt. Wir seien doch schließlich Ausländer, überlegte er, und würden im Falle eines Krieges automatisch zu feindlichen Ausländern. Er wisse nicht, ob eine Eheschließung in diesem Falle noch zulässig sei. Es tue ihm leid, aber er wolle sich jedenfalls nach London um Instruktionen wenden. – Dann kamen noch zwei Tage Warten, Hoffen, Fürchten, zwei Tage der grauenhaftesten Spannung. Am Sonntagmorgen verkündete das Radio die Nachricht, England habe Deutschland den Krieg erklärt.

Es war ein sonderbarer Morgen. Man trat stumm vom Radio zurück, das eine Botschaft in den Raum geworfen, die Jahrhunderte überdauern sollte, eine Botschaft, die bestimmt war, unsere Welt total zu verändern und das Leben jedes einzelnen von uns. Eine Botschaft, in der Tod für Tausende unter jenen war, die ihr schweigend gelauscht, Trauer und Unglück, Verzweiflung und Drohung für uns alle und vielleicht nach Jahren und Jahren erst ein schöpferischer Sinn. Es war wieder Krieg, ein Krieg, furchtbarer und weitausgreifender als je zuvor ein Krieg auf Erden gewesen. Abermals war eine Zeit zu Ende, abermals begann eine neue Zeit. Wir standen schweigend in dem plötzlich atemstill gewordenen Zimmer und vermieden uns anzublicken. Von draußen kam das unbekümmerte Zwitschern der Vögel, die in leichtfertigem Liebesspiel sich tragen ließen vom lauen Wind, und im goldenen Lichtglanz wiegten sich die Bäume, als wollten ihre Blätter wie Lippen einander zärtlich berühren. Sie wußte abermals nichts, die uralte Mutter Natur, von den Sorgen ihrer Geschöpfe.

Ich ging hinüber in mein Zimmer und richtete in einem kleinen Koffer meine Sachen zusammen. Wenn sich bewahrheitete, was ein Freund in hoher Stellung mir vorausgesagt, so sollten wir Österreicher in England den Deutschen zugezählt werden und hatten die gleichen Einschränkungen zu erwarten; vielleicht durfte ich abends nicht mehr schlafen im eigenen Bett. Wieder war ich eine Stufe herabgefallen, seit einer Stunde nicht bloß der Fremde mehr in diesem Land, sondern ein ›enemy alien‹, ein feindlicher Ausländer; gewaltsam verbannt an eine Stelle, an der mein pochendes Herz nicht stand. Denn war eine absurdere Situation einem Menschen zu erdenken, der längst ausgestoßen war aus einem Deutschland, das ihn um seiner Rasse und Denkart willen als widerdeutsch gebrandmarkt, als nun in einem anderen Land auf Grund eines bürokratischen Dekrets einer Gemeinschaft zugezwungen zu werden, der er als Österreicher doch niemals zugehört? Mit einem Federstrich hatte der Sinn eines ganzen Lebens sich in Widersinn verwandelt; ich schrieb, ich dachte noch immer in deutscher Sprache, aber jeder Gedanke, den ich dachte, jeder Wunsch, den ich fühlte, gehörte den Ländern, die in Waffen standen für die Freiheit der Welt. Jede andere Bindung, alles Vergangene und Gewesene war zerrissen und zerschlagen, und ich wußte, daß alles nach diesem Kriege abermaligen Anfang bedeuten müsse. Denn die innerste Aufgabe, an die ich alle Kraft meiner Überzeugung durch vierzig Jahre gesetzt, die friedliche Vereinigung Europas, sie war zuschanden geworden. Was ich mehr gefürchtet als den eigenen Tod, den Krieg aller gegen alle, nun war er entfesselt zum zweitenmal. Und der ein ganzes Leben leidenschaftlich sich bemüht um Verbundenheit im Menschlichen und im Geiste, empfand sich in dieser Stunde, die unverbrüchliche Gemeinschaft forderte wie keine andere, durch dieses jähe Ausgesondertsein unnütz und allein wie nie in seinem Leben.

Noch einmal wanderte ich, um einen letzten Blick dem Frieden nachzutun, hinunter zur Stadt. Sie lag still im Mittagslicht und schien mir nicht anders als sonst. Die Menschen gingen mit ihren gewöhnlichen Schritten ihren gewöhnlichen Weg. Sie eilten nicht, sie scharten sich nicht gesprächig zusammen. Sonntäglich ruhig und gelassen war ihr Gehaben, und einen Augenblick fragte ich mich: wissen sie es am Ende noch nicht? Aber sie waren Engländer, geübt, ihr Gefühl zu bezähmen. Sie brauchten nicht Fahnen und Trommeln, nicht Lärm und Musik, um sich zu bestärken in ihrer zähen, unpathetischen Entschlossenheit. Wie anders war es in jenen Julitagen 1914 in Österreich gewesen, aber wie anders als der junge unerfahrene Mensch von damals war heute auch ich selbst, wie beschwert mit Erinnerungen! Ich wußte, was Krieg bedeutete, und indem ich auf die gefüllten, blanken Geschäfte blickte, sah ich in einer heftigen Vision jene von 1918 wieder, ausgeräumt und leer wie mit aufgerissenen Augen einen anstarrend. Ich sah wie in einem wachen Traum die langen Schlangen der verhärmten Frauen vor den Lebenmittelgeschäften, die Mütter in Trauer, die Verwundeten, die Krüppel, all dies mächtige Grauen von einst kam gespenstisch zurück im strahlenden Mittagslicht. Ich erinnerte mich an unsere alten Soldaten, abgemüdet und zerlumpt, wie sie aus dem Felde gekommen, mein pochendes Herz fühlte den ganzen gewesenen Krieg in jenem, der heute begann und der sein Entsetzliches noch den Blicken verbarg. Und ich wußte: abermals war alles Vergangene vorüber, alles Geleistete zunichte – Europa, unsere Heimat, für die wir gelebt, weit über unser eigenes Leben hinaus zerstört. Etwas anderes, eine neue Zeit begann, aber wie viele Höllen und Fegefeuer zu ihr hin waren noch zu durchschreiten.

Die Sonne schien voll und stark. Wie ich heimschritt, bemerkte ich mit einemmal vor mir meinen eigenen Schatten, so wie ich den Schatten des anderen Krieges hinter dem jetzigen sah. Er ist durch all diese Zeit nicht mehr von mir gewichen, dieser Schatten, er überhing jeden meiner Gedanken bei Tag und bei Nacht; vielleicht liegt sein dunkler Umriß auch auf manchen Blättern dieses Buches. Aber jeder Schatten ist im letzten doch auch Kind des Lichts, und nur wer Helles und Dunkles, Krieg und Frieden, Aufstieg und Niedergang erfahren, nur der hat wahrhaft gelebt.

An Sigmund Freud

Bath, Landsdown Lodge 14. Sept. 1939

Mein teurer verehrter Freund und Meister, wann werde ich Sie widersehen[!]? Zur Zeit sieht es schlimm aus. Meine Naturalisation stand knapp vor der Erledigung; da ich aber hochmütig war und nicht drängelte, war sie noch nicht unterschrieben. So bin ich jetzt »enemy alien« und darf mich nicht 5 Meilen vom Marktplatz von Bath entfernen. Sic transit gloria mundi – so schmilzt die literarische Geltung ein vor einem Polizeierlass und ich vegetiere hier dumm und nutzlos, noch nicht fähig zu arbeiten und fern von allen Freunden.

Ich würde lachen über diese Torheit – schliesslich könnte ich nützlicher sein als sieben Beamte des Ministeriums für Propaganda – aber sie nimmt mir die Freude, Sie zu sehen und das macht mich traurig. Hoffentlich leiden Sie nur an der Zeit wie wir alle und nicht dazu noch an körperlichen Schmerzen. Wir müssen jetzt fest bleiben – es wäre sinnlos zu sterben, ohne vorher die Höllenfahrt der Verbrecher gesehen zu haben.

All den Ihren innige Grüsse! In alter und unentwegt treuer Verehrung Ihr

Stefan Zweig

An Friderike Maria Zweig

c/o Editora Guanabara
132 rua Ouvidor
Rio
17. Sept. [1941] Petropolis (Brasil)
34 rua Gonsalves [!] Dias

L. F. wir sind heute glücklich übersiedelt. Es ist ein ganz winziges Häuschen aber mit großer gedeckter Ter[r]asse und wunderbarem Blick, jetzt im Winter reichlich kühl und der Ort so schön verlassen wie Ischl im October oder November. Aber endlich ein Ruhepunkt für Monate und die Koffer werden eben auf langes Niemehrwi[e]dersehen verstaut. Es wird kleine Schwierigkeiten geben, da wir uns mit der portugiesisch-braunen Dienerschaft nicht immer ganz sprachlich verständigen können, aber sie sind rührig hilfswillig – wir zahlen ohne Kost für zwei Helfer[,] Mädchen und Gärtner + einen zwölfjährigen Boy der die Wege macht 5 Dollar Lohn im Monat! Das Haus ist freilich relativ nicht billig, weil Petropolis im Sommer der einzige Ort von Rio aus ist, aber das ganze Leben doch hier paradiesisch bequem – eben haben Lotte und ich gegenüber im ländlichen Café eine herrliche Chocolade und einen göttlichen Café getrunken und dafür zusammen 4 cents bezahlt. Wenn es mir gelingt hier an Europa zu vergessen, allen Besitz, Haus, Bücher als verloren zu betrachten, gleichgiltig gegen alles an »Ruhm« und Erfolg zu sein und nur dankbar, daß man in einer göttlichen Landschaft leben darf während Europa Hunger und Elend verheert, will ich zufrieden sein – Du kannst Dir nicht denken welche Tröstung von dieser Natur ausgeht, wo alles farbig ist und die Menschen kindlich rührend; ich bin wieder tagelang durch die Straßen von Rio gewandert. Sehr herzlich war ich mit Ferro und dem Sekretär Pereira de Carvalho zusammen, die von Portugal hier sind, sonst vermied ich alle Leute. Mein Buch hat hier viel Aufsehen gemacht, auch Discussionen hervorgerufen, einige glaubten, es sei von der hiesigen

Propaganda bestellt und bezahlt. Von Masereel habe ich Nachricht, er möchte lieber nach Brasilien als nach Columbien, aber ich hoffe, er zögert nicht lange, denn in Frankreich wird man ihm das Leben schwer machen. Ich hoffe, daß Deine Sachen endlich in Bewegung kommen, Dr Bondi sagte mir seinerzeit, es gienge jetzt wieder ziemlich rasch. Ich wünschte Dir umsomehr zur Ruhe zu kommen als ich selbst jetzt hoffe, hier für Monate jene innere Abseitigkeit zu finden – ich sehe auch viel besser schon aus obwohl endlich der harte Schlag gefallen ist und ich oben und unten eine Gebißeinlage bekam. Glücklicherweise war es der wunderbare österreichische Zahnarzt, der mir in kürzester Zeit mit seinem Techniker die Sache ausgezeichnet und ohne Schmerzen machte – ich spreche auch trotz der Neuheit schon ganz normal. Die Nachrichten von Europa sind grauenhaft, ich kann von hier aus leider gar nichts tun, auch für den lieben Lucca [!] nicht. Es wird ein Winter des Schreckens werden wie ihn die Welt noch nicht gekannt. – Ich will hier in diesem Monat die Autobiografie corrigieren und intensificieren [!], auch plane ich eine kleine abseitige Novelle und so wird es mir, sofern die geträumte Ruhe bleibt, an Arbeit nicht fehlen. Hätte ich nur die amerikanischen Bibliotheken zur Hand! Ich werde allenfalls aber nur in großen Zügen den Grundriß machen und einfügen, sobald mir einmal wieder Gelegenheit geboten ist. Im ganzen kann ich meinen Entschluß America zu verlassen, nicht genug preisen, man lebt hier näher sich selber und im Herzen der Natur, man hört nichts von Politik und soviel an Egoismus darin sein mag, es ist doch Selbsterhaltung im physischen wie im seelischen Sinn. Wir können nicht ein Leben lang büßen für die Torheiten der Politik, die uns nie etwas gegeben und immer nur genommen hat und ich bin bereit mich auf den engsten Raum zu beschränken, wenn er mir nur Arbeitsruhe läßt. Ich hoffe Deine Kinder haben bereits Gelegenheit gefunden, wieder zu wirken und hoffentlich kommt endlich die erwünschte Botschaft, die Euch das Definitivum gibt. Mit vielen Grüßen

S

Nachweise

»Heimweh nach Städten ...«. Aus: Briefe 1897–1914. Hrsg. v. Knut Beck, Jeffrey B. Berlin und Natascha Weschenbach-Feggeler. Frankfurt am Main 1995. S. 61.

Die »Entdeckung des Kosmos«
Von Seefahrern, Abenteurern und Entdeckern

Der freie Blick in die Welt*. Aus: Amerigo. Die Geschichte eines historischen Irrtums. Frankfurt am Main 1989. S. 11–24.

Eine »Schicksalsstunde Europas«. Aus: Triumph und Tragik des Erasmus von Rotterdam. Frankfurt am Main 1981. S. 24–29.

Magellan. Der Mann und seine Tat. Hrsg. und mit einer Nachbemerkung versehen von Knut Beck. 6. Aufl. Frankfurt am Main 2002. S. 145–153; 181–188.

Der Kampf um den Südpol. Aus: Sternstunden der Menschheit. S. 216–236.

Das »kleine Geviert Abenteuer«
Reisen und Lesen

Das Buch als Eingang zur Welt. Aus: Begegnungen mit Büchern. Aufsätze und Einleitungen aus den Jahren 1902–1939. Hrsg. und mit einer Nachbemerkung versehen von Knut Beck Frankfurt am Main 1983. S. 7–17.

Reisen oder Gereist-Werden. Aus: Auf Reisen. Feuilletons und Berichte. Hrsg. und mit einer Nachbemerkung versehen von Knut Beck. Frankfurt am Main 1987. S. 259–263.

»Reiselust und Unrast«
Unterwegs in Europa und Übersee (1903–1913)

An Victor Fleischer. Aus: Briefe 1897–1914. S. 59.
An Hermann Hesse. Aus: Briefe 1897–1914. S. 78; 83; 85–87; 98f.
Paris, die Stadt der ewigen Jugend. Aus: Die Welt von Gestern. Erinnerungen eines Europäers. Frankfurt am Main 1981. S. 152–157.
Frühlingsfahrt durch die Provence. Aus: Auf Reisen. S. 35–38.
Frühling in Sevilla. Aus: Auf Reisen. S. 51–57.
Sehnsucht nach Indien. Aus: Auf Reisen. S. 97–102.
Der Rhythmus von New York. Aus: Auf Reisen. S. 135–143.
Herbstwinter in Meran. Aus: Auf Reisen. S. 161–169.

Unter der »Flagge des Kriegsarchivs«
Reisen im Ersten Weltkrieg: Galizien und die Schweiz (1915–1918)

An Franz Karl Ginzkey. Aus: Briefe 1914–1919. Hrsg. v. Knut Beck, Jeffrey B. Berlin und Natascha Weschenbach-Feggeler. Frankfurt am Main 1998. S. 76f.
An Raoul Auernheimer. Aus: Briefe 1914–1919. S. 77f.
An Arthur Schnitzler. Aus: Briefwechsel mit Hermann Bahr, Sigmund Freud, Rainer Maria Rilke und Arthur Schnitzler. Hrsg. v. Jeffrey B. Berlin, Hans-Ulrich Lindken und Donald A. Prater. 2. Aufl. Frankfurt am Main 2007. S. 395.
Aus den Tagen des deutschen Vormarsches in Galizien. Aus: Auf Reisen. S. 202–207.
An Raoul Auernheimer. Aus: Briefe 1914–1919. S. 111f.
[Testament]. Aus: Briefe 1914–1919. S. 173–176.
Tagebuch in der Schweiz. Aus: Tagebücher. Hrsg., mit Anmerkungen und einer Nachbemerkung versehen von Knut Beck. Frankfurt am Main 1984. S. 323–339.

Auf dem »Weg in unser gutes Europa«
Reisen nach dem Ersten Weltkrieg (1919–1928)

An Friderike Maria von Winternitz. Aus: Briefe 1914–1919. S. 271f.; 298–300.
An Paul Zech. Aus: Briefe 1914–1919. S. 300f.

An Friderike Maria Zweig. Aus: Briefe 1920–1931. Hrsg. v. Knut Beck und Jeffrey B. Berlin. Frankfurt am Main 2000. S. 57–59; 141; 144f.
Die Kathedrale von Chartres. Aus: Auf Reisen. S. 243–250.
Reise nach Rußland. Aus: Auf Reisen. S. 277–319.

»Weltverstörung«
Unrast und Heimatverlust in den Jahren des Exils (1934–1940)

Heimatverlust*. Aus: Die Welt von Gestern. S. 432–442.
An Hermann Hesse. Aus: Briefe 1932–1942. Hrsg. v. Knut Beck und Jeffrey B. Berlin. Frankfurt am Main 2005. S. 111f.
Bilder aus Amerika. Aus: Auf Reisen. S. 367–383.
An Hermann Hesse. Aus: Briefe 1932–1942. S. 120f.
Tagebuchblatt vom 27. September 1935 (Reise von Paris nach London). Aus: Tagebücher. S. 383–390.
»Es gab kein Entfliehen«. Aus: Die Welt von Gestern. S. 449–455.
Rio de Janeiro*. Aus: Tagebücher. S. 398–403.
Staatenlos*. Aus: Die Welt von Gestern. S. 463–468; 487–495.
An Sigmund Freud. Aus: Briefwechsel mit Hermann Bahr, Sigmund Freud, Rainer Maria Rilke und Arthur Schnitzler. S. 226f.
An Friderike Maria Zweig. Aus: Briefe 1932–1942. S. 314–316.

Die mit * versehenen Titel stammen von den Herausgebern.